eiler

BWR

An der Goldgrube 9, 97253 Gaukönigshofen
Telefon: 09337 996898
Telefax: 09337 996869
E-Mail: michael-voll-verlag@t-online.de
Internet: www.voll-verlag.de

Konzeption und Bearbeitung des Vorbereitungsheftes:
Horst Seiler, David-Schuster-Realschule, Staatliche Realschule Würzburg III

Bildquellennachweis:
Abbildungen auf Seiten 67, 134, 135, 136, 139, 154, 176 aus: Globus-dpa-infografik GmbH

Druck und Verarbeitung: Böhler Verlag GmbH, 97084 Würzburg
Gedruckt auf chlorfreiem, gebleichtem Papier

ISBN 978-3-933624-03-1

Vorwort

Liebe Schülerinnen und Schüler,

dieses Heft soll Sie mit der "Prüfungsmaterie" im Fach Betriebswirtschaftslehre/Rechnungswesen – BWR vertraut machen und Ihre Vorbereitung für die Abschlussprüfung erleichtern.

Das Heft ist folgendermaßen aufgebaut:

- ➲ Der gesamte Prüfungsstoff ist in 22 Kapitel aufgeteilt.
- ➲ Jedes Kapitel enthält zunächst wesentliche Merkpunkte, dann Aufgaben und Geschäftsfälle als Übungsteil.
- ➲ Die Aufgabenstellungen der Abschlussprüfungen 2009, 2010, 2011 und 2012 befinden sich am Ende des Heftes. (Punkteverteilung im Lösungsteil)
- ➲ Ein Abkürzungsverzeichnis der Kontennamen ist am Heftende abgedruckt.
- ➲ Außerdem liegt jedem Heft ein übersichtlicher, kartonierter Kontenplan für die Realschule nach dem IKR bei, der auch die Abkürzungen der Kontennamen enthält.
- ➲ Das Lösungsheft ist getrennt mitgeliefert.
- ➲ Am Ende der Abschlussprüfungen ist der Bewertungsschlüssel abgedruckt.

Sorgfältig wurde darauf geachtet, die verwendeten Aufgaben dem heute erforderlichen Schwierigkeitsgrad und **vor allem den ab 2004 und 2009 gültigen Neuerungen im Lehrplan anzupassen**. Die Abschlussprüfungsaufgaben aus früheren Jahren wurden entsprechend dem gültigen Lehrplan ausgewählt und umgearbeitet. Inhaltlich gleiche Aufgaben und solche Aufgaben, die im Lehrplan nicht mehr vorkommen, wurden herausgelassen. Alle diese Aufgaben werden nicht in Prüfungseinheiten vorgestellt, sondern sinnvollerweise den einzelnen Kapiteln zugeordnet. So können sie dort, wo ihre erforderlichen Merkmale stehen, auch gleich eingeübt werden. Auf diese Weise prägen sich Lösungswege leichter ein!

Damit Sie auch Aufgaben im Prüfungsumfang bearbeiten können, sind am Ende des Heftes die letzten vier Abschlussprüfungsjahrgänge abgedruckt. Selbstverständlich wurden auch diese Prüfungsaufgaben so umgearbeitet, dass sie formal und inhaltlich dem nun gültigen Lehrplan entsprechen.

Ein besonderer Dank gilt Frau StRin(RS) Sigrid Reichel und Herrn RSD József Bogár für die umfangreiche Lektorentätigkeit.

☺ Viel Erfolg bei der Abschlussprüfung!

Inhaltsverzeichnis

1. Instrumente und Belege im Rechnungswesen

Merke

Prozentrechnung

- *Der Bruttowert bei Aufgaben mit USt entspricht 119% bzw.107%.*
- *7% Umsatzsteuer (USt) werden u.a. bei Verlagserzeugnissen (Zeitschriften, Bücher) und Lebensmitteln berechnet.*
- *Keine USt wird berechnet z. B. bei Porto, Arztrechnungen, Grundstückskäufen, Bankspesen, Zinsen, Versicherungsprämien, Beiträgen, Gebühren, Spenden, Depotgebühren der Bank.*
- *Im Allgemeinen Sprachgebrauch wird für Umsatzsteuer oft Mehrwertsteuer gesagt.*
-

$$\text{Prozentwert} = \frac{\text{Grundwert x Prozentsatz}}{100}$$

$$\text{Prozentsatz} = \frac{\text{Prozentwert x 100}}{\text{Grundwert}} \, (\%)$$

$$\text{Grundwert} = \frac{\text{Prozentwert x 100}}{\text{Prozentsatz}}$$

- *Der Grundwert entspricht 100%. Das ist der Wert, von dem ein Prozentwert berechnet wird.*
- *Verminderter Grundwert = Grundwert - Prozentwert*
- *Vermehrter Grundwert = Grundwert + Prozentwert*

Belege

- *Lesen Sie Belege genau durch und achten Sie auch auf Kleingedrucktes.*
- *Prüfen Sie zuerst, ob es sich um einen Eingangsbeleg (z. B. Eingangsrechnung (ER), Rechnung der Telekom etc.) handelt oder um einen Ausgangsbeleg (z. B. Ausgangsrechnung (AR)).*
- *Bei Rechnungen achten Sie für die Buchung vor allem auf:*
  - *das Zahlungsziel (Skonto!!!)*
  - *den Nettobetrag*
  - *die Umsatzsteuer*
  - *den Rechnungsbetrag (Bruttobetrag)*
  - *den Rabatt*
  - *Nebenkosten (Bezugskosten, Anschaffungsnebenkosten, Ausgangsfrachten, etc.)*
- *Einige Belege bzw. Unterlagen sind nur für den internen Gebrauch bestimmt (z. B. Lohnsteuertabellen, Eigenbelege, Gehaltsabrechnung).*
- *Bei manchen Belegen achten Sie bitte auf den Einzelpreis, um entscheiden zu können, ob es sich um Kleingüter, geringwertige Wirtschaftsgüter, Büroausstattung, Büromöbel etc. handelt.*
- *Schauen Sie auch auf den Lieferer und den Betriebszweck des eigenen Unternehmens; so kann es sich bei einer Eingangsrechnung über Kugelschreiber nicht um Büromaterial, sondern um Werbematerial handeln.*

Rechenblatt

- *Rechenblätter werden entwickelt, um mit Hilfe von Tabellenkalkulationsprogrammen (z. B. "Works", "Excel",) Routinearbeiten leichter und schneller zu machen.*

- *Rechenblätter bestehen aus Spalten und Zeilen. Der Bereich der Schnittfläche einer Spalte mit einer Zeile bezeichnet man als Feld oder Zelle.*

- *Unterscheiden Sie Eingabe- und Ausgabefelder. Werte, die in den jeweiligen Aufgaben gegeben sind, werden in die Eingabefelder eingegeben. In die Ausgabefelder gibt man Formeln ein, mit denen dann das Programm Werte berechnet. Eingabefelder sind in diesem Heft grau unterlegt (schattiert).*

- *Felder werden je nach Programm unterschiedlich gekennzeichnet.*

  Programme, die Spalten mit großen Buchstaben (A,B,C...) und Zeilen mit Ziffern (1,2,3...) anzeigen:
  *Buchstabe der Spalte und Ziffer der Zeile. Z. B. C8 bedeutet das Feld in der Spalte C und der Zeile 8. **!!! Erst Spalte, dann Zeile!!!***

- *Als Rechenzeichen werden für die Addition das "+", die Subtraktion das "-", die Division das "/" und die Multiplikation das "*" genommen.*

- *Beim Programm "Excel" (auch "Works") ist darauf zu achten, dass **vor der Formeleingabe** ein "=" eingegeben wird (z. B. =B3+B4, d. h. addiere den Wert des Feldes B3 zu dem Wert des Feldes B4).*

- *Vor Texteingaben, die mit einem Rechenzeichen beginnen, muss ein " eingegeben werden (z. B. "+Bezugskosten).*

- *Rechenblätter sollten zuerst gründlich durchdacht werden. Eventuell Entwurf auf Schmierblatt. Oft ist es ratsam, Eingabefelder vor der eigentlichen Kalkulation zu platzieren, um einen besseren Überblick zu erhalten.*

- *Funktionen sind spezielle, bereits vorgegebene Formeln. Mit diesen Funktionen können Sie sich viel Zeit sparen, weil Sie keine komplexe, lange Formeln eingeben müssen.*

  - *Summe*
    Um die Einträge aus verschiedenen Zellen zusammenzuzählen, können Sie z. B. eingeben: =A1+A2+A3+A4. Das Gleiche erreichen Sie mit =SUMME(A1:A4).

  - *Mittelwert*
    Um den Mittelwert der Zellen A1, A2, A3 und A4 zu berechnen, geben Sie ein: =MITTELW(A1:A4) (auch: =MITTELWERT(A1:A4) versionsabhängig)

  - *Anzahl*
    Diese Funktion liefert die Anzahl der Zellen im angegebenen Bereich. Leere Zellen werden ignoriert. =ANZAHL(A1:A4) ergibt als Ergebnis 4, steht in der Zelle A3 kein Wert, ist das Ergebnis 3.

  - *Wenn/dann*
    Formeleingabe mit Bedingungen. =WENN(Bedingung;dann;sonst)
    Beispiel mit Zinsrechnung: Im Feld B3 steht das Kapital, im Feld B4 stehen die Tage, im Feld B5 steht der Zinssatz, der bei einem Kapital < 1.000,00 EUR gilt, im Feld B6 steht der Zinssatz, der bei einem Kapital >= 1.000,00 EUR genommen wird. Im Feld B8 sollen die Zinsen berechnet werden. Die Formeleingabe im Feld B8 müsste dann lauten:
    *=WENN(B3<1000;B3*B5*B4/36500;B3*B6*B4/36500)*

Vorkontierungsblatt

- *Auf einem Vorkontierungsblatt erfolgt die schriftliche Vorbereitung der Buchungen für ein Buchhaltungsprogramm (FiBu – Finanzbuchhaltung).*
- *Das Vorkontierungsblatt entspricht der Eingabemaske im PC und hat folgendes Aussehen.*

BA	***Datum***	***Soll***	***Haben***	***BNR***	***Text***	***B/N***	***Betrag (EUR)***	***UCo***

BA:	*Buchungsart (z. B.: EB für Eröffnungsbuchung, B für laufende Buchung, ...)*
Datum:	*Das Buchungsdatum wird vom PC automatisch eingetragen.*
Soll:	*Angabe der Kontennummer des Kontos, auf dem im Soll gebucht wird.*
Haben:	*Angabe der Kontennummer des Kontos, auf dem im Haben gebucht wird.*
BNR:	*Laufende Nummer der Buchung*
Text:	*Kurzer Text, um eine Buchung leichter erkennen zu können.*
B/N:	*Festlegung, ob Brutto- oder Nettobeträge eingegeben werden.*
Betrag (EUR):	*Entweder der Brutto- oder der Nettobetrag für die Buchung. Muss mit dem vorherigen Feld zusammenpassen.*
UCo.:	*(Umsatzsteuer-Code) Hier wird eingetragen, ob es sich um Mehrwertsteuer oder Vorsteuer handelt und wie hoch dieser Satz ist. (Z.B.: V19 = 19% Vorsteuer)*

Aufgaben

1.1 Wie groß sind 19% USt bei einem Nettowarenwert von 590,00 EUR?

1.2 Wie viel EUR beträgt die USt bei einer Verlagsrechnung von netto 297,00 EUR?

1.3 Berechnen Sie die USt (19%) aus einem Bruttowarenwert (Rechnungsbetrag) von 1.666,00 EUR.

1.4 Wie groß ist die USt, wenn der Bruttowert der eingekauften Sachbücher 251,45 EUR beträgt?

1.5 Wie viel Prozent beträgt ein Gewinn von 689,01 EUR, wenn die Selbstkosten 5.790,00 EUR betragen?

1.6 Rechnungsbetrag (inklusive 19% USt.) 1.261,40 EUR. Berechnen Sie 2% Skonto, die zu berichtigende USt und den zu zahlenden Betrag (meist Banküberweisung).

1.7 Banküberweisung 1.690,99 EUR nach Abzug von 2% Skonto. Wie groß war der Rechnungsbetrag?

1.8 Berechnen Sie den Kurswert in EUR, wenn der Kaufpreis (Lastschrift) der Aktien 4.615,70 EUR beträgt. Spesen 1% vom Kurswert.

1.9 Wir verkaufen Aktien und erhalten eine Gutschrift (Verkaufserlös) von 9.294,12 EUR. Spesen 1% vom Kurswert. Berechnen Sie die Spesen und den Kurswert der Aktien.

1.10 a) Um welche Belegart handelt es sich für die Firma "Art GmbH & Co. KG"?

b) Bis wann ist diese Rechnung von M. Voll zu begleichen, wenn Herr Voll das eingeräumte Zahlungsziel voll ausnützt?

c) Wie würden Sie aufgrund dieser Rechnung bei der Firma "Art GmbH & Co. KG" buchen, wenn es sich bei den Wandleuchten um Handelswaren handelt?

d) Welchen Betrag überweist uns M. Voll am 15.05.12 unter Ausnützung des Skontos? Geben Sie dazu auch die Buchung bei der Firma "Art GmbH & Co. KG" an.

e) Welche Angaben sollte M. Voll auf dem Überweisungsformular außer dem Betrag noch angeben?

1.11 a) Um welche Belegart handelt es sich bei der Firma "Art GmbH & Co. KG" und bei der Firma "LUX"?

b) Wie ist aufgrund dieses Beleges bei der Firma "LUX" zu buchen, wenn die Wandleuchten Fertigerzeugnisse und die Sparleuchten Handelswaren sind?

c) Wie bucht die Firma "Art GmbH & Co. KG" bei der Bezahlung der Rechnung per Banküberweisung unter Ausnützen des Skontos? (Für die Firma "Art GmbH & Co. KG" sind beide Produkte Handelswaren)

d) Erläutern Sie die Zahlungsbedingungen der Firma "LUX".

e) Erläutern Sie die Lieferbedingungen bei der Firma "LUX".

f) Erläutern Sie den Rechnungszusatz "Eigentumsvorbehalt gemäß § 455 BGB".

1.12 a) Buchen Sie den Eingang dieser Rechnung bei der Firma "Art GmbH & Co. KG".

b) Wie bucht die Firma "Art GmbH & Co. KG" bei Banküberweisung am 28.05.2012?

c) Buchen Sie den Zahlungseingang bei der Firma "Bucher-Büromarkt".

d) Welche Angaben sollten Sie der Firma "Bucher-Büromarkt" bei der Banküberweisung machen? (Begründung)

1.13 a) Buchen Sie die Eingangsrechnung bei der Firma "Art GmbH & Co. KG".

b) Buchen Sie die Zahlung am 07.01.12 per Banküberweisung.

c) Die Firmenleitung der Firma "Art GmbH & Co. KG" legt die Nutzungsdauer des Kombis auf vier Jahre fest. Erstellen Sie eine Abschreibungstabelle (Methode: linear).

d) Geben Sie die Abschreibungsbuchung zum 31.12.12 an.

e) Wie wäre zu buchen, wenn die Firma "Art GmbH & Co. KG" diesen Kombi im zweiten Nutzungsjahr für 50.000,00 EUR netto auf Ziel verkauft?

f) Welche Auswirkungen hat dieser Kauf auf die Einzugsliquidität des Unternehmens?

g) Welche Auswirkungen hat dieser Kauf auf die Bilanzsumme und auf das Eigenkapital der Firma "Art GmbH & Co. KG"?

1.14 a) Buchen Sie den Eingang der Rechnung Nr. 499403/12 bei der Firma "Art GmbH & Co. KG".

b) Wo ist eine Klage bezüglich einer fehlerhaften Öllieferung einzureichen?

c) Auf welches Konto ist die Zahlung zu leisten? Geben Sie auch an, welche Angaben auf dem Überweisungsträger sinnvollerweise zu machen sind.

1.15 a) Buchen Sie aufgrund dieser Bankabrechnung.

b) Nach einem unvermuteten Kursanstieg auf 104,00 EUR verkaufen wir diese Aktien nach 40 Tagen. Buchen Sie den Verkauf. (Spesen 1% v. KW)

c) Berechnen Sie die Rendite dieser Aktien, wenn die Bank 20,00 EUR Depotgebühren berechnet.

1.16 Welche Buchungen müssen aufgrund dieses Kontoauszuges bei der Firma "Art GmbH & Co. KG" gemacht werden? (Beachten Sie eine Ausgangsrechnung Nr.12507 an die Fa. "Bucher-Büromarkt", Fertigerzeugnisse, Rechnungsbetrag 6.218,94 EUR, 2% Skonto)

1.17 a) Der Lieferer gewährt uns einen Sofortrabatt. Nennen Sie hierfür einen Grund.

b) Erklären Sie die im Beleg genannte Zahlungsbedingung "60 Tage rein netto".

c) In der Rechnung sind 7% Umsatzsteuer ausgewiesen. Warum wurde hier der ermäßigte Steuersatz angewandt?

d) Bilden Sie bei den Nudelwerken den Buchungssatz für den Beleg. (Beleg 1.17)

1.18 a) Wie muss der Buchhalter der Firma "Art GmbH & Co. KG" diesen Eigenbeleg buchen?

b) Welche Auswirkungen haben Privatentnahmen auf das Eigenkapital und die Eigenkapitalrentabilität?

1.19 a) Buchen Sie diesen Postwertzeichenbeleg, wenn die Briefmarken bar bezahlt werden.

b) Geben Sie einen Grund an, weshalb dieser Beleg keine Umsatzsteuer enthält.

Art
Möbel für junges Wohnen

Art GmbH & Co. KG Industriestraße 2 97084 Würzburg

Herrn
M. Voll
Hauptstraße 12

86854 Amberg

Rechnung
Würzburg: 09.05.12
Auftragsteam: 0931 749-60
Rechnungsnummer: 12037

Bei Zahlung bitte angeben

Art. Nr.	Menge	Bezeichnung	E-Preis (EUR)	G-Preis (EUR)
4330	1	Wand-Leuchten	169,90	169,90
abzüglich 10% Kundenrabatt				16,99

Ware (netto)	USt. 7%	USt. 19%	Rechnungsbetrag
152,91 EUR	0,00 EUR	29,05 EUR	181,96 EUR

Vielen Dank für Ihren Auftrag.

Die Rechnung ist fällig am 9. Juni 2012
Bei Zahlung innerhalb von 8 Tagen 2% Skonto
Steuernummer: 566/400/56809
Banken und andere Firmenangaben siehe Rückseite

1.10

LUX

und die Beleuchtung stimmt

LUX GmbH Bahnhofstraße 7 86356 Neusäß

Firma
Art GmbH & Co. KG
Industriestraße 2

97084 Würzburg

LUX GmbH
Bahnhofstraße 7
86356 Neusäß
☎ 0963 88555
Fax 0963 88444

Rechnung

Auftrag vom	Lieferschein Nr.	Rechnung vom	Rechnungs-Nr.
14.06.12	L-7234	27.06.12	825/4491

Bei Zahlung bitte angeben

Pos.	Art.	Menge	Bezeichnung	E-Preis (EUR)	G-Preis (EUR)
1	4330	5	Wand-Leuchten	132,80	664,00
2	322	8	Sparleuchten	25,90	207,20

Warenwert(netto)	Porto/Verpackung	MWSt. 19%	Rechnungsbetrag
871,20 EUR		165,53 EUR	1.036,73 EUR

Eigentumsvorbehalt gemäß § 455 BGB
Lieferung „frei Haus"
Zahlbar: Innerhalb von 8 Tagen mit 2% Skonto, oder 30 Tagen netto Kasse, ohne Abzug
Bankverbindung: Volksbank Neusäß Konto 600 732 11 (BLZ 760 500 31)
IBAN DE90 76050031 0060073211, BIC FABC DE 62
St.Nr.: 200/395/10038

1.11

Parkallee 101
97688 Bad Kissingen
Tel. 0971-55111
Fax 0971-55444

BUCHER BÜROMARKT

Bucher Büromarkt · Parkalle 101 · 97688 Bad Kissingen

Firma
Art GmbH & Co. KG
Industriestraße 2

97084 Würzburg

Kunden-Nr	Beleg-Nr.	Datum	Blatt
1101	**947655**	**30.04.12**	**1**

Unser Lieferschein: 30122 vom 30.04.12

Pos	Art.Nr.	Bezeichnung	Menge	E-Preis (EUR)	G-Preis (EUR)
1	69	Kopien	252,00	0,08	20,16
2	12	Ordner	2,00	6,90	13,80
3	13	EDV-Zubehör	1,00	9,95	9,95
4	19	Briefumschläge	2,00	1,95	3,90

Warenwert	Versandkosten	USt-Pflicht	USt. %	USt. EUR	Endbetrag
47,81	**0,00**	**47,81**	**19**	**9,08**	**56,89**

Bei Zahlung bis 08.05.12 erhalten Sie 2% Skonto = 1,14 EUR
Zahlungsbetrag: 55,75 EUR; oder bis 30.05.12 rein netto Kasse.

SteuerNr.: 756/200/63074
Bankkonten: Hypo-Bank Bad Kissingen 70008 (BLZ 740 600 00) IBAN DE60 74060000 0000070008
BIC DMSB DE31
Vereinsbank Bad Kissingen 200667 (BLZ 750 000 20)
IBAN DE20 75000020 0000200667 BIC MBSB DE 26

1.12

Walter-Automobil-GmbH

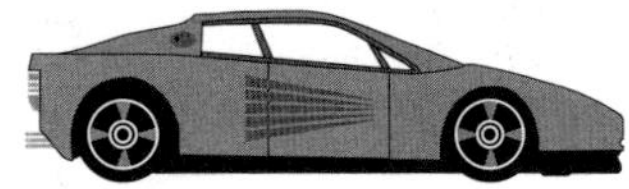

Walter-Automobil GmbH · Seeweg 20 · 97421 Schweinfurt

Firma
Art GmbH & Co. KG
Industriestraße 2

97084 Würzburg

Rechnungs-Nr.: 226711 Datum: 23.01.12
Kunden-Nr.: 100165
Bitte bei Zahlungen und Schriftverkehr angeben

Amtl.Kennz.	Typ	Fahrgestell-Nr.	Auftragsdatum	KM-Stand	Zu.Datum
WÜ-Z 5656	19 E	WB001859311	05.01.12	000085	23.01.12

Wir liefern Ihnen auf Grund Ihrer geschätzten Bestellung einen

1 Kombi CL 5T mit Katalysator	54.950,00 EUR

mit folgender Zusatzausstattung

Fahrerairbag
Anti-Blockier-System (ABS)
Servolenkung, drehzahlabhängig

Überführungskosten	650,00 EUR
Kaufpreis, netto	55.600,00 EUR
Umsatzsteuer (19%)	10.564,00 EUR
Kaufpreis, brutto	66.164,00 EUR

Gute Fahrt wünscht Ihnen Ihre Walter GmbH.

Vielen Dank für Ihren Auftrag.

Bankverbindung Bayerische Vereinsbank (790 200 76) Kto.-Nr.: 3 122 446
IBAN DE70 79020076 0003122446 BIC GFHD DE79
St.Nr.: 722/300/64997 USt-Id-Nr. DE499721190
Der Rechnungsbetrag ist zur Zahlung ohne Abzug fällig zum 07.02.12

1.13

BayernOel GmbH

Betr.Ingolstadt
Mineraloelvertrieb

Bankverbindungen:
Sparkasse Ingolstadt
Konto 566944 321 BLZ 790 505 76
IBAN DE40 79050576 0566944321
BIC CMNO DE70

BayernOel GmbH 85055 Ingolstadt

Firma
Art GmbH & Co. KG
Industriestraße 2

97084 Würzburg

Bei Zahlung bitte angeben

499403/12

Rechnung Zustellung Nr. 607 117 vom 14.05.2012

Pos	Artikel Nr.	Menge ME	Bezeichnung	Preis Einzel	Preis Gesamt
01	0006696	3307,1 L	Heizoel EL Nach DIN 51603 Zapf-Nr.: 00832	0,53	1.752,76
				Netto EUR	1.752,76
				Ust 19%	333,02
				Gesamt EUR	**2.085,78**

Zahlbar ohne Abzug bis 24.05.12
SteuerNr. 660/555/56000 USt.-ID-Nr. DE800036689
Telefon: 09227 44766 Telefax: 09227 44767
Erfüllungsort und Gerichtsstand ist Ingolstadt

1.14

Bayerische Girobank AG — **Ihr Wertpapier**- KAUF

Ausführungsgeschäft (Kommission) — ausgeführt in: FRANKFURT

wird wie folgt abgerechnet. Die Wertpapiere buchen wir in der angegebenen Verwahrart. — am: 23.03.2012

Den Endbetrag verrechnen wir über das angegebene Konto.

ISIN de 9006785008	Wertpapierbezeichnung Siemens AG	Zinstermin
Nennwert/Stückzahl 50,000	Kurs 96,00 EUR	Kurswert (EUR) 4.800,00

Kapitalerträge sind steuerpflichtig Spesen 1% v. KW (EUR) 48,00

Firma
Art GmbH & Co. KG
Industriestraße 2

97084 Würzburg

zu Ihren Lasten EUR 4.848,00
auf Konto: 300 455 700

Ordernummer	Abrechnungstag
3156204	23.03.2012

Bei Rückfragen bitte angeben

Depotnummer	Verwahrart
5/0000042-3	SAMMEL

Diese Abrechnung ist ohne Unterschrift gültig

1.15

Konto-Nummer	Auszug	Blatt	Text/Verwendungszweck	Wert	Umsatz
500 113 567	56	1			
			ÜBERWEISUNG VON BUCHER-BÜROMARKT A-NR 12507 VOM 18.05.12	28.05.	6.094,56 H
			AUSZAHLUNG	29.05.	600,00 S

Herrn/Frau/Fräulein/Firma

ART
INDUSTRIESTRASSE 2
97084 WÜRZBURG

Kontoauszug

Letzter Auszug vom	Alter Kontostand
26.05.12	7.380,95 H
Kontoauszug vom	Neuer Kontostand
30.05.12	12.875,51 H

KONTO,KARTEN,KREDITE: FRAGEN SIE UNS, WIR BERATEN SIE GERNE.

Unstimmigkeiten bitten wir unserer Revision mitzuteilen
Bitte beachten Sie auch die Rückseite.

1.16

Mühlenwerke Max Mehltau GmbH

Am Mühlbach 2
84453 Mühldorf/Inn

Telefon: 08271 20 33
Telefax 08271 20 34

Mühlenwerke Max Mehltau Am Mühlbach 2 84453 Mühldorf/Inn

Nudelwerke Alois Hauser
Cannellonigasse 1

87439 Kempten

Rechnung

Ihr Auftrag vom:	Auftrags-Nr.:	Kunden-Nr.:	Rechnungs-Nr.:	Rechnungsdatum
14.01.12	I/405	1099	3748	22.01.12

Aufgrund Ihrer Bestellung lieferten wir Ihnen frei Haus:

Pos.	Menge	Einheit	Artikel	Einzelpreis (EUR je kg)	Gesamtpreis (EUR)
1	37 500	kg	Hartweizengrieß Type 202, doppelgriffig	0,76	28.500,00

abzüglich 12% Rabatt	3.420,00
Warenwert	25.080,00
zuzüglich Verpackung	120,00
	25.200,00
zuzüglich 7% USt	1.764,00
Rechnungsbetrag	**26.964,00**

Skonto brutto	anteilige Umsatzsteuer	Skonto netto	Überweisungsbetrag
674,10 EUR	44,10 EUR	630,00 EUR	26.289,90 EUR

Wir danken für Ihren Auftrag

Zahlungsbedingungen: 8 Tage 2,5% Skonto/60 Tage rein netto.
Bankhaus Mühldorf, BLZ 720 832 78, Konto 334455 St.Nr. 300/700/38665
IBAN DE60 72083278 0000334455 BIC DFEB DE54

1.17

Eigenbeleg

300,00 EUR für Privatzwecke aus der Kasse entnommen.

Würzburg, 13.12.2012
Ort, Datum

M. Schönbauer
Unterschrift

1.18

Deutsche Post AG
97080 Würzburg
83399571 66444 23.11.12

*400,00 EUR

Postwertzeichen ohne Zuschlag

Vielen Dank für Ihren Besuch.
Ihre Deutsche Post AG

1.19

a) Das Rechenblatt ist an einer Stelle nicht vollständig, an einer anderen nicht lesbar:

- Welcher Fachbegriff fehlt in Feld A5?
- Mit welchem Zuschlagssatz rechnet "RWM" bei den Fertigungsgemeinkosten (Feld B6)?

b) Welche Formel müsste im Rechenblatt jeweils eingegeben werden

- zur Berechnung der Materialgemeinkosten in Feld C3,
- zur Berechnung der Herstellkosten in Feld D9?

c) Nennen Sie ein Beispiel für Sondereinzelkosten der Fertigung.

d) Das Unternehmen "RWM" ermittelt in seiner Kalkulation einen Barverkaufspreis in Höhe von 4.659,20 EUR netto. Berechnen Sie den kalkulierten Gewinn in EUR und in Prozenten.

e) Bilden Sie den Buchungssatz für den Zielverkauf des Ziergitters an den Kunden.

1.24 Welche Formel ist im Feld C9 einzugeben, wenn bei einer Laufzeit von 200 Tagen Kapitalwerte bis 3.000,00 EUR mit 0,5% verzinst werden, Kapitalwerte ab 3.000,00 EUR mit 9%?

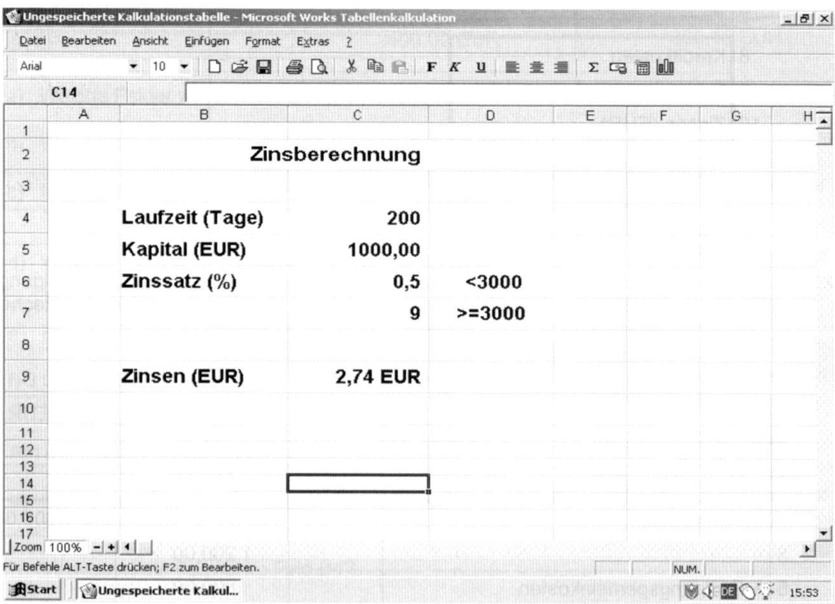

1.25 Im Rahmen einer betriebsinternen Fortbildung zum Thema „Finanzbuchhaltung am PC" werden unter anderem Übungen zur Vorkontierung durchgeführt. Dazu liegt Ihnen folgender Auszug aus einem Vorkontierungsblatt vor:

BA	*Datum*	*Soll*	*Haben*	*BNR*	*Text*	*B/N*	*Betrag (EUR)*	*UCo*
B	*18.09.*	*3001*	*2880*	*6*	----------------		*2.000,00*	-----
B	*21.09.*	*6800*	*4400*	*7*	---------------	*N*	*750,00*	*V19*

Welche Geschäftsfälle (Text, Beträge) liegen den Eintragungen im Vorkontierungsblatt

a) zum 18. September,
b) zum 21. September zugrunde?

1.26 Bearbeite die nachstehenden Aufgaben zu folgendem Vorkontierungsblatt.

a) Welche Geschäftsfälle liegen den ersten drei Eintragungen zugrunde?

b) Ergänze die Lücken zu den Geschäftsfällen (BNR 4-5)!

c) Wie ist der Geschäftsfall „Einkauf von Werbematerialien bar, Rechnungsbetrag 332,01 EUR" im Vorkontierungsblatt einzutragen.

BA	***Datum***	***Soll***	***Haben***	***BNR***	***Text***	***B/N***	***Betrag (EUR)***	***UCo***
EB	*01.01.*	*2880*	*8000*	*1*			*789,20*	
B	*04.01.*	*6080*	*4400*	*2*		*N*	*1.860,00*	*V19*
B	*06.01.*	*2400*	*5000*	*3*		*B*	*3.391,50*	*U19*
				4	*Banküberweisung Verbindlichkeiten*	*B*	*779,45*	
				5	*Barkauf Fachbuch*	*B*	*47,08*	*V7*

1.27 Trage die Vorkontierungen für die angegebenen Belege in das folgende Vorkontierungsblatt bei der Firma bei „Art GmbH & Co. KG" ein!

1) Beleg 1.10 auf Seite 8

2) Beleg 1.11 auf Seite 9

3) Beleg 1.12 auf Seite 10

4) Beleg 1.15 auf Seite 13

5) Beleg 1.18 auf Seite 15

6) Beleg 1.19 auf Seite 15

BA	***Datum***	***Soll***	***Haben***	***BNR***	***Text***	***B/N***	***Betrag (EUR)***	***UCo***

Merke

2. Der Einkauf von Stoffen und Handelswaren

- *Beim Einkauf (Lieferer) haben wir es für die Umsatzsteuer nur mit dem Konto 2600 VORST zu tun.*

- *Werkstoffe (Rohstoffe, Fremdbauteile, Hilfsstoffe, Betriebsstoffe) und Handelswaren werden beim Einkauf sofort als Aufwand gebucht. (Im Soll der Konten 6000 AWR, 6010 AWF, 6020 AWH, 6030 AWB und 6080 AWHW)*

- *Schema der Einkaufskalkulation:*

Listeneinkaufspreis (ListenEP)	*In einer Kalkulation stehen immer Nettowerte.*
- Liefererrabatt (L-Rabatt)	
Zieleinkaufspreis (ZielEP)	
- Liefererskonto (L-Skonto)	
Bareinkaufspreis (BarEP)	*Die Pfeile weisen auf die jeweiligen Grundwerte hin.*
+ Bezugskosten (BZK)	
Einstandspreis (EP)/Bezugspreis (BP)	

- *Beim Einkauf können Bezugskosten (Nebenkosten der Anschaffung) wie z. B. Speditionskosten, Porto, Fracht, Verpackung, Zoll, Transportversicherung, Rollgeld usw. anfallen. Sie werden von uns direkt beglichen oder uns vom Lieferer in Rechnung gestellt.*

- *Bezugskosten werden auf eigenen Konten im Soll erfasst (6001 BZKR, 6011 BZKF, 6021 BZKH, 6031 BZKB, 6081 BZKHW). Diese Konten sind Unterkonten und werden auf ihr jeweiliges Hauptkonto abgeschlossen.*
  (Vorbereitende Abschlussbuchung: z. B. 6000 AWR an 6001 BZKR)

- *Bezugskosten sind umsatzsteuerpflichtig. Der Steuersatz richtet sich nach den dazugehörigen Werkstoffen oder Handelswaren.*

- *Durch die Bezugskosten erhöht sich der Einstandspreis (siehe Kalkulation).*

- *Rücksendungen kommen wegen falscher oder mangelhafter Lieferungen zustande; sie werden auf dem entsprechenden Verbrauchskonto im Haben gebucht, die Vorsteuer im Haben berichtigt (Stornobuchung). Entsprechendes gilt für Leihverpackungen, die uns der Lieferer berechnet hatte. Da Leihverpackungen als Bezugskosten im Soll eines Bezugskostenkontos gebucht wurden, werden sie bei der Rücksendung auch in diesem Bezugskostenkonto auf der Habenseite berichtigt. Der Kunde erhält eine Gutschrift.*
  § 437 BGB:
  *Hat die eingekaufte Sache Mängel, kann der Käufer nach den Vorschriften der §§ 440, 323 und 326 Abs.5 BGB von dem Vertrag zurücktreten (**Rücktritt**, früher Wandelung) oder nach § 441 BGB den Kaufpreis mindern (**Minderung**).*

- *Nachlässe werden entweder sofort gewährt (Rabatte) oder nachträglich (Bonus, Skonto, Gutschrift aufgrund einer Mängelrüge).*

- *Sofortrabatte werden nicht gebucht, da sie direkt (vor der Buchung) vom Listenpreis abgezogen werden. Gebucht wird der um den Rabatt verminderte Preis (Zieleinkaufspreis der Kalkulation). Merke!!! Zielkauf zum Zieleinkaufspreis.*

- *Nachträgliche Preisnachlässe (Boni, Skonti, Gutschriften ...) werden auf den entsprechenden Nachlasskonten im Haben gebucht (6002 NR, 6012 NF, 6022 NH, 6032 NB, 6082 NHW); die dazugehörige Vorsteuer wird im Haben korrigiert.*
- *Die Nachlasskonten sind Unterkonten, die auf ihr entsprechendes Hauptkonto abgeschlossen werden. (Vorbereitende Abschlussbuchung: z. B. 6002 NR an 6000 AWR)*
- *Skonti verbilligen für den Kunden die Ware (siehe Kalkulation) und verbessern die Zahlungsbereitschaft (Liquidität) des Lieferers. Der Skonto ist ein Anreiz für schnelles Zahlen.*
- *Beim Vergleich von Angeboten sollte nicht nur auf den Preis geachtet werden, sondern auch auf Zuverlässigkeit, Qualität, Lieferzeit, Service, Art der Geschäftsverbindung usw.*
- *Kraftstoffkosten (Benzin, Diesel) werden wie Gas, Wasser und Strom auf dem Konto 6030 AWB erfasst.*
- *Unterscheide: Gutschrift aufgrund einer Rücksendung (Rücktritt) → Werkstoffe bzw. Handelswaren bleiben nicht bei uns, sondern gehen an den Lieferer zurück.*
  Gutschrift aufgrund einer Mängelrüge (Minderung) → Werkstoffe bzw. Handelswaren bleiben bei uns, und gehen nicht an den Lieferer zurück, werden aber für uns billiger.

Aufgaben

Für die Aufgaben 2.1 – 2.21 sind zu den folgenden Geschäftsfällen die dazugehörigen Buchungssätze zu bilden.

2.1 ER (Eingangsrechnung) für Rohstoffe, netto 5.000,00 EUR.

2.2 Eingangsfracht für Rohstoffe, netto 400,00 EUR gegen Barzahlung.

2.3 Banküberweisung an Rohstofflieferer:
Rechnungsbetrag 5.950,00 EUR abzüglich 2% Skonto.

2.4 Ein Lieferer stellt Fracht für Fremdbauteile in Rechnung, brutto 297,50 EUR.

2.5 Rücksendung mangelhafter Rohstoffe an den Lieferer; dieser schreibt uns dafür 261,80 EUR brutto gut.

2.6

ER für Fremdbauteile	80.000,00 EUR
- 20% Rabatt	?
+ Fracht und Versicherung	2.000,00 EUR
+ USt 19%	?
Rechnungsbetrag	?

2.7 Wir begleichen eine Liefererrechnung (Betriebsstoffe) über 3.748,50 EUR innerhalb der Skontofrist unter Abzug von 2% Skonto durch Banküberweisung.

2.8 Banküberweisung an unseren Rohstofflieferer 10.495,80 EUR. Wir haben 2% Skonto abgezogen.

2.9 Aufgrund einer Mängelrüge gewährt uns der Rohstofflieferer einen Preisnachlass in Höhe von brutto 690,20 EUR.

2.10 Ein Hilfsstofflieferer gewährt uns eine Umsatzvergütung von 300,00 EUR zuzüglich 19% Umsatzsteuer.

2.11 Rücksendung von Verpackung an den Rohstofflieferer, 120,00 EUR netto.

2.12 Zieleinkauf von Heizöl, netto 1.632,00 EUR.

2.13 Wir erhalten eine Gutschrift vom Handelswarenlieferanten für zurückgesandte Leihemballagen (Leihverpackungen) von netto 100,00 EUR.

2.14 Das Konto "Nachlässe Hilfsstoffe" weist zum 31. Dez. einen Saldo von 4.200,00 EUR auf. (Vorabschlussbuchung)

2.15 Wir senden Hilfsstoffe an den Lieferer zurück und erhalten dafür eine Gutschrift in Höhe von 833,00 EUR brutto.

2.16 Banküberweisung an den Hilfsstofflieferer 6.925,80 EUR nach Abzug von 3% Skonto.

2.17 Abschluss des Kontos 6001 BZKR 2.000,00 EUR.

2.18 Gutschrift des Lieferers von Handelswaren aufgrund unserer Mängelrüge, 500,00 EUR netto.

2.19 Uns liegt ein Tankbeleg über brutto 71,90 EUR vor. Wir beglichen diese Rechnung bar.

2.20 Bankbeleg: Eine Stromrechnung über 1.523,20 EUR einschließlich 19% USt wurde abgebucht.

2.21 Eingang der Wasserrechnung, netto 500,00 EUR.

2.22 Zur Ergänzung des Sortiments bietet Ihr Unternehmen Fertigparkett als Handelsware an. Sie werden beauftragt, 1.200 qm Parkett einzukaufen. Dazu liegen Ihnen zwei Angebote vor:

	Firma Fritz Krass Geresburg	Firma Heinrich Liebl Weilhausen
Listenpreis netto je qm	23,50 EUR	22,00 EUR
Rabatt	20%	Ab 500 qm 10% Ab 1.000 qm 15% Ab 2.000 qm 20%
Skonto	2%	2,5%
Lieferkosten	Rollgeld 140,00 EUR netto	Frachtpauschale 80,00 EUR netto

a) Beim Angebot der Firma Fritz Krass, Geresburg haben Sie den Einstandspreis bereits mit 22.248,80 EUR ermittelt. Berechnen Sie den Einstandspreis für das Angebot der Firma Heinrich Liebl, Weilhausen.

b) Bilden Sie den Buchungssatz für den Zielkauf beim preisgünstigsten Anbieter.

c) Bei der Eingangskontrolle stellen Sie fest, dass 200 qm Fertigparkett beschädigt sind; Sie senden diesen Teil der Lieferung zurück. Bilden Sie den Buchungssatz für die Gutschriftanzeige des Lieferers über brutto 4.450,60 EUR.

2.23 Ihrem Unternehmen "RWM" liegt eine Rechnung der Südstahl AG vor (siehe Beleg, nächste Seite).

a) Der Beleg enthält den Vermerk "Wir liefern Ihnen frei Haus:". Erklären Sie, was dieser Vermerk bedeutet.

b) Dem Beleg kann unter anderem auch der Zieleinkaufspreis entnommen werden. Geben Sie den Zieleinkaufspreis an.

c) Erstellen Sie jeweils den Buchungssatz

- für die vorliegende Rechnung,
- für die Rücksendung der leihweise überlassenen vier Transport-Gitterboxen, wenn das Unternehmen Südstahl AG die Gitterboxen am 15. April 2012 zum vollen Wert gutschreibt,
- für die Begleichung des noch offenen Rechnungsbetrages am 19. April 2012 per Banküberweisung.

Südstahl AG
Stahlhandel

Blechstraße 17 97247 Eisenhofen
Tel. (08455) 34567

RWM
Metallbau - Schlosserei
R. Waldhofer
Blumenstraße 3

97239 Aub

Eisenhofen, 12. April 2012

Rechnung

Rechnungsnr.: 4320
Kundennr.: 244

Wir lieferten Ihnen frei Haus:

Pos.	Stück	Einzelpreis EUR	Gegenstand	Gesamtpreis EUR
1	1000	22,00	Vierkant-Eisenstangen 1000 x 40 x 20 mm	22.000,00
			abzüglich 10% Rabatt	2.200,00
				19.800,00
			4 Stück Transport-Gitterboxen (leihweise)	600,00
				20.400,00
			+ 19% Umsatzsteuer	3.876,00
			Rechnungsbetrag	**24.276,00**

Zahlungsbedingungen: 10 Tage 3% Skonto / 60 Tage rein netto.
Die Ware bleibt bis zur vollständigen Bezahlung Eigentum der Südstahl AG.
Bankverbindung: Sparkasse Eisenhofen (BLZ 720 933 55) Konto 34678 St.Nr. 540/640/53421

2.24 Für die Produktion von Gartenhäusern bezieht ihr Unternehmen "BGA" Fichtenholz von der Firma Holzhandel Bamberger in Holzkirchen. Bilden Sie die Buchungssätze für

a) die Eingangsrechnung Nr. 246/12 in Höhe von 14.994,00 EUR brutto,
b) die Barzahlung der Frachtkosten in Höhe von netto 640,00 EUR an die Spedition Schleppmann,
c) den Rechnungsausgleich laut vorliegendem Ausdruck zum Online-Banking

Onlinebanking Überweisungen		
	Kontoinhaber: Bank: Kontonummer: Druckdatum:	Susanne Altmann, Fa. BGA Bayernbank Holzhausen 57088 12-04-26
Datum	Empfänger Verwendungszweck	Kontonummer 566 33 BLZ 707 566 08
26. April 2012	Fa. Holzhandel Bamberger	Betrag (EUR)
	Rechnung 246/12 vom 19. April 2012 abzüglich Skonto	14.619,15 EUR

d) Wie viel Prozent Skonto wurden in Abzug gebracht?

2.25 Ihr Unternehmen "BGA" bietet im Rahmen einer Gesamtausstattung der Blockhäuser auch Kachelöfen an. Im Vorkontierungsblatt der Buchhaltung von "BGA" wurde folgender Eintrag vorgenommen:

BA	**Datum**	**Soll**	**Haben**	**BNR**	**Text**	**Betrag (EUR) B/N**		**UCo**
B	14.04.	6080	4400	6	-------------------	N	19.200,00	V19
B	14.04.	6081	4400		-------------------	N	800,00	V19

a) Welcher Geschäftsfall (Text, Beträge) liegt den oben stehenden Eintragungen zugrunde?

b) Die Ermittlung des Einstandspreises von acht Kachelöfen wurde bei "BGA" mit Hilfe der Tabellenkalkulation durchgeführt:

	A	**B**	**C**
1			**EUR**
2	Listeneinkaufspreis		24.000,00
3	- Liefererrabatt	20%	4.800,00
4	Zieleinkaufspreis		19.200,00
5	+ Bezugskosten		800,00
6	Einstandspreis/Bezugspreis		20.000,00

- Welche Formel wurde im Rechenblatt zur Berechnung des Liefererrabattes in Feld C3 eingegeben?

- Nennen Sie die drei Eingabefelder für die in diesem Rechenblatt durchgeführten Berechnungen.

2.26 Eine Brauerei bezieht zur Ergänzung ihres Sortiments 1.000 Bierkrüge als Handelsware zum Einstandspreis von 5.400,00 EUR. Der Lieferer gewährt dabei 15% Rabatt und stellt für Fracht 130,00 EUR netto in Rechnung.

a) Ermitteln Sie den Listeneinkaufspreis für die gesamte Sendung.

b) Bilden Sie den Buchungssatz

- für den Zieleinkauf der Krüge,
- für die Bezahlung der Eingangsrechnung durch Banküberweisung unter Abzug von 2% Skonto.

2.27 Schwarz stellt HiFi-Verstärker her. Er möchte zur Ergänzung seines Vertriebsprogramms hochwertige Lautsprecherboxen in sein Sortiment aufnehmen. Ein Lieferer bietet ihm das Paar zum Listenpreis von netto 1.500,00 EUR an. Er gewährt 20% Rabatt, räumt bei Zahlung innerhalb von 7 Tagen 2 1/2% Skonto ein und liefert fracht- und verpackungsfrei.

a) Ermitteln Sie den Bezugspreis netto für 5 Paar Lautsprecherboxen, wenn Schwarz das Angebot zu den oben genannten Bedingungen annimmt.

b) Buchen Sie die Eingangsrechnung für 5 Paar Lautsprecherboxen, wenn der Rabatt sofort gewährt wird.

c) Für ein Paar Lautsprecherboxen, bei denen das Furnier beschädigt ist, bekommt Schwarz aufgrund seiner Mängelrüge einen Preisnachlass von netto 400,00 EUR eingeräumt. Wie bucht Schwarz?

d) Den geminderten Rechnungsbetrag überweist Schwarz noch innerhalb der Skontofrist durch die Bank. Wie lautet die Buchung bei Schwarz?

2.28 Eine Küchenmöbelfabrik bietet neben ihren eigenen Produkten auch maschinell gefertigte Teppiche als Handelsware an. Diese werden von ihr zu folgenden Bedingungen bezogen:

Listenpreis netto:	800,00 EUR je Stück
Liefererrabatt:	abhängig von der Bestellmenge
Liefererskonto:	2%

a) Bilden Sie die Buchungssätze

- für die Eingangsrechnung über 15 Teppiche zum Zieleinkaufspreis von 600,00 EUR netto je Stück,
- für die Barzahlung der Frachtkosten in Höhe von 330,00 EUR netto,
- für die Banküberweisung an den Lieferer, wenn der Skonto in Anspruch genommen wird.

b) Wie viel Prozent Rabatt wurde der Möbelfabrik gewährt?

c) Ermitteln Sie den Einstandspreis für einen Teppich.

2.29 Zur Fertigung von Schreibtischen der Serie „Präsident“ werden 200 qm Massivholzplatten benötigt. Dazu liegen Ihnen zwei Angebote mit folgenden Liefer- und Zahlungsbedingungen vor:

Massivholzplatte Buche natur	Fa. Benno Holzhauser	Fa. Josef Allwenger e. K.
Listenpreis je m^2	38,00 EUR	40,00 EUR
Mengenrabatt	ab 100 m^2 12,50%	ab 50 m^2 5% ab 100 m^2 15% ab 500 m^2 25%
Lieferbedingungen	Fracht 120,00 EUR	Lieferung frei Haus
Zahlungsbedingungen	60 Tage ohne Abzug	8 Tage 2% Skonto, 30 Tage rein netto

a) Sie haben den Einstandspreis für das Angebot des Unternehmens Benno Holzhauser bereits mit 6.770,00 EUR ermittelt. Berechnen Sie den Einstandspreis für das Angebot des Unternehmens Josef Allwenger.

b) Die Lieferung des Unternehmens Josef Allwenger erfolgt laut Angebot „frei Haus“. Wie könnte die Lieferbedingung im Angebot des Unternehmens Benno Holzhauser lauten?

c) Sie bestellen die Massivholzplatten beim preisgünstigeren Anbieter Allwenger. Die Lieferung wird umgehend auf der Grundlage des vorliegenden Angebots abgewickelt. Erstellen Sie den Buchungssatz für die Eingangsrechnung vom 6. April 2012.

d) Sie begleichen den Rechnungsbetrag am 10. April 2012 per Banküberweisung. Bilden sie den Buchungssatz. (Kontoauszug liegt vor)

2.30 Das Unternehmen "SGB" stellt unter anderem Sprossenwände in verschiedenen Größen und Ausführungen her. In diesem Zusammenhang liegt Ihnen folgender Beleg vor:

a) Bilden Sie den Buchungssatz für den Eingang der Rechnung Nr. 952/12.

b) Zu der nebenstehenden Rechnung liegen Ihnen sechs Aussagen mit den Kennbuchstaben **A bis F** vor.
Geben Sie auf Ihrem Lösungsblatt die Kennbuchstaben der drei Aussagen an, die für diesen Beleg zutreffen.
A: Der Beleg wird bei SGB im Ordner "Ausgangsrechnungen" abgeheftet.
B: Das Zahlungsziel beträgt 10 Tage.
C: Die Lieferung erfolgt "ab Werk".
D: Der Beleg muss fünf Jahre lang aufbewahrt werden.
E: Für Rundholzstäbe gilt der allgemeine Umsatzsteuersatz von 19%.
F: Die Abkürzung "GmbH" bedeutet "Gesellschaft mit beschränkter Haftung".

c) Laut Beleg wird neben einem Mengenrabatt auch Skonto gewährt. Weshalb können diese beiden Preisnachlässe nicht zu einem gemeinsamen Satz von 12% zusammengefasst werden?

d) Für die Lieferung durch die Spedition Schnell liegt Ihnen der folgende Beleg vor. Bilden Sie den Buchungssatz. (siehe Quittung)

e) Die Rechnung Nr. 952/12 wird am 16. Februar 2012 per Banküberweisung beglichen. Bilden Sie den Buchungssatz.

Holzvertrieb Hackmüller GmbH

Geschäftsführer: Johannes Hackmüller
Registergericht München HRB 558943
Steuernummer: 243/155/384956
USt.-IdNr. DE 034485762
E-Mail: hackmüller@holznet.de
Internet: www.hackmueller-gmbh.de
Tel.: 089 9993356-0
Fax: 089 9993356-30

Holzvertrieb Hackmüller GmbH 82065 Eichenhain

Dieter Brucker Schulsportgeräte
Buchsbaumweg 10

96317 Kronach

Rechnung

Datum: 07.02.2012
Rechnungsnummer: 952/12
(bei Zahlung bitte angeben)

Ihr Auftrag vom: 20.01.2012 Auftrags-Nr.: 952/1 Kunden-Nr.: 1234

Pos.	Menge	Art.-Nr.	Artikel	Einzelpreis (EUR)	Gesamtpreis (EUR)
1	2000	51236	Fremdbauteile Buche Premium Länge 2 m, Stärke 3,2 cm	9,50	19.000,00
			Mengenrabatt 10%		1.900,00

Warenwert	**USt 7%**	**USt 19%**	**Rechnungsbetrag**
17.100,00 EUR		**3.249,00 EUR**	**20.349,00 EUR**

Die Rechnung ist fällig am 07.03.2012.
Bei Zahlung bis zum 17.02.2012 gewähren wir 2% Skonto.
Bei Zahlung innerhalb der Skontofrist überweisen Sie bitte 19.942,02 EUR.

Die Lieferung erfolgt unfrei durch die Spedition Schnell.
Die Ware bleibt bis zur vollständigen Bezahlung unser Eigentum.
Vielen Dank für Ihren Auftrag.

Bankverbindung: Bankhaus Isartal – Konto 440 582 556 – BLZ 702 544 05

Netto	€ 170	Cent --------		**Quittung Barzahlung**
+ 19% USt	...32	Cent ...30		
Gesamt	€ 202	Cent ...30		

Gesamtbetrag € in Worten
Zweihundertundzwei-------------- Cent wie oben

(im Gesamtbetrag sind 19% Mehrwertsteuer enthalten)
von Dieter Brucker Schulsportgeräte
für Anlieferung Rundholzstäbe
richtig erhalten zu haben, bestätigt

Ort Kronach Datum 7. Februar 2012

Buchungsvermerke

Stempel/Unterschrift des Empfängers

Josef Schnell
Spedition Schnell

2.31 Für die Herstellung von Fußbällen der Serie „Lothar" werden verschiedene Werkstoffe verwendet. Dazu liegt Ihnen folgender Beleg vor:

a) In der oben stehenden Rechnung wird ein **Sofortrabatt** gewährt. Nennen Sie **zwei Arten** für derartige Rabatte.
b) Die Rechnung weist unter anderem eine Belastung mit Versandkosten aus. Mit welchem **Fachbegriff** wird diese Art der Lieferung bezeichnet?
c) Bei dem in der Rechnung genannten Hinweis auf Verzugszinsen steht der Zusatz „p. a.". Erklären Sie, was die Angabe „p. a." bei einem Zinssatz bedeutet.
d) Ihnen liegt der Kontoauszug Nr. 23 vom 14. März 2012 vor. Bilden Sie den dazugehörigen Buchungssatz.

Genossenschaftsbank Haching **BLZ 701 695 22**

Kontoauszug
14. März 2012/11:24 Uhr — Nummer 23 — Konto 444 582 — Seite 1/1
Sportbälle Franz Becker e. K.

Bu.-Tag	Wert	Bu.-Nr.	Vorgang	Betrag (€) Gutschrift	Belastung
11.03.	11.03.	454	Überweisung an Fa. Müller GmbH für Rechnung 206/12 für 100 Ballpumpen „Poldi" abzüglich 2,5% Skonto		3.770,81
Kontokorrentkredit € 25.000,00			alter Kontostand	15.632,20	
Verfügbar € 36.861,39			neuer Kontostand	11.861,39	

e) Bilden Sie die Buchungssätze für die folgende Rechnung Nr. 315/12 und die Begleichung dieser Rechnung am 1. März 2012 durch Banküberweisung.

Großhandel für Kunststoffe
Oliver Kuhn e. K.

Großhandel für Kunststoffe Oliver Kuhn e. K. 83268 Traunstein

Sportbälle Franz Becker e. K.
Stadionstraße 10
82024 Mitterhaching

Registergericht Traunstein HRA 458342
USt-IdNr. DE 034485762
E-Mail : oliver.kuhn@wm2006.de
Tel.: 0861 9993356-0
Fax: 0861 9993356-30

Rechnung

Datum: 01.02.2012
Rechnungsnummer: 315/12 (bei Zahlung bitte angeben!)

Ihr Auftrag vom: 19.01.2012   Auftrags-Nr.: 55/1   Kunden-Nr.: 2345

Pos.	Menge	Art.-Nr.	Artikel	Einzelpreis (€)	Gesamtpreis (€)
1	1 500 qm	1236	Bedruckte Kunststofffolie Qualität I a	19,50	29.250,00
			Rabatt 5 %		1.462,50
			Verpackung und Versand		158,50
			Gesamtbetrag netto		27.946,00
			Umsatzsteuer 19 %		5.309,74
			Rechnungsbetrag		33.255,74

Die Rechnung ist ohne Abzug fällig am 03.03.2012
Bei Zahlungsverzug werden 9 % Verzugszinsen p.a. berechnet.
Die Ware bleibt bis zur vollständigen Bezahlung unser Eigentum.
Bankverbindung: Sparbank Traunstein – Konto 56 478 – BLZ 705 455 30

f) Der Firmenname „Sportbälle Franz Becker e. K." zeigt, dass Franz Becker die Rechtsform des Einzelunternehmens gewählt hat. Hierzu sind im Folgenden sechs Aussagen mit den Kennbuchstaben **A bis F** aufgeführt. Geben Sie die Kennbuchstaben der **drei zutreffenden Aussagen** an.

A	Franz Becker haftet als Einzelunternehmer für die Schulden in seinem Unternehmen mit dem Geschäfts- und dem Privatvermögen.
B	Die Abkürzung „e. K." beim Einzelunternehmen steht für „einzelner Kaufmann".
C	Über die Gewinnverwendung im Einzelunternehmen entscheidet das Finanzamt nach Vorlage der GuV-Rechnung.
D	Die alleinige Verantwortung für die Geschäftsführung im Einzelunternehmen „Sportbälle Franz Becker e. K." hat Franz Becker.
E	Die gesetzliche Grundlage für das Einzelunternehmen ist das Handelsgesetzbuch.
F	Die Firma „Sportbälle Franz Becker e. K." ist im Handelsregister eingetragen, das bei der Industrie- und Handelskammer geführt wird.

3. Der Verkauf von fertigen Erzeugnissen und Handelswaren

Merke

- *Beim Verkauf haben wir es für die Umsatzsteuer nur mit dem Konto 4800 UST zu tun.*
- *Den Verkauf buchen wir auf folgenden Ertragskonten: 5000 UEFE oder 5100 UEHW (Umsatzerlöskonten)*
- *Die Umsatzerlöskonten werden als Erfolgskonten über das GUV-Konto abgeschlossen.*
- *Kalkulationsschema:*

Listeneinkaufspreis (netto) (ListenEP)
- Liefererrabatt (L-Rabatt)

Zieleinkaufspreis (ZielEP)
- Liefererskonto (L-Skonto)

Bareinkaufspreis (BarEP)
+ Bezugskosten (BZK)

Einstandspreis (EP)/Bezugspreis (BP)
+ Gemeinkosten für Handelswaren (GKHW)

Selbstkostenpreis (SKP)
+ Gewinn

Barverkaufspreis (BarVP)
+ Kundenskonto (K-Skonto)

Zielverkaufspreis (ZielVP)
+ Kundenrabatt (K-Rabatt)

Listenverkaufspreis (ListenVP)/Nettoverkaufspreis (NettoVP)

Verkaufs-kalkulation (↓ von Selbstkostenpreis bis Listenverkaufspreis)

Die Pfeile weisen auf die Berechnungsgrundlagen (Grundwerte) hin.

- ***Kalkulationsaufschlag (KA):***

$$KA\ (\%) = \frac{(\text{Verkaufspreis} - \text{Einstandspreis}) \times 100}{\text{Einstandspreis}}$$

Einstandspreis
+ Kalkulationsaufschlag

Verkaufspreis

- ***Kalkulationsfaktor (KF):***

$$\text{Kalkulationsfaktor} = \frac{\text{Verkaufspreis}}{\text{Einstandspreis}}$$

$$KF = 1 + \frac{\text{Kalkulationsaufschlag}}{100}$$

Einstandspreis x Kalkulationsfaktor = Verkaufspreis

Der Kalkulationsfaktor hat keine Benennung und ist auf vier Dezimalstellen anzugeben.

- *Wird nach dem Gewinn gefragt (Differenzkalkulation), ist zunächst vom Listeneinkaufspreis bis zum Selbstkostenpreis zu rechnen, sodann vom Verkaufspreis bis zum Barverkaufspreis. Als Differenz zwischen Selbstkostenpreis und Barverkaufspreis ergibt sich der Gewinn in EUR.*

- $$\text{Gewinn (\%)} = \frac{\text{Gewinn (EUR)} \times 100}{\text{Selbstkostenpreis}}$$

- *Gemeinkosten für Handelswaren (GKHW) sind die Kosten, die zwischen Einkauf und Verkauf von Handelswaren entstehen. (Lagerung, Verwaltungskosten, Werbekosten, ...)*

- *Versandkosten, <u>die wir selbst übernehmen</u>, (Lieferung "frei Haus"), werden entweder auf dem Konto 6040 AWVM (z. B. Kartonagen, Verpackung ...) oder auf dem Konto 6140 AFR (z. B. Frachten, Speditionskosten ...) gebucht. (!!! Hier Vorsteuer buchen !!!)*

- *Versandkosten, <u>die wir dem Kunden in Rechnung stellen</u>, werden in die Umsatzerlöse einbezogen, d. h. gleich auf das entsprechende Umsatzerlöskonto (5000 UEFE oder 5100 UEHW) gebucht. Anders ausgedrückt: Versandkosten, die wir dem Kunden berechnen, erhöhen die Umsatzerlöse.*

- *Nachträgliche Preisnachlässe, die wir dem Kunden gewähren, sind Gutschriften aufgrund einer Mängelrüge von Boni und Skonti. Sie sind auf den entsprechenden Erlösberichtigungskonten (5001 EBFE bzw. 5101 EBHW) zu buchen (Sollbuchung). Die Umsatzsteuer ist dabei im Soll zu korrigieren. (Gutschrift wegen Nachlass)*

- *Schickt der Kunde Erzeugnisse, Handelswaren oder Verpackung, die wir ihm berechnet haben, zurück, vermindert sich der Erlös auf 5000 UEFE bzw. 5100 UEHW (Sollbuchung). Auch hier ist die Umsatzsteuer im Soll zu korrigieren. (Gutschrift wegen Rücksendung)*

- *Sofortrabatte werden nicht gebucht. Gebucht wird der um den Rabatt verminderte Umsatzerlös.*

- *Die Erlösberichtigungskonten sind über das entsprechende Umsatzerlöskonto abzuschließen: (vorbereitende Abschlussbuchung) z. B. 5000 UEFE an 5001 EBFE*

- *Auf den Konten 5000 UEFE, 5100 UEHW, 5001 EBFE, 5101 EBHW, 6040 AWVM und 6140 AFR sind immer nur Nettobeträge zu buchen. Beachte gleich, dass in allen Konten der Klassen 5, 6, und 7 nur Nettobeträge zu buchen sind.*

- *Herstellungsaufwand < Umsatzerlöse = Rohgewinn*
Herstellungsaufwand > Umsatzerlöse = Rohverlust

- *Gesamtaufwand < Gesamterträge = Reingewinn*
Gesamtaufwand > Gesamterträge = Reinverlust

- *Herstellungsaufwand = alle betrieblichen Aufwendungen (Kosten sind alle Aufwendungen in den Kontenklassen 6 und 7 des Kontenplans, die mit einem Sternchen gekennzeichnet sind.)*

- *Gesamtaufwendungen = alle Aufwendungen in den Konten der Klassen 6 und 7.*

- *Gesamterträge = alle Erträge in der Kontenklasse 5.*

Aufgaben

Für die Aufgaben 3.1 – 3.17 sind zu den folgenden Geschäftsfällen die dazugehörigen Buchungssätze zu bilden.

3.1 Zielverkauf von Handelswaren, netto 3.000,00 EUR

3.2 Ein Kunde von Fertigerzeugnissen erhält aufgrund einer Mängelrüge einen Preisnachlass; die Gutschrift beträgt 214,20 EUR.

3.3 Banküberweisung eines Kunden zum Ausgleich einer Rechnung über Handelswaren: Rechnungsbetrag 7.735,00 EUR abzüglich 2 % Skonto.

3.4 AR (Ausgangsrechnung) für fertige Erzeugnisse 14.000,00 EUR + 19% USt.

3.5 AR für Handelswaren, Warenwert 60.000,00 EUR. Wir gewähren 25% Rabatt.

3.6 Ein Kunde begleicht unsere Rechnung für FE in Höhe von brutto 8.330,00 EUR unter Abzug von 2% Skonto mit Verrechnungsscheck.

3.7 Ein Kunde von Fertigerzeugnissen überweist für eine Rechnung nach Abzug von 2,5% Skonto 7.193,55 EUR auf unser Bankkonto.

3.8 Gutschrift an den Kunden von Handelswaren für zurückgesandte Verpackung 72,00 EUR + 19% USt.

3.9 AR für fertige Erzeugnisse netto 3.890,00 EUR, in Rechnung gestellte Fracht 98,00 EUR netto.

3.10 Wir belasten einen Handelswarenkunden nachträglich mit Fracht 69,00 EUR netto.

3.11 Ein Kunde schickt beschädigte Handelswaren zurück, netto 200,00 EUR.

3.12 Wir bezahlen die Speditionskosten für ausgehende fertige Erzeugnisse 132,00 EUR netto, bar.

3.13 Ein Kunde, der von uns fertige Erzeugnisse bezogen hatte, sendet ihm berechnetes Verpackungsmaterial zurück. Wir schreiben ihm 238,00 EUR brutto gut.

3.14 Das Konto "Erlösberichtigungen für Handelswaren" weist einen Saldo von 3.000,00 EUR auf (Vorabschlussbuchung).

3.15 Zielkauf von Verpackungsmaterial 5.150,00 EUR (netto).

3.16 Ein Kunde (Fertigerzeugnisse) begleicht eine Rechnung über 21.896,00 EUR per Banküberweisung unter Abzug von 2,5% Skonto.

3.17 Aufgrund unseres günstigen Angebotspreises von 990,00 EUR netto erhalten wir von der Stadt Berghausen einen Auftrag über 20 Werkbänke für die Realschule. Bilden Sie den Buchungssatz für

- unsere Ausgangsrechnung (Rechnung Nr. 112/07 vom 11. April 2007),
- die Barzahlung an den Spediteur in Höhe von 262,00 EUR netto für die Lieferung „frei Haus“ der Werkbänke an die Realschule.
- Im Zusammenhang mit dem Verkauf der Schülerwerkbänke liegt Ihnen folgender Kontoauszug vor. Bilden Sie hierfür den Buchungssatz.

Konto-Nummer 223 789 000	Auszug 26	Blatt 1	Text	Wert	Umsätze
Überweisung von Stadtverwaltung Berghausen für Rechnung Nr. 112/07 v. 11.04.2007 abzüglich 3 % Skonto				18.04.	22.855,14 H
Firma G. Müller Holzprodukte Gartenstraße 3 ***86499 Südendorf***				Letzter Auszug 17.04.2007	Alter Kontostand 26.387,35 H
				Kontoauszug vom 21.04.2007	Neuer Kontostand 49.242,49 H
				Sparbank Lechburg BLZ 99988800 ***Kontoauszug***	

3.18

Das Unternehmen **„EHOFA“** führt zur Ergänzung des Sortiments Sportbrillen in verschiedenen Ausführungen. Dazu liegt Ihnen folgender Beleg vor:

EHOFA

Ernst Hofer Fahrradhelme e. K.
Registergericht:
München HRA 630971
Steuernummer: 151/073/239212
USt-IdNr. DE348596596
Tel.: 089 5152-0
Fax: 089 515230

Ernst Hofer Fahrradhelme e. K., Münchner Str. 8, 85716 Schleißheim

Velo Radsport GmbH
Feldener Str. 6
85368 Moosburg

Rechnung

Rechnungsdatum: 16.01.2012
Lieferdatum: 16.01.2012
Rechnungsnummer: 29/12
(bei Zahlung bitte angeben)

Ihr Auftrag vom: 10.01.2012 Auftrags-Nr.: 29/1 Kunden-Nr.: 4567
Wir lieferten Ihnen frei Haus:

Pos.	Menge	Art. Nr.	Artikelbezeichnung	Einzelpreis(€)	Gesamtpreis(€)
1	25	33322	Sportbrille Titanflex Multiraser	150,00	3.750,00
			Rabatt 15%		562,50

Warenwert	USt 7%	USt 19%	Rechnungsbetrag
3.187,50 €	**--------**	**605,63 €**	**3.793,13 €**

Erfüllungsort und Gerichtsstand für beide Teile ist München.
Zahlung rein netto bis spätestens 16.02.2007
Bankverbindung: Kredit- und Sparbank Schleißheim – Konto 01051956 – BLZ 762 400 40

a) Bilden Sie den Buchungssatz für die oben stehende Rechnung Nr. 29/12.

b) Die Rechnung enthält den Vermerk „Wir lieferten Ihnen frei Haus“. Erklären Sie, was dieser Vermerk für das Unternehmen **„EHOFA“** bedeutet.

c) Dem Kunden „Velo Radsport GmbH“ wird ein Sofortrabatt gewährt. Nennen Sie ein Beispiel für einen derartigen Rabatt.

d) Erklären Sie, was die Zahlungsbedingung „Zahlung rein netto“ bedeutet.

e) Das Unternehmen **„EHOFA“** rechnet mit einem Kalkulationsfaktor von 1,7647. Welchem Kalkulationsaufschlagssatz entspricht dieser Kalkulationsfaktor?

3.19 Ein Kaufmann bezieht Handelswaren zu netto 500,00 EUR und rechnet mit einem Kalkulationsfaktor von 1,6000. Wie viel Prozent Gewinn (eine Dezimalstelle) erzielt er, wenn der Selbstkostenpreis 625,00 EUR beträgt und er seinem Kunden einen Rabatt von 10% einräumt?

3.20 Ein Motorradhersteller führt Schutzhelme als Handelsware und kalkuliert dabei mit 10% Kundenrabatt, 3% Kundenskonto, 15% Gewinn und 30% Gemeinkosten für Handelswaren.

a) Ermitteln Sie den Kalkulationsaufschlag.

b) Das Unternehmen veräußert 25 Helme zum Bruttoverkaufspreis von 6.545,00 EUR.

- Berechnen Sie den Einstandspreis der gesamten Lieferung.
- Buchen Sie den Zielverkauf der Helme.

c) Aufgrund einer Mängelrüge erhält der Kunde einen Preisnachlass über 130,90 EUR brutto. Wie bucht der Motorradhersteller die Gutschrift an den Kunden?

3.21 Elektrohändler Hell, der mit einem Kalkulationsfaktor von 1,6050 rechnet, bietet ein Haushaltsgerät zum Nettoverkaufspreis von 840,00 EUR an. Er erfährt, dass sein Konkurrent Dunkel, der dasselbe Gerät zum gleichen Nettoverkaufspreis anbietet, mit einem Kalkulationsaufschlag von 62,62% kalkuliert.

a) Zeigen Sie, welcher Betrieb günstiger einkauft und wie viel EUR sein Preisvorteil beträgt.

b) Welchen Rabatt (in %) bietet Hell seinen Kunden, wenn er als Zielverkaufspreis 802,20 EUR angesetzt hat?

3.22 Zur Ergänzung seines Warensortiments bezieht der Fabrikant Müller Polstermöbel zum Einstandspreis von netto 2.200,00 EUR. Darin sind Frachtkosten in Höhe von netto 175,00 EUR enthalten.

a) Buchen Sie die Eingangsrechnung.

b) Welchen Gewinn in EUR und Prozenten erzielt der Fabrikant, wenn er mit 15% Gemeinkosten für Handelswaren, 2% Kundenskonto und einem Kalkulationsfaktor von 1,4500 rechnet?

c) Ermitteln Sie den Kalkulationsaufschlag.

3.23 Für Küchenherde als Handelsware ergibt sich bei Berücksichtigung von 2% Liefererskonto, 16,00 EUR Bezugskosten und 17% Gemeinkosten für Handelswaren ein Selbstkostenpreis von 1.509,30 EUR.

a) Ermitteln Sie den Listeneinkaufspreis für einen Herd.

b) Berechnen Sie den Nettoverkaufspreis eines Küchenherdes, wenn mit einem Kalkulationsfaktor von 1,2500 kalkuliert wird.

c) Bilden Sie die Buchungssätze

- für den Zielverkauf eines Küchenherdes,
- für den Zahlungseingang auf unserem Bankkonto, wenn der Kunde 3% Skonto in Anspruch genommen hat.

d) Wie hoch ist der Gewinn in Prozenten?

3.24 Ein Möbelhersteller kauft am 13.06. zur Ergänzung seines Angebotes 75 Tischlampen zum Listenpreis von 125,00 EUR netto je Stück. Der Lieferer gewährt 20% Sofortrabatt und 3% Skonto bei Zahlung innerhalb von 10 Tagen. Die Lieferung erfolgt frei Haus.

a) Ermitteln Sie den Einstandspreis für die gesamte Sendung und für eine Tischlampe.

b) Bilden Sie die Buchungssätze

- für den Zielkauf der Lampen am 13.06.,
- für die Bezahlung der Eingangsrechnung am 20.06. durch Bankscheck.

c) Der Möbelhersteller rechnet mit einem Kalkulationsaufschlag von 80%. Die Gemeinkosten für Handelswaren setzt er mit 25% an; außerdem gewährt er seinen Kunden 20% Rabatt. Berechnen Sie den Gewinn je Lampe (in EUR und in Prozenten).

d) Der Möbelhersteller verkauft fünf Lampen auf Ziel und berechnet seinem Kunden für Verpackung insgesamt 31,60 EUR netto. Bilden Sie den Buchungssatz, wenn der kalkulierte Rabatt sofort gewährt wird.

3.25 Die Ermittlung des Einstandspreises von acht Kachelöfen wurde in Ihrer Firma mit Hilfe der Tabellenkalkulation durchgeführt:

	A	B	C
1		%	EUR
2	Listeneinkaufspreis		24.000,00
3	- Liefererrabatt	20	4.800,00
4	Zieleinkaufspreis		19.200,00
5	+ Bezugskosten		800,00
6	Einstandspreis/Bezugspreis		20.000,00

a) Welche Formel wurde im Rechenblatt zur Berechnung des Liefererrabattes in Feld C3 eingegeben?

b) Nennen Sie die drei Eingabefelder für die in diesem Rechenblatt durchgeführten Berechnungen.

c) Ihre Firma bietet einen Kachelofen zum Listenverkaufspreis von netto 3.125,00 EUR an. Mit welchem Kalkulationsaufschlagssatz rechnet Ihre Firma?

d) Ihre Firma gewährt seinen Kunden 2% Skonto und rechnet mit 5% Gemeinkosten für Handelswaren. Berechnen Sie den kalkulierten Gewinn in EUR und in Prozenten.

e) Ihre Firma liefert an einen Baumarkt drei Kachelöfen zum kalkulierten Verkaufspreis. Bilden Sie den Buchungssatz für die Ausgangsrechnung, wenn dem Baumarkt Transportkosten in Höhe von insgesamt 200,00 EUR netto berechnet werden.

f) Der Baumarkt begleicht die Rechnung, bringt aber 3% Skonto in Abzug. Ihre Firma akzeptiert den höheren Skontoabzug. Wie wirkt sich der höhere Skontoabzug auf den tatsächlichen Gewinn aus (keine Berechnung)?

3.26 Ihre Firma fertigt hochwertige Reinigungsgeräte, unter anderem Staubsauger und Allessauger. Aus Konkurrenzgründen liegt bei einem Auftrag der Listenverkaufspreis für Allessauger mit 960,00 EUR je Stück fest. Zur Berechnung des verbleibenden Stückgewinns setzen Sie folgendes Rechenblatt zur Tabellenkalkulation ein:

	A	B	C
1		%	EUR
2	Selbstkosten/Stück		800,00
3	+ Gewinn	2,90	23,20
4	Barverkaufspreis		823,20
5	+ Kundenskonto	2,00	16,80
6	Zielverkaufspreis		840,00
7	+ Kundenrabatt	####	120,00
8	Listenverkaufspreis netto		960,00

a) Das Rechenblatt ist an einer Stelle (Feld B7) nicht lesbar. Ermitteln Sie den Kundenrabatt in Prozenten.

b) Welche Formel wurde im Rechenblatt jeweils eingegeben

- zur Berechnung des verbleibenden Gewinns in EUR (Feld C3),
- zur Berechnung des Gewinns in Prozenten (Feld B3)?

c) Ihre Firma liefert an ein Kaufhaus 15 Allessauger zum vorgegebenen Verkaufspreis. Bilden Sie den Buchungssatz für den Zielverkauf, wenn der Rabatt sofort gewährt wird und 300,00 EUR netto für Verpackung berechnet werden.

d) Das Kaufhaus zeigt per Telefax an, dass an einigen Geräten Farbmängel festgestellt wurden und erhält eine Gutschrift in Höhe von 1.785,00 EUR brutto. Bilden Sie den Buchungssatz.

3.27 Außer Büromöbeln in Massivholzausführung nimmt unser Unternehmen „Büro-Design Rabe“ unter anderem Schreibtischsessel in Lederausführung als Handelswaren in sein Programm auf.

a) Wir berechneten den Zielverkaufspreis der Schreibtischsessel für 1.023,75 EUR netto je Stück. Wie viel Prozent Rabatt räumen wir unseren Kunden ein, wenn der Listenverkaufspreis aus Konkurrenzgründen mit 1.125,00 EUR netto festliegt?

b) Im Rahmen der Neuausstattung des Rektorats der örtlichen Realschule erhält unser Unternehmen „Büro-Design Rabe“ den Auftrag zur Lieferung von Büromöbeln und eines Schreibtischsessels. Der Auftrag wird im August 2007 ausgeführt.

- Bilden Sie den Buchungssatz für die Ausgangsrechnung.

- Unser Unternehmen „Büro-Design Rabe“ übernimmt die Frachtkosten. Erstellen Sie den Buchungssatz für die Barzahlung der Frachtkosten an den Spediteur in Höhe von 230,00 EUR netto.

c) Nach Absprache mit dem Schulleiter erhält die Realschule aufgrund der unten angegebenen Mängelrüge mit Schreiben vom 27. September 2007 einen Preisnachlass über 952,00 EUR brutto. Bilden Sie den Buchungssatz für die Gutschriftanzeige.

Büro-Design Rabe, e. K.
Hochwertige Massivholzmöbel
84558 Rottenstein Drosselgasse 2
Telefon 0878 663366 Telefax 0878 663367

J.-W. Rabe, Massivholzmöbel, Drosselgasse 2, 84558 Rottenstein

Staatliche Realschule
Museumsstr. 40

84558 Rottenstein Rottenstein, den 2. September 2007

Rechnung Nr. 142/07 Kunden-Nr. 0705 **Durchschrift**

Aufgrund Ihrer Bestellung vom 28. Juli 2007 lieferten wir Ihnen frei Haus:

Pos.	Menge	Artikel	Einzelpreis (EUR)	Gesamt (EUR)
1	01	Schreibtisch „Präsident“ Zirbelkiefer natur	2.500,00	2.500,00
2	02	Aktenschrank „Residenz“ Zirbelkiefer natur	3.200,00	6.400,00
3	01	Schreibtischsessel „Chef“ Leder schwarz	1.125,00	
		abzüglich Rabatt auf Pos. 3	101,25	1.023,75
		Gesamtwert		9.923,75
		+ 19% Umsatzsteuer		1.885,51
		Rechnungsbetrag		11.809,26

Wir danken für Ihren Auftrag.

Der Rechnungsbetrag ist fällig am 2. Oktober 2007
Bei Überschreiten des Zahlungsziels werden 12% Verzugszinsen p. a. berechnet.
Die gelieferte Ware bleibt bis zur vollständigen Bezahlung unser Eigentum
Bankverbindung: Sparbank Rottenstein, BLZ 725 667 05, Konto 480 682 850
Unternehmenssitz: Rottenstein Registergericht Landshut HRA 341953
Steuernummer 344/598/70022 USt.ID-Nummer DE 844900210

Staatliche Realschule
Museumsstraße 40
84558 Rottenstein

Staatliche Realschule, Museumsstraße 40, 84558 Rottenstein

Firma
Büro-Design Rabe, e.K.
Drosselgasse 2

84558 Rottenstein

Tel.: 0878 6633-12
Fax: 0878 6633-10

Datum: 3. September 2007

Mängelanzeige

Sehr geehrte Damen und Herren,

leider müssen wir Ihnen mitteilen, dass einer der von Ihnen am 2. September gelieferten Aktenschränke "Residenz" Kratzer aufweist. Wegen eines Preisnachlasses wird um Rücksprache gebeten.

Mit freundlichen Grüßen

Liebmann

Liebmann, Schulleiter

3.28 Am 5. Januar 2004 verkauft das Unternehmen „KOMAI" Handy-Schalen an die Warenhauskette „Erl & König". Ihnen liegt folgender Auszug der Rechnung vor:

Rechnung-Nr. 5/04 **Kunden-Nr.: 0801** **5. Januar 2004**

Pos.	Menge	Art.-Nr.	Artikel	Einzelpreis (EUR)	Gesamtpreis (EUR)
1	800	01001	Handy-Schalen „Blacky"	5,50	4.400,00
			Mengenrabatt 20%		880,00
			Warenwert netto		3.520,00
			Umsatzsteuer 19%		668,80
			Rechnungsbetrag		**4.188,80**

a) Bilden Sie den Buchungssatz für den Beleg mit der Rechnungsnummer 5/04.

b) Das Unternehmen „KOMAI" übernimmt die Versandkosten.

- Erstellen Sie den Buchungssatz für die Barzahlung der Versandkosten an den Paketdienst in Höhe von 14,88 EUR brutto.
- Mit welchem **Fachbegriff** wird in diesem Fall die Lieferbedingung bezeichnet?

c) Am 15. Januar 2004 erhalten Sie folgenden Kontoauszug vorgelegt:

Genossenschaftsbank Herzogenfeldbruck

Kontoauszug		Konto 81925		Seite 1/1
15. Januar 2004/11:17 Uhr	Nummer 7	Handy-Zubehör Konrad Maier e. K.		
Bu.-Tag Wert Bu.-Nr.	Vorgang		Betrag (EUR) Gutschrift	Belastung
14.01. 14.01. 22	Rechnung Nr. 5/04 abzüglich Skonto Erl & König		4.084,08	
Kontokorrentkredit EUR 20.000,00	Alter Kontostand			577,25
Verfügbar EUR 23.506,83	Neuer Kontostand		3.506,83	

- Bilden Sie den Buchungssatz für diesen Kontoauszug.
- Berechnen Sie, wie viel Prozent Skonto in Abzug gebracht wurde.
- Der im Kontoauszug aufgeführte Zusatz „e. K." beim Firmennamen zeigt an, dass das Unternehmen in einem öffentlichen Verzeichnis eingetragen ist, das beim Amtsgericht geführt wird. Wie lautet der **Fachbegriff** für dieses Verzeichnis?

3.29 Zur Ergänzung des Sortiments bietet das Unternehmen „SFB" seinen Kunden Balltaschen als Handelswaren an. Diese bezieht „SFB" zum **Einstandspreis** von netto 9,00 € je Stück. Aufgrund einer Anfrage des Sportfachgeschäfts Krinsmann KG haben Sie folgendes Angebot erstellt und an den Kunden gesandt:

Sportbälle Franz Becker e. K.

Sportbälle Franz Becker e. K. Stadionstr. 10 82024 Mitterhaching

Sportfachgeschäft Krinsmann KG
Clubstr. 60
90451 Nürnberg

Franz Becker e. K.
Registergericht München HRA 246603
Steuernummer: 228/177/89635
USt-IdNr. DE 896355443
E-Mail: SFB@sport-online.de
Tel.: 089 21702659
Fax: 089 21702813

Angebot Mitterhaching, 04.10.2005

Ihre Anfrage zu Balltaschen vom 30.09.2005
Sehr geehrter Herr Krinsmann,
Bezug nehmend auf Ihre Anfrage bieten wir Ihnen zur Lieferung frei Haus an:

Stückzahl	Artikel	€
100	Balltaschen „Löwe" zum Stückpreis von 15,00 €	1,500,00
	abzüglich Rabatt 10 %	150,00
	Angebotspreis netto	1.350,00
	Zuzüglich Umsatzsteuer 19 %	256,50
	Angebotspreis brutto	1.606,50

Mit freundlichen Grüßen
Franz Becker
Sportbälle Franz Becker e. K.

a) Mit welchem Kalkulationsfaktor rechnet „SFB“, wenn das oben stehende Angebot zugrunde gelegt wird?

b) Das Sportfachgeschäft Krinsmann teilt mit, dass es an dem Kauf der Balltaschen interessiert wäre, wenn 20% Rabatt gewährt und zusätzlich 3% Skonto eingeräumt würden.
Lohnt es sich für das Unternehmen „SFB“, auf diese Anfrage – trotz der geänderten Bedingungen – einzugehen, wenn „SFB“ mit 20% Gemeinkosten für Handelswaren kalkuliert (rechnerische Begründung)?

c) Unter dem Kalkulationsposten „Gemeinkosten für Handelswaren“ fasst das Unternehmen „SFB“ eine Reihe verschiedener Kosten zusammen.
Nennen Sie **zwei Beispiele** für solche Kosten.

d) Das Unternehmen „SFB“ akzeptiert die Bedingungen des Sportfachgeschäfts.
Bilden Sie den Buchungssatz für den Verkauf von 100 Balltaschen gegen Rechnung.

e) Aufgrund einer Mängelrüge wegen geringfügiger Farbabweichung bei einigen Balltaschen erhält das Sportfachgeschäft Krinsmann eine Gutschrift über 41,65 € brutto.
Erstellen Sie hierzu den Buchungssatz.

4. Sonstige Aufwendungen und Erträge

Merke

- *Achten Sie auf die Angaben zur Umsatzsteuer (netto, brutto). Nicht alle Aufwendungen und Erträge sind umsatzsteuerpflichtig (Aufwendungen, die <u>immer</u> umsatzsteuerpflichtig sind, werden im Folgenden **fett** gedruckt.)*

- *Fachzeitschriften und Fachbücher wie auch die Wasserkosten sind nur mit 7% Umsatzsteuer belastet.*

- *Sonstige betriebliche Aufwendungen:*

  6700 AWMP (Miet- und Pachtaufwendungen für Räume, Häuser, Garagen und Grundstücke), 6710 LS (Leasing von Anlagegegenständen wie PKW, EDV-Anlage, usw.)**, 6730 GEB (Kanalbenutzungsgebühren, Müllabfuhrgebühren, Kosten für die Straßenreinigung, **Kaminkehrergebühren**), 6750 KGV (Kontoführungsgebühren, Depotgebühren, Mahnspesen durch Lieferer, Bearbeitungsgebühren), **6770 RBK (Kosten für Rechtsanwalt und Steuerberater),

  ***6800 BMK (Büromaterial wie z.B. Kopierpapier, Aktendeckel, Toner, usw., Kleingüter mit Nettoanschaffungskosten bis 150,00 EUR), 6810 ZFL (Fachzeitschriften und Fachliteratur)**, 6820 PUK (Porto, Paketgebühren (Post), **Paketgebühren (Paketdienst), Telefon-, Telex- und Telefaxgebühren, Nutzungsentgelte für Internet, Pflege der Homepage, Kosten für privaten Paketdienst)**, **6850 REK (Betriebliche Reisekosten der Geschäftsleitung und der Mitarbeiter, z. B. Hotelkosten, Taxikosten, Bahnkosten), 6870 WER (Kosten für Werbemittel wie Werbeprospekte, Inserate, Fernsehspots, usw.)**,*

  6900 VBEI (Kfz-Versicherung, Feuer-, Einbruch- und Diebstahlversicherung, Insolvenzversicherung), 6920 BWB (Beiträge an die IHK, an Arbeitgeberverband), 6930 VSF (Schadensfälle, die nicht versichert sind), 6990 PFAW (Mehraufwendungen bei zu niedrig veranschlagten Rückstellungen, Steuernachzahlungen für Vorjahr).

- *Sonstige betriebliche Erträge:*

  ***5400 EMP (Miet- und Pachterträge von Räumen, Häusern, Garagen und Grundstücken)**, 5430 ASBE (Mahnspesen im Zusammenhang mit Verzugszinsen), 5490 PFE (Erträge aus der Herabsetzung von Rückstellungen, Steuerrückerstattung für Vorjahr, Beitragsrückvergütungen von betrieblichen Versicherungen für Vorjahr)*

- *Beachten Sie: Aufwendungen und Erträge werden im Regelfall aufgrund einer Rechnung gebucht (Z. B. 6800 BMK
2600 VORST an 4400 VE)*

  Die Begleichung der Rechnung per Banküberweisung hat dann die Buchung 4400 VE an 2800 BK zur Folge.

Aufgaben

4.1 Rechnungseingang der Deutschen Telekom über brutto 545,76 EUR

4.2 Rechnungseingang der regionalen Zeitung für ein Werbeinserat: 500,00 EUR, netto.

4.3 Rechnungseingang: Leasinggebühr für einen Geschäftswagen, netto 600,00 EUR.

4.4 Für folgende Aufwendungen liegen Rechnungen vor: Strom netto 800,00 EUR, Beitrag für die Industrie- und Handelskammer 265,00 EUR.

4.5 Unsere Rechtsanwaltskanzlei schickt eine Rechnung über 270,00 EUR + 19% USt.

4.6 Für Wohnungen im werkseigenen Mietshaus gehen 4.329,22 EUR auf unser Postbankkonto ein. Gesonderte Rechnung liegt nicht vor.

4.7 Die Eingangsbelege für die Feuerversicherungsprämie 39,00 EUR und den Beitrag für den Arbeitgeberverband 30,00 EUR sind zu buchen.

4.8 Kassenfehlbestand 127,00 EUR.

4.9 Barzahlung der Hotelrechnung anlässlich einer Verkaufsmesse, netto 600,00 EUR.

4.10 Durch einen Schwelbrand wurden Rohstoffe, die nicht versichert waren, im Wert von 1.800,00 EUR vernichtet.

4.11 Eingangsrechnung der Werbeagentur in Höhe von 3.170,00 EUR netto.

4.12 Die Handelskammer schickt uns eine Beitragsrechnung über 350,00 EUR.

4.13 Die Telefonrechnung geht ein (Nettobeträge):

Telefonanschluss	21,39 EUR
Standardtelefon	2,10 EUR
Telefon IQ-Tel 2	10,35 EUR
Tarifeinheiten	104,61 EUR

4.14 Rechnungseingänge:

- Handelskammerbeitrag	150,00 EUR
- Diebstahlversicherung	460,00 EUR

4.15 Barkauf einer Fachzeitschrift für 25,00 EUR brutto.

4.16 Postbeleg für Briefmarken 400,00 EUR, Barzahlung.

4.17 Wir buchen die Kaminkehrerrechnung über netto 380,85 EUR.

4.18 Banklastschrift für:

Industrie- und Handelskammerbeitrag	120,00 EUR
Grundsteuer 3. Quartal 2008	850,00 EUR
Müllentsorgung 3. Quartal 2008	180,00 EUR

Bilden Sie den Buchungssatz.

4.19 Buchen Sie aufgrund von nachstehendem Kontoauszug. Eine Buchung aufgrund des Gebührenbescheides der Gemeinde Steinbach erfolgte bisher nicht. Die Rechnung der Brandversicherung war bereits gebucht.

Kreditbank Würzburg BLZ: 790 600 01 E-Mail: infokredit-wue@t-online.de	Kontonummer 154 331	Auszug/Jahr 58/2010	Blatt-Nr. 1 von 1

Buchungstag	Wert	Vorgang **Kontoauszug**	**EUR-Konto**
14.04.	14.04.	Gemeinde Steinbach Müllabfuhr 321,00 EUR einschließlich 7% Umsatzsteuer/ Kanal 299,60 EUR	620,60 S
15.04.	15.04.	Gebäudebrandversicherung einschließlich 17,75% Versicherungssteuer	85,80 S

Herrn/Frau/Firma
G. Holzmann GmbH
Gewerbestraße 2
97074 Würzburg

Alter Kontostand	1.800,80 H
Neuer Kontostand	1.094,40 H

KONTO; KARTEN; KREDITE
WIR BERATEN SIE GERN

Letzte Erstellung: 13.04.2010
Erstellungstag: 15.04.2010/9:14

4.20 Buchen Sie als Mitarbeiter der Firma „Walter-Automobil GmbH“ den Eingang folgender Rechnung.

Jeschke-Büromarkt

Jeschke Büromarkt · Parkallee 101 · 97688 Bad Kissingen

Walter-Automobil GmbH
Seeweg 20
97421 Schweinfurt

Parkallee 101
97688 Bad Kissingen
Tel. 0971-55111
Fax 0971-55444

Kunden-Nr.	Beleg-Nr.	Datum	Blatt
24709	314/024	16.11.10	1

Rechnung

Pos	Art.Nr.	Bezeichnung	Menge	E-Preis (€)	G-Preis (€)
1	167	Aktendeckel	60	5,00	300,00
2	428	Fax-Cartridge	2	35,00	70,00
3	447	Kopierpapier	10	2,90	29,00

Warenwert	Versandkosten	USt. 7%	USt. 19%	Endbetrag
399,00	--------------------	------------	75,81	474,81

Zahlungsziel 30 Tage, bei Bezahlung innerhalb von 10 Tagen erhalten Sie 2% Skonto = 9,50 €
Bankkonten: Franken-Bank Bad Kissingen 7008 (BLZ 740 600 00)
Steuer-Nr.: 430/540/33888, USt-ID-Nr. DE 999333345

4.21 Buchen Sie aufgrund von nachstehendem Kontoauszug.

Kreditbank Würzburg BLZ: 790 600 01 E-Mail: infokredit-wue@t-online.de	Kontonummer 154 331	Auszug/Jahr 59/2010	Blatt-Nr. 1 von 1

Buchungstag	Wert	Vorgang	Kontoauszug	EUR-Konto
18.04.	18.04.	Kontoführung		137,20 S
18.04.	18.04.	Auslagen		20,80 S

Herrn/Frau/Firma
G. Holzmann GmbH
Gewerbestraße 2
97074 Würzburg

Alter Kontostand	1.094,40 H
Neuer Kontostand	936,40 H

KONTO; KARTEN; KREDITE
WIR BERATEN SIE GERN

Letzte Erstellung: 15.04.2010
Erstellungstag: 18.04.2010/8:22

4.22 Ihnen liegt für den Barkauf von Postwertzeichen folgender Beleg vor: (Buchung)

Postagentur
82024 Mitterhaching
84011345 29.03.11

BESCHEINIGUNG

über den Bezug von

Postwertzeichen

im Gesamtbetrag von

196,00 €*

*Der Bezug von Postwertzeichen ist umsatzsteuerbefreit.
Vielen Dank für Ihren Besuch.
Ihre Postagentur

4.23 Banklastschrift für: Beitrag zum Verband der Kunststoff verarbeitenden Industrie 360,00 €, Kontoführungsgebühr 1. Quartal 2007 15,00 €. (Buchungssatz)

4.24 Für den Bezug einer Fachzeitschrift geht folgende Rechnung ein: (Buchung)

Welt des Sports ***Das Sportfachblatt***	Postanschrift: Postfach 200225 20060 Hamburg USt-IdNr. DE 334958556 Tel. : 040 3788-2210 Fax : 040 3788-2250
Verlagshaus Sport AG – 20060 Hamburg Sportbälle Franz Becker Stadionstraße 10 **82024 Mitterhaching**	Bankkonto: Nordseebank Hamburg Konto 0223776 BLZ 21070005 Ihre Kundennummer (bitte stets angeben) **2025 0122**
Rechnung Nr. 20250122/12 **Ihr Fachzeitschrift-Abonnement**	Hamburg, 22.03.2012
Sehr geehrter Kunde, für Ihr Abonnement „Welt des Sports" – 6 Ausgaben von Nr. 4/12 bis 9/12 – berechnen wir Ihnen:	**54,57 €** **(inkl. USt. 7% = 3,57 €)**

Bitte zahlen Sie den Betrag innerhalb von 10 Tagen nach Erhalt der Rechnung ohne Abzug.
Verlagshaus Sport AG – Vorstand: Toni Trapper – Aufsichtsrat: Ulrich Hahness
Mit freundlichen Grüßen
Ihr Kunden-Service
Tel. 040 3788-2241

4.25 Für die Fahrt zur Fachmesse liegt Ihrem Unternehmen folgender Beleg vor: (Buchungssatz)

DB

Fahrkarte
NORMALPREIS

UMTAUSCH/ERSTATTUNG AB DEM
1. GELTUNGSTAG: 15 EURO

1 Erwachsener

CIV 80

Gültigkeit: 19.06.12 20.06.12 H: bis 20.06.12

		VON	NACH			Kl/Cl
		München Augsburg	Augsburg München			2

NUR GÜLTIG IM NV:
IRE/RE/RB/S-BAHN

Preis EUR ***23,80

MWSt D: ***23,80 19% = ***3,80

46338495 BARZAHLUNG 18.06.12 München HBF 09:44

Merke

5. Privatentnahmen und Privateinlagen

- ***Privatentnahmen*** *vermindern das Eigenkapital. Sie sind keine Aufwendungen, sondern vorweg entnommener Gewinn. Buchung auf der Sollseite des Privatkontos (3001 P).*
- *Privatentnahmen sind Geldentnahmen für private Zwecke (z. B. Barentnahmen); sie unterliegen nicht der Umsatzsteuer.*
- ***Privateinlagen*** *(Geld- oder Sacheinlagen) sind keine Erträge, vergrößern aber das Eigenkapital. Buchung auf der Habenseite des Privatkontos. Privateinlagen sind nicht umsatzsteuerpflichtig.*
- *Das Konto Privat ist ein Unterkonto des Eigenkapitalkontos; es wird daher auf 3000 EK abgeschlossen (vorbereitende Abschlussbuchung).*
- *Denken Sie daran, dass Spenden auf dem Privatkonto gebucht werden.*

Aufgaben

5.1 Ein unbebautes Privatgrundstück wird in das Betriebsvermögen eingebracht, Wert 132.000,00 EUR.

5.2 Barentnahme für eine Urlaubsreise 2.000,00 EUR.

5.3 Ein Lottogewinn des Inhabers in Höhe von 30.000,00 EUR wird auf das Bankkonto des Betriebes überwiesen.

5.4 Privatentnahme bar 5.000,00 EUR.

5.5 Ein Privat-PKW wird in das Betriebsvermögen eingebracht, Wert 15.000,00 EUR.

5.6 Privatabhebung vom betrieblichen Bankkonto, 1.000,00 EUR

5.7 Banküberweisung vom Geschäftskonto für die Hilfsorganisation „Menschen für Menschen“, 200,00 EUR.

5.8 Abschluss des Privatkontos. Die Privatentnahmen überwiegen die Privateinlagen um 2.300,00 EUR.

5.9 Banklastschrift für:

- Spende für mildtätige Zwecke	500,00 EUR
- Mitgliedsbeitrag Arbeitgeberverband	200,00 EUR

5.10 Buchen Sie die folgende Quittung des Betriebsinhabers.

Barentnahme von 200,00 EUR

Würzburg, 18. Juli 2012
Ort, Datum

G. Holzmann
Unterschrift

5.11 Pakistan wurde im Oktober von einem schweren Erdbeben heimgesucht.
Zur humanitären Hilfe spendeten wir an die „Aktion Deutschland Hilft (ADH)“ einen Betrag in Höhe von 2.750,00 EUR per Banküberweisung.
Bilden Sie den Buchungssatz.

5.12 In seiner Freizeit unternimmt Ihr Chef gerne Mountainbike-Touren. Zur finanziellen Absicherung seiner Familie hat er eine Risiko-Lebensversicherung abgeschlossen. Die Abbuchung des Beitrags in Höhe von 350,00 € erfolgt vom Geschäftsbankkonto. (Buchungssatz)

Merke

6. Steuern

- *Aktivierungspflichtig als Anschaffungsnebenkosten sind nur die Grund**erwerb**steuer, wie auch sonstige Anschaffungsnebenkosten (z. B. Grundbuchgebühren) beim Erwerb von Grundstücken und Gebäuden. (auf 0500 UGR oder 0510 BGR oder 0530 BVG). Die Grund**erwerb**steuer beträgt 3,5% des Kaufpreises vom Grundstück und vom Gebäude.*
- *Erfolgsneutrale (durchlaufende) Steuern sind die Umsatzsteuern (2600 VORST, 4800 UST) und die einbehaltenen Lohnsteuern einschließlich Solidaritätszuschlag (4830 VFA) und Kirchensteuern (4830 VFA).*
- *Private Steuern, die dem Privatkonto 3001 P belastet werden, sind die Einkommensteuer und Kirchensteuer des Unternehmers, sowie die Privatanteile an der Kfz-Steuer und Grundsteuer.*
- *Steuern als betriebliche Aufwendungen sind: Gewerbesteuer (7000 GWST), Grundsteuer (7020 GRST) und Kfz-Steuer (7030 KFZST).*
- *Steuerrückvergütungen (Erstattungen) für das Vorjahr, wie auch Beitragsrückvergütungen von Versicherungen für das Vorjahr werden auf 5490 PFE gebucht; Erstattungen von Privatsteuern auf 3001 P (Haben).*
- *Steuernachzahlungen für das Vorjahr werden auf dem Konto 6990 PFAW gebucht.*

Aufgaben

6.1 Banküberweisung der Umsatzsteuerzahllast an das Finanzamt 7.420,00 EUR.

6.2 Auf welchen Konten werden folgende Steuern verbucht?

a) Einkommensteuer des Betriebsinhabers
b) Einbehaltene Lohn- und Kirchensteuer
c) Gewerbesteuer
d) Grundsteuer für das Betriebsgebäude

6.3 Banklastschrift für durchgeführte Überweisungen:

- Einkommensteuer des Inhabers 1.360,00 EUR
- Grunderwerbsteuer für den Firmenparkplatz 1.240,00 EUR

6.4 Durch Banküberweisung werden bezahlt:

Einkommensteuervorauszahlung	5.000,00 EUR
einbehaltene Lohnsteuer	2.700,00 EUR
Grunderwerbsteuer für das neue Geschäftshaus	15.000,00 EUR
Umsatzsteuerzahllast	1.150,00 EUR

6.5 Banklastschrift für Grundsteuer (Lagerplatz) 2.000,00 EUR.

6.6 Bankgutschrift für Gewerbesteuerrückvergütung aus dem Vorjahr 1.250,00 EUR

6.7 Eingang des Grunderwerbsteuerbescheides.

Finanzamt Würzburg **26.04.2010**

Steuernummer: 488/3997
(Bitte bei Rückfragen angeben)

Finanzkasse

Konto-Nr.: 49855570
LZB Würzburg
BLZ: 790 000 00

Finanzamt Würzburg 97064 Würzburg

Firma
Art GmbH & Co.
Industriestraße 2

97084 Würzburg

Bescheid
über
Grunderwerbsteuer

Festsetzung
Festgesetzt werden..1.646,75 EUR
Abrechnung (Stichtag 15.04.2010)
bereits getilgt .... 0,00 EUR
mithin sind zu wenig entrichtet..1.646,75 EUR
Bitte zahlen Sie spätestens am 28.05.2010 ....1.646,75 EUR

Sachverhalt
Sie haben durch Vertrag vom 03.01.2010
Notar Dr. Schlauberger, URNr.: 17/07 - folgenden
Grundbesitz von der Gemeinde Winterhausen erworben:
Gemeinde: Winterhausen
FlstNr.: 487 Tfl.

Der Erwerbsvorgang unterliegt gemäß § 1 Abs. 1 Nr. 1
Grunderwerbsteuergesetz (GrEStG 1983) der Grunderwerbsteuer.

Bemessungsgrundlage
Kaufpreis ....47.050,00 EUR

Berechnung der Grunderwerbsteuer
Die Steuer wird gemäß § 11 GrEStG 1983 aus der Bemessungsgrundlage festgesetzt
auf 3,5 v. H. **1.646,75 EUR**

Rechtsbehelfsbelehrung s. Rückseite

6.8 Banküberweisung für Steuernachzahlung aus dem Vorjahr, 782,00 EUR

6.9 Der Grunderwerbsteuerbescheid liegt vor:
Grundstückswert 114.000,00 EUR
Wert des Verwaltungsgebäudes 580.000,00 EUR

6.10 Auf unserem Bankkonto ging eine Steuerrückerstattung der Kirchensteuer des Unternehmers in Höhe von 207,80 EUR ein.

6.11 Banküberweisung an das Finanzamt für die Lohn- und Kirchensteuer (Arbeitnehmer) 2.320,00 EUR und die Grundsteuer (Fabrikhalle) 6.300,00 EUR.

6.12 Der Gewerbesteuerbescheid in Höhe von 4.700,00 EUR liegt vor

6.13 Aufgrund des folgenden Kontoauszuges sind die Buchungssätze zu bilden.

Kreditbank Würzburg BLZ: 790 600 01 E-Mail: infokredit-wue@t-online.de	Kontonummer 154 331	Auszug/Jahr 39/2011	Blatt-Nr. 1 von 1

Buchungstag	Wert	Vorgang **Kontoauszug**	**EUR-Konto**
04.07.	04.07.	FA Würzburg Kfz-Steuer WÜ-Z 6644 (Firmenwagen)	195,58 S
		WÜ-Z 89 (Privatwagen)	210,50 S

Herrn/Frau/Firma
G. Holzmann GmbH
Gewerbestraße 2
97074 Würzburg

Alter Kontostand	1.267,45 H
Neuer Kontostand	861,37 H

KONTO; KARTEN; KREDITE
WIR BERATEN SIE GERN

Letzte Erstellung: 03.07.2011
Erstellungstag: 04.07.2011/10:54

6.14 Sie haben verschiedene Aufgaben zum Thema „Steuern" zu bearbeiten:

a) Geben Sie an, ob folgende Steuern zu den aktivierungspflichtigen Steuern, Privatsteuern bzw. Steuern als betrieblicher Aufwand zu zählen sind:
- Gewerbesteuer
- Einkommensteuer
- Grunderwerbsteuer
- Grundsteuer (Mitarbeiterparkplatz)

b) Der ermäßigte Steuersatz liegt seit dem 01.07.1983 unverändert bei 7%. Nennen Sie zwei unterschiedliche **Warengruppen**, für die der ermäßigte Steuersatz gilt.

c) Für September liegen folgende Salden vor:

Konto 2600 Vorsteuer	24.000,00 EUR
Konto 4800 Umsatzsteuer	53.000,00 EUR

Bilden Sie den Buchungssatz für die
- Ermittlung der Zahllast,
- Banküberweisung der Zahllast.

7. Kapitalbeschaffung (Kredite, Zinsen)

Merke

- *Der Kredit ist die Überlassung eines Geldbetrages an einen Kreditnehmer. Die Kreditsumme muss zuzüglich Zinsen zurückgezahlt werden (Tilgung).*
- *Kredite können unterschieden werden nach:*

Fälligkeit	*Kreditgeber*	*Kreditnehmer*
- kurzfristig (bis 1 Jahr) *- langfristig (> 1 Jahr)*	*- Banken* *- Lieferer*	*- Unternehmen* *- Öffentliche Institutionen* *- Privatpersonen*

Zweck	*Sicherung*
- Investitionskredit *- Konsumentenkredit*	*- Personalkredit* *- Realkredit*

- *Der **Lieferantenkredit** ist ein kurzfristiger Kredit; er entsteht, wenn der Lieferer (Verkäufer) seinem Kunden ein Zahlungsziel einräumt.*
- *Die Skontogewährung muss als Anreiz für eine vorzeitige (schnelle) Zahlung gesehen werden.*
- *Wenn Sie entscheiden sollen, ob es besser ist, ein Zahlungsziel (z. B. 30 Tage) oder eine Skontogewährung mit Hilfe eines Bankkredits auszunützen, dann vergleichen Sie den Netto-Skonto mit den Zinsen für den Bankkredit (bzw. Zinsen + weitere Kosten).*
- *Der **Kontokorrentkredit** ist ein kurzfristiger Kredit. Unternehmen bekommen diesen Kredit auf ihrem laufenden Konto eingeräumt. Bis zu einer vereinbarten Höchstgrenze (Kreditlimit, Kreditlinie) kann dann das Unternehmen sein Konto überziehen.*
- *Im privaten Bereich nennt man diesen Kredit Dispositionskredit oder einfach Dispo.*
- *Für einen Kredit müssen **Soll-Zinsen** bezahlt werden; wenn auch der eingeräumte Kreditbetrag (Kreditlimit) überschritten wird, können die Banken noch zusätzlich **Überziehungszinsen** berechnen.*
- $$\text{Zinsen } (Z) = \frac{K \times p \times t}{100 \times 365} \qquad \text{Kapital } (K) = \frac{Z \times 100 \times 365}{p \times t}$$

  $$\text{Zinssatz } (p) = \frac{Z \times 100 \times 365}{K \times t}\ (\%) \qquad \text{Zeit } (t) = \frac{Z \times 100 \times 365}{K \times p}$$
- *Die Berechnung der **Zinstage** erfolgt tagegenau. (z. B. Januar 31 Tage, April 30 Tage, ...)*
- *Der Februar zählt immer 28 Tage und deshalb das Jahr immer 365 Tage, weil Schaltjahre unberücksichtigt bleiben.*
- *Die Angabe „Ziel 60 Tage" bedeutet – weil handelsüblich – zwei volle Monate.*
  Beispiel: Rechnungsdatum 22. Jan., Ziel 60 Tage, Fälligkeitsdatum 22. März.
  Entsprechendes gilt für die Angaben „Ziel 30 Tage", „Ziel 90 Tage" etc.
- *Den **relativen Zinssatz** benötigt man, wenn aus vermehrten Grundwerten (K+Z) oder verminderten Grundwerte (K-Z) das Kapital und/oder die Zinsen berechnet werden sollen.*

➲ $$\text{Relativer Zinssatz} = \frac{\text{Zinssatz x Tage}}{365}\ (\%)$$ $$\text{abgekürzt: r.Z.} = \frac{p \times t}{365}\ (\%)$$

➲ *Beachte bei der Berechnung des **effektiven Zinssatzes**:*

Kreditkosten: Zinsen + Gebühren (wie Bearbeitungsgebühren, Vermittlungsgebühren, ...)
Auszahlung: Kreditbetrag - Gebühren

➲ *Die Gebühren (Bearbeitungsgebühren) werden immer im Voraus berechnet und bezahlt.*

➲ $$\text{effektiver Zinssatz} = \frac{\text{Kreditkosten x 100 x 365}}{\text{Auszahlung x Tage}}\ (\%)$$

➲ $$\text{effektiver Zinssatz eines Skontos} = \frac{\text{Netto-Skonto x 100 x 365}}{\text{Überweisungsbetrag x Tage}}\ (\%)$$

Tage (Gesamte Zeit vom Rechnungseingang bis zum Zahlungsziel abzüglich der Skontofrist)

➲ *Die Aufnahme (**mit Gutschrift** auf dem Konto) von kurzfristigen Krediten wird auf dem Konto **4200 KBKV** im Haben gebucht. Die Aufnahme allein löst keine Buchung aus.*

➲ *Die Aufnahme von langfristigen Krediten (Darlehen, Hypotheken, ...) wird auf dem Konto **4250 LBKV** im Haben gebucht.*

➲ *Die Tilgung (Rückzahlung) dieser Kredite wird auf diesen Konten im Soll gebucht.*

➲ *Zinserträge (**5710 ZE**), Zinsaufwendungen (**7510 ZAW**), Mahngebühren und sonstige Bankgebühren (**6750 KGV**) sind umsatzsteuerfrei.*

➲ *Mahngebühren (im Zusammenhang mit Verzugszinsen), die wir zahlen müssen, werden im Konto **6750 KGV** (Soll) gebucht. Wenn wir diese Mahngebühren in Rechnung stellen, buchen wir sie im Konto **5430 ASBE** (Haben).*

➲ *Die Verteilung der Belastung bei einzelnen Krediten?*

	Abzahlungsdarlehen	*Annuitätendarlehen*	*Ratenkredit*
Tilgungsbetrag	*Gleich*	*Erst niedrig, dann hoch*	*Gleich*
Zinsbetrag	*Erst hoch, dann niedrig*	*Erst hoch, dann niedrig*	*Gleich*
Zahlung	*Erst hoch, dann niedrig*	*Gleich*	*Gleich*

Aufgaben

7.1 Am 02. Februar verkaufen wir fertige Erzeugnisse, Ziel 2. März. Unsere Forderung beträgt 4.343,50 EUR. Ende Februar bittet uns der Kunde, die Zahlungsfrist bis zum 31. März zu verlängern. Wir berechnen ihm 9% Verzugszinsen.

a) Buchen Sie den Verkauf der fertigen Erzeugnisse.

b) Berechnen Sie die Verzugszinsen und buchen Sie die Belastung des Kunden mit den Verzugszinsen.

c) Der Kunde überweist die gesamte Schuld am 31. März per Bank. Bilden Sie den Buchungssatz.

7.2 Am 28. Mai kaufen wir 12 Klavierhocker als Handelswaren zum Nettopreis von 240,00 EUR pro Hocker, Ziel 30 Tage. Bei Bezahlung bis zum 07. Juni können wir 2% Skonto in Anspruch nehmen. Um bereits am 07. Juni zahlen zu können, müssten wir einen Kredit aufnehmen. Die Bank bietet uns einen Kredit zu 7,25% an.

a) Buchen Sie den Einkauf der Klavierhocker.

b) Berechnen Sie und zeigen Sie auf, ob es für uns günstig ist, den Kredit aufzunehmen, um den Skonto ausnutzen zu können.

7.3 Wir haben einem Lieferer monatlich 650,00 EUR zur Tilgung eines 7%igen Kredits zu überweisen. Da wir mit einer Tilgungsrate in Verzug gerieten, wurden wir gemahnt. Mahngebühren 3,50 EUR und Verzugszinsen 3,24 EUR.

a) Buchen Sie die Banküberweisung für die Tilgung, die Mahngebühren sowie die Verzugszinsen.

b) Wie viele Tage waren wir mit unserer Rate in Verzug?

7.4 Wir belasten unseren Kunden mit 40,00 EUR Verzugszinsen. (Buchung)

7.5 Aufnahme eines Darlehens über 35.000,00 EUR (Laufzeit 4 Jahre), Auszahlung 100%, mit Gutschrift auf unserem Bankkonto. (Buchung)

7.6 Die Bank belastet uns im April mit 1% Tilgung und 9% Zinsen (Fall 7.5). Berechnung und Buchung für diesen Monat.

7.7 a) Am 16.03. verkauften wir an einen Kunden fertige Erzeugnisse mit dem Zahlungsziel 16.05. Da der Kunde seine Schuld bis zum 13.06. nicht beglichen hat, senden wir ihm an diesem Tag eine Mahnung, in der wir einschließlich 8% Verzugszinsen 11.469,96 EUR von ihm fordern.

- Berechnen Sie die Höhe der ursprünglichen Forderung (auf ganze EUR abrunden) und die Höhe der Verzugszinsen.
- Buchen Sie die Belastungsanzeige an den Kunden über die angefallenen Verzugszinsen.

b) Wegen weiterer ausstehender Kundenzahlungen weist unser Bankkonto zur Zeit keine Deckung auf. Daher müssen wir einen Kredit zu 9% für 50 Tage in Anspruch nehmen, um eine Rohstoffrechnung über 23.205,00 EUR unter Abzug von 2% Skonto begleichen zu können.

- Buchen Sie den Rechnungsausgleich durch Banküberweisung.
- Begründen Sie rechnerisch, dass es vorteilhaft war, den Kredit aufzunehmen. Wie viele EUR konnten dadurch eingespart werden?

7.8 Zur Finanzierung einer Fertigungsmaschine mussten wir einen Kredit zu 7,5% aufnehmen, der nach 292 Tagen einschließlich Zinsen mit 153.700,00 EUR zurückzuzahlen ist.

a) Berechnen Sie die Höhe des Kreditbetrages und der Zinsen.

b) Bilden Sie den Buchungssatz für die Gutschrift des Bankkredits.

7.9 Um eine Rechnung des Betriebsstofflieferers innerhalb der Skontofrist begleichen zu können, nehmen wir bei unserer Bank einen kurzfristigen Kredit in Höhe von 18.813,45 EUR auf.

a) Wie lautet der Buchungssatz für die Bankgutschrift des Kredits?

b) Ermitteln Sie den Rechnungsbetrag, wenn 2 1/2% Skonto abgezogen wurden.

c) Für die 20tägige Kreditdauer belastet uns die Bank mit 103,09 EUR Zinsen. Berechnen Sie den Zinssatz des Bankkredits.

d) Begründen Sie rechnerisch die Entscheidung für die Kreditaufnahme.

7.10 Das Industrieunternehmen Kern hat eine am 15.04.2007 fällige Hilfsstoffrechnung nicht termingerecht beglichen. Der Lieferer fordert deshalb am 27.06.2007 von Kern einen Betrag in Höhe von 59.002,40 EUR. Dieser Betrag schließt 10% Verzugszinsen und 46,40 EUR Mahnspesen ein.

a) Ermitteln Sie den ursprünglichen Rechnungsbetrag.

b) Bilden Sie bei Kern den Buchungssatz für die Belastung mit Zinsen und Spesen.

c) Zur Begleichung der Liefererschuld in Höhe von 59.002,40 EUR nimmt Kern einen kurzfristigen Kredit bei seiner Bank auf. Die Zinsen betragen 3.491,65 EUR bei einem Zinssatz von 12%. Bilden Sie die Buchungssätze

- für die Bereitstellung des Kredits, wenn die Zinsen erst bei Rückzahlung fällig werden,
- für die Banküberweisung an den Lieferer.

d) Berechnen Sie die Laufzeit des Kredits.

7.11 Mit Datum vom 10.05. erhielten wir von einem Handelswarenlieferer eine Rechnung über brutto 3.302,25 EUR mit folgenden Zahlungsbedingungen:
Fällig am 10.06. rein netto, bei Zahlung innerhalb von 10 Tagen 3% Skonto.
Diese Rechnung haben wir nicht fristgerecht bezahlt. Deshalb fordert der Lieferer von uns am 16.08. 9% Verzugszinsen.

a) Berechnen Sie die Verzugszinsen.

b) Welchen Buchungssatz bilden wir, wenn uns der Lieferer mit den Verzugszinsen belastet und dabei auch 10,00 EUR Mahnspesen berechnet?

c) Wie buchen Sie die Begleichung der Rechnung einschließlich der Zinsen und der Mahnspesen?

7.12 Für unsere kurzfristigen Verbindlichkeiten benötigen wir dringend für 90 Tage flüssige Mittel. Wir entscheiden uns für die Aufnahme eines Bankkredits über 50.000,00 EUR und nehmen das Angebot der Bank A in Anspruch.
Angebot A: Kredit zu 6,5%, Bearbeitungsgebühr 1%.
Angebot B: Kredit zu 6%, Bearbeitungsgebühr 2%.

a) Begründen Sie rechnerisch mit Hilfe der effektiven Verzinsung die Entscheidung für das Angebot der Bank A.

b) Welchen Betrag müssen wir der Bank A nach 90 Tagen zurückzahlen?

c) Buchen Sie die Kreditaufnahme mit Gutschrift auf unserem Bankkonto.

d). Buchen Sie die Rückzahlung per Banküberweisung.

e) Für unsere Entscheidung entwickelten wir folgendes Rechenblatt.

	A	B	C
1		**Kreditvergleich**	
2	Kredithöhe (EUR)		
3	Tage (t) (Laufzeit)		
4	Bankname	Bank A	Bank B
5	Bearbeitungsgebühr (%)		
6	Zinssatz (%)		
7	**Kreditkosten**		
8	Bearbeitungsgebühr (EUR)		
9	Zinsen (EUR)		
10	Gesamt (EUR)		
11	**Auszahlung (EUR)**		
12	eff. Verzinsung (%)		

- Geben Sie die Formeln für die Felder B9 und B11 an
- Aus welchem Feld ist der Betrag zu nehmen, der auf dem Konto 7510 ZAW im Buchungssatz d) gebucht wird?

7.13 Unsere Bank hat uns auf unserem Kontokorrentkonto ein Kreditlimit (Kreditlinie) von 30.000,00 EUR eingeräumt. Für die Finanzierung einer neuen Fertigungsmaschine (Anschaffungskosten 35.800,00 EUR netto) müssten wir diese Kreditlinie überschreiten. Bei einem sofortigen Kaufabschluss (Zahlungsziel 60 Tage) und einer Zahlung innerhalb von 8 Tagen erhalten wir allerdings einen Sonderrabatt von 10% auf den Rechnungspreis.

a) Lohnt sich die Kreditfinanzierung, wenn die Bank 12% Soll-Zinsen und zusätzlich 3% für Überziehungszinsen verlangt?

b) Berechnen Sie den effektiven Zinssatz des Kredits.

7.14 Das Unternehmen "SZ-Möbel" muss aufgrund gesetzlicher Auflagen zum Umweltschutz eine neue Filteranlage einbauen. Zur Finanzierung dieser Maßnahme ist beabsichtigt, einen Kredit aufzunehmen, der nach 180 Tagen zurückgezahlt werden soll. Die Unternehmensleitung hat zwei Kreditangebote eingeholt; von diesen beiden Angeboten liegen Ihnen folgende Informationen vor:

Genossenschaftsbank Holzhausen	Bankhaus Buchenhain
Kreditsumme 80.000,00 EUR Zinssatz 9% p. a. Bearbeitungsgebühr 2%	Kreditsumme 80.000,00 EUR Zinsen/180 Tage 3.629,59 EUR Bearbeitungsgebühr 1,5%

a) Berechnen Sie für beide Angebote die tatsächlichen Kreditkosten.

b) Die Unternehmensleitung gab zunächst wegen der niedrigeren Zinsen dem Angebot der Genossenschaftsbank Holzhausen den Vorzug. Sie geben zu Bedenken, dass bei einem Kreditvergleich die effektive Verzinsung ausschlaggebend sei; diese liegt beim Kredit der Genossenschaftsbank Holzhausen bei 13,32%. Wie hoch ist die effektive Verzinsung für den Kredit des Bankhauses Buchenhain?

c) Sie konnten die Unternehmensleitung überzeugen, den Kredit beim Bankhaus Buchenhain aufzunehmen. Bilden Sie jeweils den Buchungssatz

- für die Bereitstellung (Gutschrift) des Kredits auf dem Bankkonto des Unternehmens "SZ-Möbel",
- für die Belastung des Bankkontos für die Tilgung des Kredits einschließlich der gesamten Zinsen nach der Laufzeit.

7.15 Sie sind Mitarbeiter/in der Firma „Florian Saubermann", die Bürstenaufsätze und Filtertüten als Handelswaren vertreibt. Ihnen liegt die Durchschrift einer Rechnung an das Elektrohaus Stromlos vor. (Siehe nächste Seite) Die Rechnung wird nicht fristgerecht beglichen. Das Unternehmen Elektrohaus Stromlos erhält deshalb von Ihnen ein Schreiben, dem unter anderem Folgendes zu entnehmen ist:
"Leider haben Sie die Rechnung Nr. 855/03 trotz unserer Mahnung bis heute, den 28. August 2007, noch nicht beglichen. Vereinbarungsgemäß belasten wir Sie daher mit 12% Verzugszinsen..."

a) Berechnen Sie die Höhe der Gesamtforderung zum 28. August 2007.

b) Bilden Sie den Buchungssatz für die Belastung des Elektrohauses Stromlos mit den Verzugszinsen.

c) Das Elektrohaus Stromlos überweist umgehend den Gesamtbetrag. Erstellen Sie den Buchungssatz für die Bankgutschrift.

7.16 Wegen eines Maschinenausfalls muss schnellstens eine neue Fertigungsmaschine beschafft werden. Dies ist aber nur durch Aufnahme eines kurzfristigen Kredits möglich. Dafür kommen nur die Hausbank und die Genossenschaftsbank Tannenberg in Frage. Vom Kreditangebot der Genossenschaftsbank Tannenberg sind Ihnen folgende Angaben bekannt:
Kreditbetrag 60.000,00 EUR, Laufzeit 180 Tage, Auszahlungsbetrag nach Abzug der Bearbeitungsgebühr 58.800,00 EUR, Zinsen für 180 Tage 1.440,00 EUR (fällig bei Tilgung des Kredits).

a) Ermitteln Sie die Bearbeitungsgebühr in Prozenten.

b) Berechnen Sie die effektive Verzinsung des Kredits.

c) Bilden Sie jeweils den Buchungssatz für

- die Bereitstellung des Kredits auf dem Bankkonto Ihres Unternehmens,
- die Zinsbelastung und die Tilgung des Kredits nach 180 Tagen.

Florian Saubermann, e. Kfm.

- Hausgeräte –

Fichtelgebirgstr. 12
95094 Tannenberg

F. Saubermann, Fichtelgebirgstr. 12, 95094 Tannenberg

Rechnungsnummer 855/07
Kundennummer 007

Elektrohaus Stromlos
Voltstr. 3

96065 Ohmstadt

6. Juni 2011

Ihr Zeichen, Ihre Nachricht vom	Unser Zeichen	Telefon	Telefax
14. Mai 2011	WS-Opp	0921 15 55	0921 15 60

Rechnung **- Durchschrift –**

Aufgrund Ihrer Bestellung vom 14. Mai 2007 lieferten wir Ihnen

50 Bürstenaufsätze für Allessauger, Bestellnummer 20/800	3.250,00 EUR
20 Packungen Filtertüten Nr. 4	350,00 EUR
abzüglich 15% Rabatt	540,00 EUR
	3.060,00 EUR
zuzüglich 19% Umsatzsteuer	581,40 EUR
Gesamtbetrag	3.641,40 EUR

Wir danken für Ihren Auftrag

Zahlung: 8 Tage 2% Skonto, 30 Tage netto.
Die gelieferte Ware bleibt bis zur vollständigen Bezahlung unser Eigentum.
Bankverbindung: Genossenschaftsbank 95094 Tannenberg
BLZ 999 888 00, Konto 123 789 000. Steuernummer 380/190/77933

7.17 Um die Leistungsfähigkeit bei der Herstellung von Handy-Schalen aus Kunststoff zu erhalten, soll die bisherige Spritzgussmaschine für Kunststoff ausgemustert und dafür eine neue angeschafft werden.

a) Mit welchem **Fachbegriff** wird die oben beschriebene Art von Investition bezeichnet?

b) Für die Anschaffung der neuen Spritzgussmaschine haben Sie im Auftrag der Unternehmensleitung zwei Angebote (siehe unten) für qualitativ gleichwertige Maschinen eingeholt. Entscheiden Sie sich für **ein** Angebot und nennen Sie **zwei Gründe**, warum die neue Maschine bei diesem Anbieter gekauft werden sollte.

Angebot 1 der Firma C. Fischer GmbH, Deisach (auszugsweise Wiedergabe):

Maschinenbau C. Fischer GmbH Deisach, den 03.02.2010
Ihre Anfrage vom: 19.01.2010 **Angebot** Kunden-Nr.: 1497

Zu Ihrer Anfrage unterbreiten wir Ihnen folgendes Angebot:

Artikel	Gesamtpreis (EUR)
Spritzgussmaschine „Magic-Power“ K 15 Einschließlich Fundament, Installation und Inbetriebnahme	66.100,00
Zuzüglich Umsatzsteuer 19% Gesamtbetrag brutto	12.559,00 78.659,00

Wir gewähren 3 Jahre Garantie. Der Kundendienst erfolgt durch unsere Werksvertretung in Deisach. Lieferzeit: 8 Wochen.

Angebot 2 der Firma Christine Stork KG, Frankfurt/Main (auszugsweise Wiedergabe):

Maschinenfabrik Christine Stork KG **Frankfurt/Main**	Ihre Anfrage vom 19.01.2010		
Angebot	**Datum**	**Angebots-Nr.**	**Kunden-Nr.**
	04.02.2010	**3/10**	**0000**

Artikel	Gesamtpreis (EUR)
Spritzgussmaschine „Megastar“ inklusive Fundament, Installation, Inbetriebnahme	63.500,00
Umsatzsteuer 19%	12.065,00
Gesamtpreis brutto	**75.565,00**

Lieferzeit: 4 Wochen. Garantie 2 Jahre.
Der Kundendienst erfolgt von unserem Werk in Frankfurt/Main.

c) Die Anschaffung der neuen Maschine soll zum Teil durch die Aufnahme eines kurzfristigen Kredits finanziert werden. Dazu wurden durch die Unternehmensleitung bereits zwei Kreditangebote eingeholt, und zwar von der örtlichen Genossenschaftsbank, die auch die Hausbank Ihres Unternehmens ist, und von der Sparbank aus dem Nachbarort. Zum Kreditvergleich liegt Ihnen ein Rechenblatt einer Tabellenkalkulation vor:

	A	B	C	D	E	F	G
1		Sparbank			Genossenschaftsbank		
2		(Tage)	(%)	(EUR)	(Tage)	(%)	(EUR)
3	Kreditsumme			60.000,00			60.000,00
4	Zinssatz p. a.		6,60			6,40	
5	Bearbeitungsgebühr		2,00			2,25	
6	Laufzeit	240			240		
7							
8	Auszahlungsbetrag			58.800,00			58.650,00
9	Zinsen			2.603,84			2.524,93
10	Tats. Kreditkosten			3.803,84			3.874,93
11	Effektive Verzinsung		9,84			10,05	

- Das Rechenblatt einer Tabellenkalkulation gliedert sich in einen Eingabebereich (auch Eingabedaten genannt) und in einen Ausgabebereich (Ausgabedaten). Geben Sie auf Ihrem **Lösungsblatt** an, welche **drei** der im Folgenden aufgeführten sechs Zellbezüge im oben dargestellten Rechenblatt dem **Eingabebereich** zuzuordnen sind:

A3	B6	C4	D9	F5	F11

- In welche Zelle im oben stehenden Rechenblatt ist die Formel =(G3/100*F5)+G9 eingegeben?

- Nach weiteren Verhandlungen der Unternehmensleitung mit der Kreditabteilung der Genossenschaftsbank ist diese bereit, den Zinssatz auf 6,15% zu senken. Berechnen Sie die neue Effektivverzinsung bei der Genossenschaftsbank, wenn die Zinsen mit 2.426,30 EUR bereits neu berechnet wurden.

d) Warum entscheidet sich die Unternehmensleitung dafür, den Kredit bei der Genossenschaftsbank auf der Grundlage des neuen Angebots anzunehmen?

e) Bilden Sie den Buchungssatz für die Bereitstellung des Kredits auf dem Bankkonto.

7.18 Zur Berechnung des Bareinkaufspreises für LCD-Displays liegt Ihnen folgendes Rechenblatt zur Tabellenkalkulation vor. Die Daten für das Angebot der Fa. „Elektronik GmbH“ wurden bereits eingegeben:

	A		B	C	D
1	**Einkaufskalkulation für LCD-Displays**				
2	**Eingabebereich:**		Stückzahl		
3	Bestellmenge		1700		
4	Listenpreis je Stück				4,50 EUR
5					
6	Rabattstaffel	bis einschließlich	1499	5,00%	
7		ab	1500	8,00%	
8					
9	Skonto			2,00%	
10	**Ausgabebereich:**				
11	Listeneinkaufspreis				7.650,00 EUR
12	- Liefererrabatt				612,00 EUR
13	Zieleinkaufspreis				7.038,00 EUR
14	- Liefererskonto				140,76 EUR
15	Bareinkaufspreis				6.897,24 EUR

a) Wie lautet die Formeldarstellung, die zur Ermittlung des Liefererrabatts in Zelle D12 unter Verwendung der „WENN-Funktion“ eingegeben wurde?

b) Auf der Grundlage der oben stehenden Kalkulation kauft ihr Unternehmen 1 700 LCD-Displays von der Fa. „Elektronik GmbH“. Bilden Sie den Buchungssatz für die Eingangsrechnung.

c) Vom Lieferer „Elektronik GmbH“ liegen folgende Zahlungsbedingungen vor:
Zahlung innerhalb 30 Tagen rein netto oder
2% Skonto bei Zahlung innerhalb von 8 Tagen
Das Bankkonto Ihres Unternehmens weist derzeit einen Sollsaldo aus. Für die Inanspruchnahme des Kontokorrentkredits berechnet die Bank 10,75% p.a. Zinsen.

- Erklären Sie, was man unter einem Kontokorrentkredit versteht.
- Berechnen Sie die Einsparung in Euro, wenn der Kontokorrentkredit in Anspruch genommen wird, um den Skonto auszunutzen.

8. Wertpapierrechnungen und Wertpapierbuchungen

Merke

- *Es ist zu unterscheiden zwischen Teilhaberpapieren = Dividendenpapieren (Aktien, Investmentzertifikaten) und Gläubigerpapieren = festverzinslichen Wertpapieren = Rentenpapieren = Schuldverschreibungen (Pfandbriefen, Anleihen, Obligationen).*

- *Kurs ist der Preis eines Wertpapieres*

  Stückkurs = Kurswert : Stückzahl

- *Kurswertberechnung bei Aktien (Stückkurs):*

  KW = Kurs x Stückzahl

- *Beim Kauf und Verkauf von Wertpapieren fallen Spesen an:*
  Provision (Bankauslagen) und Courtage (Maklergebühr). Für den Unterricht an Realschulen werden die Spesen zu 1% vom Kurswert zusammengefasst.

- *Aktienumsätze*

  <u>Kauf</u>: *Kurswert*
  + Spesen
  Lastschrift (Kaufpreis)

  <u>Verkauf</u>: *Kurswert*
  - Spesen
  Gutschrift (Verkaufserlös)

- *Gesamtdividende = Stückdividende x Stückzahl (Dividende ist in EUR angegeben.)*

- *Prozentdividenden sind immer vom Nennwert zu berechnen. (Dividende ist in % angegeben.)*

- *Dividendenerträge werden auf dem Konto 5780 DDE im Haben gebucht.*

- *Die Anschaffungswerte (Kaufpreise) sind auf dem Konto 2700 WP zu buchen. Dabei werden die im Anschaffungswert (Lastschrift) enthaltenen Spesen aktiviert. (Spesen also **<u>nicht</u>** auf einem gesonderten Konto buchen!)*

- *Beim Verkauf von Wertpapieren entsteht ein Kursverlust oder ein Kursgewinn. Der Kursverlust wird auf dem Konto 7460 VAWP im Soll, der Kursgewinn auf dem Konto 5784 EAWP im Haben gebucht.*

➲ *Effektive Verzinsung (Rendite):*

$$e.V. = \frac{\text{Ertrag x 365 x 100}}{\text{Kapitaleinsatz x Besitzdauer}} \text{ (\%)}$$

Hierbei ist zu beachten:

✓ *Der Kapitaleinsatz entspricht dem Kaufpreis (Lastschrift)*

✓ *Vorgehensweise in vier Schritten:*

❶ *Besitzdauer berechnen (Kauftag bis Verkaufstag (Umsatztag))*

❷ *Kursunterschied berechnen:* *Lastschrift > Gutschrift = Kursverlust*
Lastschrift < Gutschrift = Kursgewinn

❸ *Gesamtertrag berechnen:*
Dividende
- Depotgebühren
+ Kursgewinn
(- Kursverlust)
Ertrag

❹ *Formel anwenden*

➲ *Die Rendite kann auch mit folgender Formel berechnet werden:*

$$e.V. = \frac{\text{Ertrag pro Jahr x 100}}{\text{Kapitaleinsatz}}$$

Der Ertrag muss hier vor dem Einsetzen in die Formel auf ein Jahr umgerechnet werden. D. h. Ertrag x 365 : Besitzdauer

Aufgaben

8.1 Kauf von 50 Aktien durch die Bank zum Kurswert von 12.500,00 EUR; Spesen 125,00 EUR. Bilden Sie den Buchungssatz.

8.2 Verkauf der gesamten Aktien (Fall 8.1) durch die Bank zum Kurswert von 14.000,00 EUR; Spesen 140,00 EUR. Bilden Sie den Buchungssatz.

8.3 Dividendengutschrift der Bank für 30 Aktien, Dividende 8%, Kurswert 189,00 EUR, Nennwert 50,00 EUR.

8.4 a) Buchen Sie den Kauf von 30 BMX-Aktien (Nennwert 50,00 EUR). Die Bank belastet uns mit 3.878,40 EUR.

b) Berechnen Sie den Kurs einer Aktie beim Kauf (Spesen 1% vom Kurswert).

c) Nach einem Kursanstieg um 12,00 EUR pro Stück veräußern wir die Aktien wieder (Spesensatz wie beim Kauf). Buchung mit Berechnung der Bankgutschrift.

8.5 Am 14.01.2007 kaufte eine Firma über ihre Bank 30 Aktien zum Stückkurs von 80,00 EUR und verkaufte sie nach 240 Tagen wieder zu 84,00 EUR. (Spesen jeweils 1% vom Kurswert)

a) Erstellen Sie die Kauf- und Verkaufsabrechnung und bilden Sie die Buchungssätze für beide Vorgänge.

b) Berechnen Sie die effektive Verzinsung unter Berücksichtigung der Spesen, wenn im Besitzzeitraum 3,00 EUR Dividende je Aktie ausgeschüttet wurden.

c) Begründen Sie rechnerisch, ob sich das Wertpapiergeschäft lohnte, wenn die Firma für diese 240 Tage zu diesem Zweck einen Bankkredit aufnahm, für den ein Zinsaufwand von 170,52 EUR entstand.

8.6 Wir kauften am 04.04.2007 10 Aktien zum Stückkurs von 242,00 EUR. Die Spesen beim Kauf der 10 Aktien betrugen 24,20 EUR. Nach 800 Tagen verkauften wir alle Aktien zum Stückkurs von 234,00 EUR. Wir erhielten im Besitzzeitraum je Aktie 11,00 EUR und 9,00 EUR Dividenden.

a) Ermitteln Sie den Erlös aus dem Aktienverkauf. Spesen: 1% vom Kurswert.

b) Buchen Sie den Kauf der Aktien, den Verkauf der Aktien, sowie die Bankgutschrift der zuletzt erhaltenen Dividende von 9,00 EUR je Aktie.

c) Berechnen Sie die effektive Verzinsung der Aktien unter Berücksichtigung der Spesen und einer Depotgebühr von 30,00 EUR.

8.7 Ein Unternehmen hat finanzielle Mittel kurzfristig zur Verfügung. Es kauft 200 Aktien zum Stückkurs von 172,00 EUR.

a) Erstellen Sie die Abrechnung der Bank (Spesen 1% v. KW).

b) Buchen Sie die Bankabrechnung.

c) Bilden Sie den Buchungssatz für die Dividendengutschrift bei einer Dividende von 3,00 EUR je Aktie.

d) Zu welchem Kurs (auf volle EUR gerundet) müssten die Aktien verkauft werden, wenn ein Gewinn von mindestens 1.000,00 EUR erzielt werden soll (Spesen 1% v. KW)?

e) Aus dringenden betrieblichen Gründen müssen die Aktien schneller als vorgesehen wieder veräußert werden. Die Bankgutschrift beträgt 34.543,90 EUR. Buchen Sie diesen Vorgang.

8.8 Im Wertpapierdepot der Firma F. Schneider befinden sich u.a. 15 V-Aktien zum Buchwert von 7.082,99 EUR. Diese Wertpapiere werden am 10.01. zum Kurs von 485,00 EUR verkauft. Die Spesen betragen 1% vom Kurswert.

a) Erstellen Sie die Bankabrechnung für den Verkauf.

b) Buchen Sie den Verkauf der Aktien.

c) Durch den Verkauf von 20 W-Aktien hatte die Firma F. Schneider in 35 Tagen einen Ertrag von 420,00 EUR erzielt. Berechnen Sie den Kaufpreis der Aktien, wenn die effektive Verzinsung 40% betrug.

8.9 Buchen Sie die Bankgutschrift für einen Aktienverkauf in Höhe von 15.345,00 EUR; die Wertpapiere hatten einen Buchwert von 15.150,00 EUR.

8.10 Im Ihrem Unternehmen wurden im Jahr 2006 flüssige Mittel in Automobil-Aktien angelegt.

a) Der Unternehmer befürchtet einen Kursrückgang der Automobil-Aktien. Deshalb beschließt er, die Aktien nach einer Besitzdauer von 411 Tagen zu verkaufen.

- Bilden Sie den Buchungssatz für den Verkauf der 200 Automobil-Aktien, wenn diese mit 7.999,20 € zu Buche stehen und ein Kursgewinn von 990,00 € erzielt werden könnte.

- Berechnen Sie die effektive Verzinsung dieses Aktiengeschäfts, wenn während der Besitzdauer 20,00 € Depotgebühren anfielen und die Dividendengutschrift insgesamt 140,00 € betrug.

b) Der Unternehmer beabsichtigt, den Verkaufserlös der Aktien anderweitig anzulegen. Auf der Suche nach einer günstigen Anlagemöglichkeit stößt er auf folgende Infografik.

Zu dieser Grafik liegen Ihnen vier Aussagen vor. Geben Sie auf Ihrem Lösungsblatt an, ob die **Aussagen A bis D zur Infografik** jeweils richtig oder falsch sind:	
A	Die Infografik zeigt die Rangfolge ausgewählter Geldanlageformen.
B	Deutsche Aktien (DAX-Werte) erwiesen sich im Jahr 2007 als die am meisten gewählte Anlageform.
C	Finanzierungsschätze haben eine Laufzeit von vier Jahren.
D	Sparbriefe verzinsten sich im Jahr 2007 mit 3,5%.

a) Der Unternehmer beschließt, den Erlös aus dem Aktienverkauf nicht auf dem Kontokorrentkonto zu belassen, sondern als Tagesgeld anzulegen.

- Geben Sie einen Grund an, der für Tagesgeld als Anlageform spricht.

- Die Zinsgutschrift in Höhe von 33,25 € für das Tagesgeld erfolgt auf dem Bankkonto. Bilden Sie den Buchungssatz.

8.11 In einem Industrieunternehmen wurden zu den nachstehenden Terminen u. a. folgende Buchungen durchgeführt:

15.05.2006:	2700 WP	72.720,00 EUR	an	2800 BK	72.720,00 EUR
12.05.2007:	2800 BK	1.600,00 EUR	an	5780 DDE	1.600,00 EUR

Berechnen Sie
- den Stückkurs der Aktien, wenn 200 Stück gekauft wurden (Spesen 1% vom Kurswert),
- die Stückdividende in EUR.

8.12 Zur Finanzierung einer Investition benötigt ein Industrieunternehmen noch 100.000,00 EUR. Die Mittel werden durch den gleichzeitigen Verkauf von Aktien und Anleihen beschafft.

a) Die Bank schreibt am 02.06. für den Verkauf von 120 Z-Aktien 88.506,00 EUR gut (Spesen 1% vom Kurswert). Zu welchem Stückkurs erfolgt der Verkauf?

b) Der Buchwert der 120 Z-Aktien beträgt 76.356,00 EUR. Bilden Sie den Buchungssatz für den Verkauf dieser Aktien.

c) Ermitteln Sie den Restbetrag für die Investition, der durch den teilweisen Verkauf von Anleihen finanziert werden soll.

8.13 Für den Kauf von HM-Aktien wurde das Bankkonto eines Industrieunternehmens am 14.07.2006 mit 25.149,00 EUR belastet (Spesen 1% vom Kurswert). Der Stückkurs betrug 415,00 EUR.

a) Wie viele HM-Aktien wurden am 14.07.2006 erworben?

b) Bilden Sie die Buchungssätze

- für die Banklastschrift,
- für die Dividendengutschrift vom 05.05.2007 über 1.020,00 EUR.

c) Die Aktien wurden nach einer Besitzdauer von 600 Tagen mit einem Verlust von 498,00 EUR wieder verkauft.

- Berechnen Sie den Stückkurs der Aktien beim Verkauf (Spesen 1% vom Kurswert).
- Bilden Sie den Buchungssatz für den Verkauf der Aktien.
- Berechnen Sie die Rendite des Wertpapiergeschäfts unter Berücksichtigung der Spesen und einer Depotgebühr von 35,00 EUR.

8.14 In der Fa. S. Altmann muss für Holztransporte ein neuer LKW angeschafft werden. Um diese Investition finanzieren zu können, wurden Sie beauftragt, im Bankdepot befindliche Maschinenbau-Aktien zu verkaufen. Hierfür liegt Ihnen nun die Abrechnung der Bayern-Bank vor.

a) Zu welchem Stückkurs wurden die Maschinenbau-Aktien verkauft?

b) Welche Bedeutung hat der Ausdruck "Wert 18. Juni 2010"?

c) Die Maschinenbau-Aktien stehen mit 171.446,39 EUR zu Buche. Bilden Sie den Buchungssatz nach vorliegendem Beleg.

d) Die Maschinenbau-Aktien wurden vor 410 Tagen erworben. Berechnen Sie die effektive Verzinsung der Aktien unter Berücksichtigung der Spesen, wenn während der Besitzdauer insgesamt 3.600,00 EUR Dividenden gutgeschrieben wurden und 100,00 EUR Depotgebühren anfielen.

Bayern-Bank
Hauptstelle München

Wertpapierabrechnung
Verkauf von Wertpapieren 17. Juni 2010

ST 800 Maschinenbau-Union-Aktien ISIN DE0000656800

Kommissionsgeschäft in München		Kurswert	EUR 179.976,00
Kurs in EUR	224,97	Spesen	EUR 1.799,76
Verwahrung	Girosammeldepot		
Beleg-Nr	61785		

Schlusstag 17. Juni 2010 Wert 18. Juni 2010

Gutschrift.................EUR 178.176,24

Susanne Altmann, Block- und Gartenhausbau
82066 Holzhausen Depot 182788000 Konto 57 088 60

8.15 Ihr Unternehmen legt am 20. Januar 2004 liquide Mittel kurzfristig in Aktien an. Dazu liegt Ihnen folgende vereinfachte Abrechnung vor:

120 Huber-Bau-AG-Aktien zu 64,00 EUR	7.680,00 EUR
+ Spesen 1% vom Kurswert	76,80 EUR
Lastschrift der Bank	7.756,80 EUR

a) Der Auftrag zum Kauf der Aktien wurde an der Börse München abgewickelt. Außer München gibt es noch sieben weitere Effektenbörsen in der Bundesrepublik Deutschland, an denen unterschiedlich hohe Umsätze erzielt werden. Welche ist die umsatzstärkste Effektenbörse in der Bundesrepublik Deutschland?

b) Die oben stehende Abrechnung enthält den Begriff „Spesen". Nennen Sie zwei Gebühren, aus denen sich die Spesen beim Aktienhandel zusammensetzen können.

c) Bilden Sie den Buchungssatz für den Kauf der 120 Aktien.

d) Am 15. März 2004 schreibt die Bank eine Dividende von 1,75 EUR je Aktie gut. Erstellen Sie den Buchungssatz.

e) Ihr Unternehmen erwartet 2004 ein Steigen des Aktienkurses der Huber-Bau-AG. Diese Erwartung beruht unter anderem auf der Entwicklung verschiedener Geldanlagemöglichkeiten im Jahr 2003, wie die nachfolgende Grafik zeigt. Zu dieser Grafik liegen Ihnen sechs Aussagen (A bis F) vor. Geben Sie auf Ihrem **Lösungsblatt** die Kennbuchstaben der **drei zutreffenden Aussagen** an.

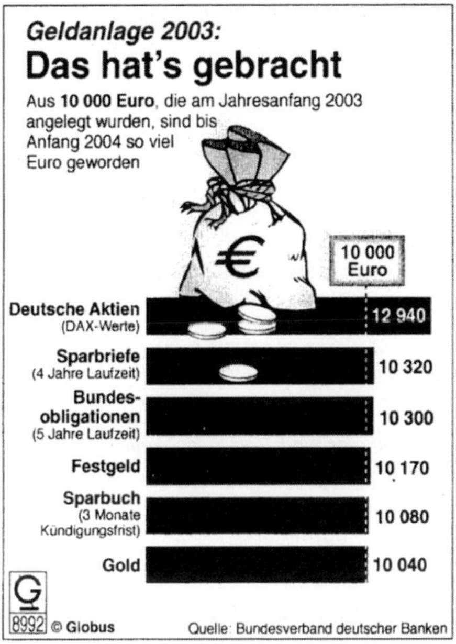

A Aus 10.000,00 EUR (angelegt in DAX-Werten) wurden binnen eines Jahres 12.940 Euro – ein Plus von fast 30%.

B Die Verzinsung von Sparbriefen ist an die Entwicklung der Aktienwerte gekoppelt.

C Bundesobligationen sind festverzinsliche Wertpapiere.

D Festgelder sind täglich fällige Gelder mit festem Zinssatz.

E Sparbücher mit dreimonatiger Kündigungsfrist erbrachten 2003 weniger als 1% Zinsen.

F Die Geldanlage in Form eines Sparbuches erbrachte 50% mehr Ertrag als die Anlage in Gold.

8.16 Ihr Unternehmen legte liquide Mittel in Aktien an und erwarb Continental-Aktien (abgekürzt Conti-Aktien).

a) Das sog. „Magische Dreieck der Geldanlage" beschreibt die Anlageziele:
Liquidität (bzw. Verfügbarkeit) – Sicherheit – Rentabilität
Welches dieser Ziele stellt ein Anleger in den Vordergrund, wenn er sein Geld in Aktien statt auf einem Tagesgeldkonto anlegt?

b) Beim Kauf der Aktien betrug die Banklastschrift 14.162,22 EUR.

- Bilden Sie den Buchungssatz für den Kauf der Aktien.

- Ermitteln Sie, wie viele Conti-Aktien – unter Berücksichtigung des Tageskurses auf dem folgenden Videotextauszug – gekauft wurden (Spesen 1% vom Kurswert).

```
          212 n-tv text Mi.12.04.  20:28:5
n-tv          Dax-Werte (15 Min  verzögert)
                 Dax 5901,25    -7,22  17:4
Adida  166,51 -2,3%   Henke   96,00 +0,5%
Allia  132,50 -0,4%   HypoR   55,76 -1,0%
Altan   48,65 -1,7%   Infin    8,61 +1,3%
BASF    63,44 -0,3%   Linde   67,98  0,0%
Bayer   33,27 -0,4%   Lufth   14,20 -0,9%
BMW S   44,46 -0,4%   MAN S   57,20 -0,4%
Comme   31,77 -0,4%   Metro   43,19 -0,2%
Conti   93,48 +0,6%   Münch  114,20  0,0%
Daiml   47,44 +0,3%   RWE S   71,10 +1,1%
Dt.Ba   94,15 -0,4%   SAP    183,36 +0,2%
Dt.Bö  112,48 +1,5%   Scher   85,98 +0,2%
Dt.Po   20,66 -0,4%   Sieme   75,04  0,0%
Dt.Te   13,49 -0,5%   Thyss   24,28 -0,4%
E.ON    90,65 -0,4%   TUI     15,79 -1,4%
FMC S   93,25 -0,6%   VW St   62,71 +0,8%
```

Merke

9. Personalaufwand (Löhne und Gehälter)

- *Bruttolöhne werden auf 6200 L, Bruttogehälter auf 6300 G gebucht.*
- *Nettolöhne (= Bruttolöhne - Abzüge) werden auf der H-Seite eines Zahlungskontos – meist 2800 BK - gebucht. (Entsprechendes gilt für Gehälter)*
- *Die Abzüge bestehen aus der Lohnsteuer, dem Solidaritätszuschlag, der Kirchensteuer und dem Arbeitnehmeranteil (AN-Anteil) zur Sozialversicherung.*
- *Der Unternehmer hat den Arbeitgeberanteil zur Sozialversicherung (AG-Anteil) auf dem Konto 6400 AGASV zu buchen. Der AG-Anteil ist etwas kleiner als der AN-Anteil. Er wird mit dem Lohnaufwand gebucht.*
- *Lohnsteuer, Solidaritätszuschlag und Kirchensteuer sind Verbindlichkeiten gegenüber dem Finanzamt. Buchung im Haben des Kontos 4830 VFA.*
- *Die Kirchensteuer beträgt in Bayern 8% der Lohn- bzw. Einkommensteuer.*
- *Der Solidaritätszuschlag beträgt zur Zeit 5,5% der Lohn- bzw. Einkommensteuer.*
- *AG-Anteil und AN-Anteil sind Verbindlichkeiten gegenüber den Sozialversicherungsträgern. Sie werden auf dem Konto 4840 VSV im Haben gebucht.*
- *Die gesetzliche Unfallversicherung (Beitrag zur Berufsgenossenschaft) zahlt der Arbeitgeber allein und wird auf dem Konto 6420 BBG gebucht.*
- *Der AG-Anteil ist nur ein Teil der Personalzusatzkosten (= Lohnnebenkosten). Außerdem zählen dazu noch die Lohnfortzahlung im Krankheitsfall, die bezahlten Feiertage, ein 13. Monatsgehalt, das Urlaubsgeld, die Vermögensbildung, die betriebliche Altersversorgung, die Weihnachtsgratifikation, Beiträge zur Unfallversicherung, usw.*
- *Der AN-Anteil und der AG-Anteil zur Sozialversicherung bestehen aus den Beiträgen zur Renten-, Pflege-, Kranken- und Arbeitslosenversicherung.*

Aufgaben

9.1 Banküberweisung von Löhnen, brutto 20.000,00 EUR, Steuerabzüge 2.500,00 EUR, AG-Anteil zur Sozialversicherung 2.500,00 EUR, AN-Anteil 2.700,00 EUR

9.2 Banküberweisung für Gehälter: brutto 15.000,00 EUR, Steuerabzüge 1.100,00 EUR, AG-Anteil zur Sozialversicherung 1.800,00 EUR, AN-Anteil 1.900,00 EUR.

9.3 Auf welchem Konto werden die einbehaltenen Lohnsteuern (mit Solidaritätszuschlag) und Kirchensteuern verbucht?

9.4 Banküberweisung der einbehaltenen Lohn- und Kirchensteuer 7.210,00 EUR.

9.5 Banküberweisung der Sozialversicherungsbeiträge aus 9.2 an die Krankenkasse.

9.6 Banküberweisung der einbehaltenen Steuern aus 9.2 an das Finanzamt.

9.7 Lohnzahlung durch Banküberweisung:

Bruttolöhne	42.000,00 EUR
Lohn- und Kirchensteuer	6.000,00 EUR
Arbeitgeberanteil zur Sozialversicherung	5.000,00 EUR
Arbeitnehmeranteil zur Sozialversicherung	5.200,00 EUR

9.8 Lohnzahlung durch Banküberweisung:

Steuerpflichtiger Bruttolohn	41.000,00 EUR
Nettolohn	27.000,00 EUR
Lohn- und Kirchensteuer	6.200,00 EUR
Arbeitgeberanteil zur Sozialversicherung	7.500,00 EUR
Arbeitnehmeranteil zur Sozialversicherung	7.800,00 EUR

9.9 Banküberweisung der Steuern und der Sozialversicherungsbeiträge aus 9.8.

9.10 Banküberweisung des Beitrags für die Unfallversicherung an die Berufsgenossenschaft 386,00 EUR.

9.11 Auszahlung von Gehältern durch Banküberweisung; vereinfachte Gehaltsliste:

Brutto-gehälter	Lohn- und Kirchensteuer Solidaritäts-zuschlag	Sozialver-sicherung AN-Anteil	Netto-gehälter	Sozialver-sicherung AG-Anteil
(EUR) 32.470,00	(EUR) 8.377,26	(EUR) 6.506,28	(EUR) 17.586,46	(EUR) 6.306,28

9.12 Erfassung der Personalaufwendungen (Auszahlung per Banküberweisung). Die Summenzeile der Gehaltsliste Ihres Unternehmens weist zum 15. Dezember 2008 unter anderem folgende Werte aus: (AG-Anteil 3.002,80 EUR)

Bruttogehälter (EUR)	Abzüge		Nettoauszahlung (EUR)
	Lohn- und Kirchensteuer Solidaritätszuschlag (EUR)	Sozialversicherung AN-Anteil (EUR)	
16.400,00	2.180,00	3.115,00	11.105,00

9.13 Der Beitrag zur gesetzlichen Unfallversicherung in Höhe von 2.250,00 EUR wird per Lastschrift abgebucht.

9.14 Franz Kaller arbeitet bei der Firma "Art GmbH & Co. KG" in 97084 Würzburg. Ihnen liegt folgende unvollständige Lohnabrechnung und ein Auszug aus der Lohnsteuertabelle vor.

Lohn/ Gehalt bis EUR	Steuer - klasse	Lohn-steuer	ohne Kinderfreibeträge SolZ 5,5%	Kirchensteuer 8%	9%	Zahl der Kinderfreibeträge 1,0 SolZ 5,5%	Kirchensteuer 8%	9%	Zahl der Kinderfreibeträge 2,0 SolZ 5,5%	Kirchensteuer 8%	9%
1.612,87	I	**182,66**	*10,04*	14,61	16,44	*5,50*	8,50	9,56	*0,00*	2,85	3,21
	II	**120,15**	*6,61*	9,61	10,81	*0,00*	3,88	4,36	*0,00*	0,00	0,00
	III	**0,00**	*0,00*	0,00	0,00	*0,00*	0,00	0,00	*0,00*	0,00	0,00
	IV	**182,66**	*10,04*	14,61	16,44	*7,90*	11,49	12,93	*5,60*	8,50	9,56
	V	**427,61**	*23,51*	34,21	38,48						
	VI	**460,67**	*25,33*	36,85	41,46						

Art GmbH & Co. KG

Art GmbH & Co. KG Industriestraße 2 97084 Würzburg Tel.: 0931-665710

Herr
Franz Kaller
Pnr. 14720

Ist-Std.	Überstd.	Lohnsatz	Teil-/Vollzeit	Konfession	Steuerklasse	Freibetrag/Mon.
152	0,0	10,48	voll	rk	III/0	---

Lohnabrechnung

Berechnung des monatlichen Verdienstes für die Zeit vom 01.11. bis 30.11. 2011

Gesamtbruttobetrag	1.612,86 EUR
Abzüge	
Lohnsteuer nach Steuerklasse III/0	
Solidaritätszuschlag	
Kirchensteuer	
Arbeitslosenversicherung 1,65%	
Krankenversicherung 6,8%	
Pflegeversicherung 1,0%	
Rentenversicherung 9,95%	
Sozialversicherung insgesamt	
Gesamtbetrag der Abzüge	
Nettobetrag	
auszuzahlender Betrag	

Überweisung zu Gunsten des Kontos
Nr.: 368 400 786 BLZ: 790 601 20

a) Berechnen Sie den Nettolohn für Franz Kaller mit Hilfe obenstehender, unvollständiger Lohnabrechnung und dem Auszug aus der Lohnsteuertabelle.

b) Buchen Sie diese Lohnabrechnung. (ohne AG-Anteil)

c) Am 05. des Folgemonats überweisen wir die Sozialversicherungsbeiträge an die zuständige Krankenkasse, 602,12 EUR. (Buchung)

d) Bearbeiten Sie folgende Arbeitsaufträge.

- Welche Steuerklasse hat die berufstätige, deutlich weniger verdienende Ehefrau von Franz Kaller?
- Aus welchen Teilen besteht der AN-Anteil zur Sozialversicherung?
- Von welchem Betrag wird der AN-Anteil berechnet?
- Nenne, abgesehen vom AG-Anteil, drei weitere mögliche Personalzusatzkosten.
- Wie wirkt sich eine Erhöhung der Personalzusatzkosten auf den Gewinn des Unternehmens aus?
- Bis wann hat der Betrieb die Lohn- und Kirchensteuer dem Finanzamt abzuführen?
- Wer stellt die Lohnsteuerkarte für Franz Kaller aus?
- Erläutere die Bezeichnung III/0 für die Lohnsteuerklasse.

9.15 Banküberweisung der gesamten Sozialversicherungsbeiträge für den Vormonat in Höhe von 12.850,00 EUR.

10. Abschreibungen auf Sachanlagen

Merke

- *Mit der Abschreibung wird die Wertminderung von Anlagegütern durch Abnutzung, technischen Fortschritt, außerordentliche Umstände (z. B. Brand) usw. am Jahresende (31.12.) erfasst.*

- *Der steuerrechtliche Begriff der Abschreibung ist "Absetzung für Abnutzung" (AfA).*

- *Die Abschreibung für „Hochwertige" Anlagegüter (AK > 1.000,00 EUR) wird als Aufwand auf dem Konto 6520 ABSA für nachfolgende Anlagen gebucht (0510 BGR, 0530 BVG, 0700 MA, 0840 FP, 0860 BM und 0870 BA).*

- *Zu den Anschaffungskosten (Herstellkosten) gehören auch die Anschaffungsnebenkosten wie Montage-, Fundamentierungs- und Überführungskosten, Zulassungsgebühren, Kosten der Inbetriebnahme usw.*

- *Buchwert(BW) = Anschaffungskosten(AK) - Abschreibung*

- $$\text{Abschreibungssatz (\%)} = \frac{100}{\text{geschätzte Nutzungsdauer (Jahre)}}$$

- $$\text{Abschreibungsbetrag (EUR)} = 1\% \text{ der AK} \times \text{Abschreibungssatz}$$ *oder*

$$\text{Abschreibungsbetrag (EUR)} = \frac{\text{AK(Nettobetrag)}}{\text{geschätzte Nutzungsdauer (Jahre)}}$$

- *Kennzeichen der „linearen" Abschreibung:*
  - *Die Abschreibungsbeträge werden von den Anschaffungskosten berechnet.*
  - *Die jährlichen Abschreibungsbeträge sind gleich hoch.*
  - *Zeitanteilige Abschreibung für Anlagegüter über 1.000,00 EUR, d. h. die Abschreibungsbeträge sind monatsanteilig zu berechnen.*
  - *Der Monat der Anschaffung zählt mit.*
  - *Abschreibung bis auf 0,00 EUR möglich.*

- *Besonderheiten:*
  - *Eine Anlage kann vollständig, bis auf den sogenannten Schrottwert (als Erfahrungswert angegeben) oder auf den sogenannten Erinnerungswert (Restbuchwert von 1,00 EUR) abgeschrieben werden. Dieser Erinnerungswert bleibt solange bestehen, wie die Anlage nach der Abschreibung weiterhin benutzt wird.*
  - *Alle Anlagegegenstände mit Anschaffungskosten bis zu 150,00 EUR werden auf das Konto 6800 BMK gebucht und als Sofortaufwand am Jahresende auf das Konto 8020 GUV abgeschlossen.*
    Anlagegegenstände mit Anschaffungskosten zwischen 150,01 EUR und 1.000,00 EUR werden auf das Konto 0895 SP gebucht und am Jahresende mit 20% über das Konto 6545 ABSP abgeschrieben.
  - *Auf Grundstücke ohne Bauten darf keine Abschreibung vorgenommen werden.*

- *Die durchschnittliche Nutzungsdauer von Anlagegütern sind in den AfA-Tabellen der Finanzämter angegeben, und damit vorgegeben.*

- *Abschreibungen stehen als Kosten in der Kalkulation und erhöhen so die Verkaufspreise.*
- *Die Höhe der buchhalterischen Abschreibung beeinflusst die Steuerlast eines Unternehmens. (Verminderung)*

Aufgaben

10.1 Abschreibung auf maschinelle Anlagen 10.000,00 EUR. (Buchungssatz)

10.2 Lineare Abschreibung eines im Januar angeschafften Geschäfts-LKWs. Anschaffungskosten 200.000,00 EUR; Nutzungsdauer 10 Jahre.

10.3 Abschreibung 2%:
Betriebsgebäude (Anschaffungskosten 780.000,00 EUR; darin sind 200.000,00 EUR Grundstückspreis enthalten), Verwaltungsgebäude (Gebäudewert 320.000,00 EUR). (Buchungssatz)

10.4 Der Endbestand im Konto 0895 SP beträgt 7.300,00 EUR. (Buchungssatz)

10.5 Abschreibung auf das Konto „Sammelposten" 1.360,00 EUR. (Buchungssatz)

10.6 Bearbeiten Sie nachfolgende Abschreibungstabelle eines im Januar angeschafften Betonkleinmischers:

a) Welche Formel ist in das Feld B7 einzugeben?
b) Überprüfen Sie die Richtigkeit der folgenden Formel für das Feld B10. (B8 + B9)
c) Geben Sie die Buchung am Ende des 5. Jahres an.

	A	B	C
1	**Abschreibungstabelle: Betonkleinmischer**		
2			
3	Anschaffungskosten (EUR)	120.000,00	
4	Nutzungsdauer (Jahre)	6	
5		linear	
6	Anschaffungswert	120.000,00 EUR	
7	- Abschreibung 1. Jahr	20.000,00 EUR	
8	Buchwert Ende 1. Jahr	100.000,00 EUR	
9	- Abschreibung 2. Jahr	20.000,00 EUR	
10	Buchwert Ende 2. Jahr	80.000,00 EUR	
11	- Abschreibung 3. Jahr	20.000,00 EUR	
12	Buchwert Ende 3. Jahr	60.000,00 EUR	
13	- Abschreibung 4. Jahr	20.000,00 EUR	
14	Buchwert Ende 4. Jahr	40.000,00 EUR	
15	- Abschreibung 5. Jahr	20.000,00 EUR	
16	Buchwert Ende 5. Jahr	20.000,00 EUR	
17	- Abschreibung 6. Jahr	20.000,00 EUR	
18	Buchwert Ende 6. Jahr	0,00 EUR	

10.7 Eine neue mobile Säge (Anschaffungskosten 25.400,00 EUR) wird mit 12,5% abgeschrieben. Bilden Sie den Buchungssatz für die Abschreibung im zweiten Nutzungsjahr

10.8 Das Konto 0895 SP hat zum Jahresende einen Saldo von 1.760,00 EUR. Bilden Sie die vorbereitende Abschlussbuchung.

10.9 Zielkauf einer Fertigungsmaschine für netto 160.000,00 EUR, zuzüglich Fundamentierungskosten von netto 2.000,00 EUR am 12. September 2007. Festgelegte Nutzungsdauer 6 Jahre.

a) Bilden Sie den Buchungssatz beim Kauf.

b) Berechnen Sie den jährlichen Abschreibungsbetrag.

c) Welche Abschreibungsbuchung ist am Jahresende 2007 zu bilden?

d) Wie lautet der Buchungssatz am Jahresende 2008?

10.10 Berechnen Sie den jährlichen Abschreibungsbetrag für eine Büromaschine. Anschaffungskosten 800,00 EUR.

10.11 Vervollständigen Sie nachfolgende Abschreibungstabelle.

	A	B	C
1	**Abschreibungstabelle: Maschine**		
2			
3	Anschaffungskosten (EUR)	980,00	
4	Nutzungsdauer (Jahre)		
5		linear	
6	Anschaffungswert	980,00 EUR	
7	- Abschreibung 1. Jahr	196,00 EUR	
8	Buchwert Ende 1. Jahr		
9	- Abschreibung 2. Jahr		
10	Buchwert Ende 2. Jahr		

a) Welche Ziffer ist in B4 einzusetzen?

b) Wie lautet die Formel in Feld B7?

c) Wie groß ist der Buchwert im Feld B10?

10.12 Im Konto 0895 SP stehen noch Anschaffungen in Höhe von 3.400,00 EUR. Bilden Sie den Abschreibungsbuchungssatz am Jahresende.

Merke

11. Kauf und Verkauf von Sachanlagen

- *Beim Kauf von Sachanlagen und beim Verkauf gebrauchter Sachanlagen muss Umsatzsteuer verrechnet werden.*
- *Alle Anschaffungsnebenkosten (z. B. Überführungskosten, Zulassungsgebühren, Fundamente etc.) sind zu aktivieren (Soll-Seite im betreffenden Anlagenkonto).*
- *Die Umsatzsteuer zählt nicht zu den Anschaffungskosten (Herstellkosten); also sind für die Berechnung der AK immer Nettowerte zu nehmen!*
- *Beim Kauf von Grundstücken und Gebäuden ist keine Umsatzsteuer zu buchen (Beachten Sie: Grund**erwerb**steuer aktivieren).*
- *Sachanlagen, deren AK > 1.000,00 EUR netto betragen, heißen „hochwertige“ Anlagen und werden auf den entsprechenden Konten der Klasse 0 erfasst. (Z. B. 0700 MA)*
- *Sachanlagen, deren AK von 150,01 EUR bis 1.000,00 EUR netto betragen, werden auf dem Konto 0895 SP erfasst und über fünf Jahre mit je 20% abgeschrieben.*
- *Kleingüter (AK bis 150,00 EUR netto) werden als Betriebsaufwendungen im Konto 6800 BMK gebucht und am Jahresende auf 8020 GUV abgeschlossen.*
- *Werterhaltende Instandhaltungen (Reparaturen) werden als Aufwand im Soll des Kontos 6160 FRI gebucht.*
- *Beim Verkauf gebrauchter Anlagegüter wird der Nettoerlös zuerst auf das Erlöskonto 5410 EAAV im Haben gebucht. Anschließend wird dieses Zwischenkonto (=Interimskonto) gleich wieder aufgelöst (Sollbuchung).*
- *Beim Verkauf ist ferner im Haben des entsprechenden Anlagenkontos immer der Buchwert (BW) zu buchen.*
- *Der Verkaufsverlust (Nettoerlös < BW) wird auf dem Konto 6960 VAVG im Soll erfasst.*
- *Ein Ertrag aus dem Anlagenverkauf (Nettoerlös > BW) wird auf dem Konto 5460 EAVG im Haben gebucht.*
- *Die Umsatzsteuer wird immer vom Nettoverkaufspreis berechnet.*
- *Das Interimskonto (5410 EAAV) dient nur dazu, den steuerpflichtigen Umsatz besser erkennen zu können (Vorschrift im UStG). Da das Konto beim Abschluss keinen Saldo hat, erscheint es auch nicht auf dem GUV-Konto.*

Aufgaben

11.1 Ein gebrauchter Lieferwagen wird zum Buchwert von 7.000,00 EUR gegen Barzahlung verkauft. (Buchungssatz)

11.2 Kauf eines Büro-Drehstuhls für 398,00 EUR netto auf Ziel. (Buchungssatz)

11.3 Wir erhalten beim Verkauf eines gebrauchten Kopiergerätes (AK 1.100,00 EUR), das bereits auf den Erinnerungswert abgeschrieben ist, noch 402,22 EUR brutto in bar.

11.4 Verkauf einer gebrauchten EDV-Anlage auf Ziel für brutto 4.760,00 EUR. Die Anlage hatte noch einen Buchwert von 2.400,00 EUR.

11.5 Ein Lieferwagen (Anschaffungskosten 70.000,00 EUR, Kauf im Januar 2006) wird zu Beginn des dritten Nutzungsjahres für 46.000,00 EUR netto auf Ziel verkauft. Das Fahrzeug wurde mit 20% linear abgeschrieben.

11.6 Kassenbeleg: Kauf einer Rechenmaschine, brutto 476,00 EUR.

11.7 Rechnungsbeleg: Verkauf einer gebrauchten Fertigungsmaschine (Buchwert 11.500,00 EUR) für 13.685,00 EUR brutto.

11.8 Ein Industrieunternehmen erwirbt im September einen LKW für 118.000,00 EUR netto. Für Transport- und Zulassungskosten werden 2.000,00 EUR netto zusätzlich in Rechnung gestellt.

a) Wie lautet der Buchungssatz für den Zielkauf des LKW?

b) Der LKW wird linear mit 12.000,00 EUR pro Jahr abgeschrieben. Ermitteln Sie
- den Abschreibungssatz,
- den Buchwert zu Beginn des 3. Nutzungsjahres.

c) Bilden Sie den Buchungssatz für die Abschreibung am Ende des 2. Nutzungsjahres.

d) Im 11. Jahr der Nutzung wird der LKW für 15.000,00 EUR netto (BW 8.000,00 EUR) auf Ziel verkauft. Bilden Sie den Buchungssatz.

11.9 Verkauf einer gebrauchten Computeranlage (Buchwert 22.000,00 EUR) für netto 15.000,00 EUR auf Ziel.

11.10 Zur Vergrößerung der Kapazität kauft ein Industriebetrieb zu Beginn des Jahres eine Fertigungsmaschine für netto 120.000,00 EUR. Die Installations- und Einrichtungskosten betragen 4.000,00 EUR netto.

a) Bilden Sie den Buchungssatz für die Eingangsrechnung.

b) Ermitteln Sie die jährliche Abschreibung in EUR und %, wenn linear abgeschrieben und eine voraussichtliche Nutzungsdauer von 8 Jahren angenommen wird.

c) Wie lautet die Buchung für die Abschreibung am Ende des ersten Jahres?

d) Nach drei Jahren verkauft die Firma diese Fertigungsmaschine für netto 80.000,00 EUR auf Ziel. Bilden Sie den Buchungssatz für den Verkauf.

11.11 Verkauf eines gebrauchten Computers (AK 1.800,00 EUR, Buchwert 540,00 EUR) für 600,00 EUR netto gegen Barzahlung.

11.12 Ihr Unternehmen kauft am 16. Januar 2011 einen neuen Lieferwagen zum Listenpreis von 62.000,00 € netto und erhält darauf einen Sonderrabatt in Höhe von 8%. Es werden Über-führungsgebühren mit 2.000,00 € netto und der Einbau einer Anhängerkupplung mit 960,00 € netto in Rechnung gestellt.

a) Bilden Sie den Buchungssatz für den Kauf des Lieferwagens gegen Rechnung.

b) Für den neuen Lieferwagen wird eine Anlagekarte erstellt. Darin wird unter anderem die jährliche Wertminderung von Sachanlagen erfasst. Die Ursachen für Wertminderungen können natürlicher Verschleiß und technischer Fortschritt sein. Nennen Sie zu diesen Ursachen **jeweils** ein **konkretes** Beispiel.

c) Neben dem jährlichen Abschreibungsbetrag können der Anlagekarte weitere Informationen entnommen werden. Nennen Sie **zwei wesentliche Informationen**, die für die Berechnung des Abschreibungsbetrages erforderlich sind.

d) Auf der Grundlage dieser Anlagekarte wurde folgende Grafik angefertigt:

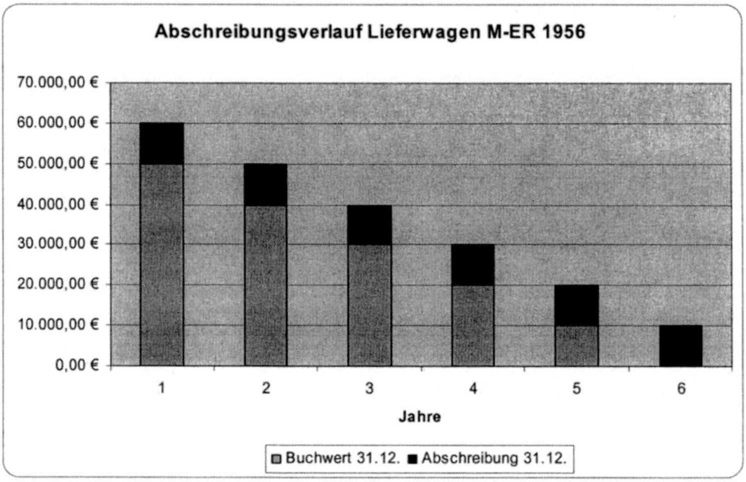

Bearbeiten Sie folgende Aufgaben zu dieser Grafik:

- Nennen Sie **zwei** Merkmale des dargestellten Abschreibungsverfahrens.
- Welcher Abschreibungssatz liegt der dargestellten Abschreibung zugrunde (rechnerische Begründung)?

e) Im September 2011 ist der erste Kundendienst fällig. Die Kosten in Höhe von 230,00 € netto werden bei Abholung des Lieferwagens sofort bar bezahlt. Bilden Sie den Buchungssatz.

11.13 Unsere Kfz-Werkstätte berechnet uns für die angefallene Inspektion (Ölwechsel etc.) 730,00 EUR netto. Bilden Sie den Buchungssatz für die Eingangsrechnung.

11.14 Wir erhalten die Rechnung für den Anbau der Lagerhalle, brutto 46.552,80 EUR.

11.15 Auf unserer Regionalmesse erhalten wir für den Kauf einer Fertigungsmaschine 10% Messerabatt. Für Transport und Fundament fallen 1.300,00 EUR netto an. Die Maschine hat einen Listenpreis von 65.000,00 EUR.

a) Wie hoch sind die zu aktivierenden Anschaffungskosten?

b) Bilden Sie den Buchungssatz für den Zielkauf dieser Maschine.

11.16 Für die Anschaffung eines computergesteuerten Zeiterfassungsgerätes liegen uns verschiedene Angebote vor. Die Entscheidung fällt auf das Modell der Firma Karl Uhlmann Maschinenbau in Beilheim. Die Maschine wird Mitte Mai 2007 geliefert und in Betrieb genommen.

a) Bilden Sie den Buchungssatz für die Eingangsrechnung vom 15. Mai 2007, wenn dieser Beleg unter anderem folgende Angaben enthält:
- Listenpreis 114.000,00 EUR netto,
- berechnete Kosten für Transport und Montage 3.200,00 EUR netto,
- Kosten für Installation und Inbetriebnahme 2.800,00 EUR netto.

b) Für die neue Maschine wird eine Anlagekarte angelegt. Nennen Sie drei mögliche Informationen, die daraus entnommen werden können.

11.17 Bilden Sie den Buchungssatz für den Zielkauf von drei Bürostühlen für je 59,00 EUR netto.

11.18 Ein Tischkopierer (AK 1.200,00 EUR netto) ist bis auf den Erinnerungswert abgeschrieben und wird für 50,00 EUR netto gegen Barzahlung verkauft.

11.19 Von unserem Büroartikelhändler liegt eine Rechnung für den Kauf folgender Artikel vor:

Tischkopiergerät netto	398,00 EUR
Kopierpapier netto	120,00 EUR

Bilden Sie den Buchungssatz.

11.20 Weil sich die Reparatur eines Lkws nicht mehr lohnt, beschließt die Unternehmensleitung, diesen Lkw für netto 32.000,00 EUR zu verkaufen und den Erlös für den Kauf eines neuen Lkw mit größerem Laderaum zu verwenden.

a) Ermitteln Sie den Buchgewinn bzw. Buchverlust beim Verkauf des alten Lkw, wenn noch ein Buchwert von 51.200,00 EUR besteht.

b) Als Ersatz soll umgehend ein neuer Lkw angeschafft werden. Dazu ist allerdings die Aufnahme eines kurzfristigen Kredits für 300 Tage notwendig. Der Finanzierungsbedarf für den neuen Lkw beträgt 83.300,00 EUR. Ermitteln Sie die benötigte Kreditsumme, wenn 2% Bearbeitungsgebühr zu berücksichtigen sind.

c) Berechnen Sie die effektive Verzinsung für den Kredit, wenn zusätzlich 5.589,04 EUR Zinsen anfallen.

d) Bilden Sie den Buchungssatz für die Gutschrift des Kredits auf dem Bankkonto.

11.21 Für die geplante Anschaffung des neuen LKW haben Sie verschiedene Angebote von Autohändlern eingeholt.

a) Die Entscheidung fiel trotz insgesamt höherer Anschaffungskosten auf das Angebot des Autohauses Freundlich, das im Nachbarort ansässig ist. Nennen Sie einen Grund für diese Entscheidung.

b) Der Kauf des neuen LKW erfolgt am 21. Juni 2010. Der LKW wird am selben Tag zugelassen und in Betrieb genommen. Bilden Sie jeweils den Buchungssatz für

- die vorliegende Rechnung (siehe Beleg),
- die Barzahlung der Zulassungsgebühren in Höhe von netto 210,00 EUR, wenn Ihre Firma die Zulassung selbst vornimmt.

c) Ein alter LKW, der bis auf 73.500,00 EUR abgeschrieben ist, wird an ein Bauunternehmen für 65.000,00 EUR netto auf Ziel verkauft. Bilden Sie die Buchungssätze.

Autohaus
Freundlich
Dieselstr. 10
82070 Bad Hausen
Telefon: 08041-9125
Telefax: 08041-92018
E-Mail: auto.freundlich@intercom.de

Neu- und Gebrauchtwagenverkauf
Lkw – Busse

Autohaus Freundlich, Dieselstr. 10, 82070 Bad Hausen

Block- und Gartenhausbau
Susanne Altmann
Holzweg 7

82066 Holzhausen

Rechnung Nr. 118 863 **Bad Hausen, den 20. Juni 2010**

Fabrikat:	Transporter
Fahrgestellnummer:	JMBG13D20005675432999
Modellbezeichnung:	40635L
Kfz-Brief:	AB5647998
Polizeil. Kennzeichen:	TÖL-RS 701
Schlüssel-Nr.:	19876
Typ:	406 3,0i LX
Fahrzeugart:	Lkw
Karosserie/Aufbau:	2-türig
Polsterung:	blau gemustert
Bereifung:	395R15 78S
Motor/ccm/KW/PS:	Diesel/2895/098/134

Fahrzeugpreis	317.500,00 EUR
Überführung	2.500,00 EUR
Nettobetrag	320.000,00 EUR
Umsatzsteuer 19%	60.800,00 EUR
Gesamtbetrag	**380.800,00 EUR**

Zahlbar sofort ohne Abzug

Bankverbindung: Sparkasse Bad Hausen, BLZ 702 543 08, Konto-Nr. 480 582 840
Steuernummer: 377/833/03881 USt-ID-Nr. DE180466620

11.22 Im Unternehmen „Elektrogeräte Helga Hörmann“ sind Modernisierungen im Fertigungsbereich erforderlich. Deshalb wird eine **leistungsstärkere**, Kosten einsparende Spritzgussmaschine angeschafft. Hierzu liegt Ihnen folgender Beleg vor:

F M a **Fränkische Fertigungsmaschinen AG**	Fränkische Fertigungsmaschinen AG Mainstr. 8 **96052 Bamberg** Tel.: 0951 123456 Fax: 0951 1234590 E-Mail: fma@industrienet.de Registergericht Bamberg HRB 2250

Fränkische Fertigungsmaschinen AG Mainstr. 8 96052 Bamberg

Elektrogeräte Helga Hörmann e. Kfr.
Stifterring 14
82538 Geretshausen

Rechnung

Datum: 20.05.2010
Rechnungsnummer: 06071
Kunden-Nummer: 000 401

Ihr Auftrag vom: 25.04.2010

Auftragsnummer: 05770

Pos.	Menge	Art.-Nr.	Artikelbezeichnung	Einzelpreis(€)	Gesamtpreis(€)
1	1	0025	Spritzgussmaschine comput rgesteuert XD 90	70.000,00	70.000,00
2		0000	Montage		2.000,00
			Gesamtbetrag netto		72.000,00
			Umsatzsteuer 19%		13.680,00
			Rechnungsbetr g		85.680,00

Die Rechnung ist ohne Abzug fällig am 19.06.2010
Die Lieferung erfolgt „frei Haus".
Bankverbindung: Fränkische Industriebank Bamberg – Konto 69030 – BLZ 350 200 01

Vorsitzende des Aufsichtsrates: Dr. Brunhilde Obermüller
Vorstand: Rudolf Schmidbauer, Ulrich Bauer, Dr. Franz Maier, Fritz Pöschl
Steuernummer: 222/920/56700 – USt-IdNr. DE 355 466 577

a) - Mit welchem **Fachbegriff** wird diese Art von Investition bezeichnet?
- Der Rechnungsbetrag beinhaltet die Montagekosten. Nennen Sie den **Fachbegriff** für die buchhalterische Behandlung solcher Anschaffungsnebenkosten.
- Bilden Sie den Buchungssatz für die Rechnung Nr. 06071.

b) Zum Nachfüllen wird für die neue Spritzgussmaschine Hydrauliköl für 650,00 EUR netto gegen Rechnung gekauft. Bilden Sie den Buchungssatz.

c) Für die neue Spritzgussmaschine wird ein vorläufiger Abschreibungsplan erstellt (auszugsweise Wiedergabe):

Abschreibungsplan			
Bezeichnung: Spritzgussmaschine XD 90		Voraussichtliche Nutzungsdauer (in Jahren): 12	
Anschaffungsdatum:	20. Mai 2010	Anschaffungskosten:	72.000,00 EUR
Datum	**AfA-Satz**	**AfA-Betrag**	**Restbuchwert**
31.12.2010		4.000,00 EUR	68.000,00 EUR
31.12.2011		6.000,00 EUR	62.000,00 EUR
31.12.2012		6.000,00 EUR	56.000,00 EUR
⋮	⋮	⋮	⋮

- Welches Abschreibungsverfahren liegt dem oben stehenden Abschreibungsplan zugrunde (mit Begründung)?
- Berechnen Sie den Abschreibungssatz.
- Erklären Sie den Abschreibungsbetrag von 4.000,00 EUR im ersten Jahr.

d) Im Zusammenhang mit der Anschaffung der neuen Spritzgussmaschine wurde die Fertigungshalle mit einem neuen Anstrich versehen. Bilden Sie den Buchungssatz für folgenden Beleg:

	€	Cent
Netto	*450*	*00*
+ 19% USt	*85,50*	*00*
Gesamt	*535,50*	*00*

Quittung

Gesamtbetrag € in Worten
Fünfhundertfünfunddreißig-- Cent wie oben

(im Gesamtbetrag sind *19%* Mehrwertsteuer enthalten)

von ***Helga Hörmann Elektrogeräte***

für ***Malerarbeiten Fertigungshalle***
richtig erhalten zu haben, bestätigt

Ort ***Geretshausen*** Datum ***20.Mai 2010***

Buchungsvermerke

Unterschrift des Empfängers
Martin Weiß
Malermeisterbetrieb Martin Weiß KG

12. Abschreibung auf Forderungen

- *Man unterscheidet zwischen einwandfreien Forderungen (Debitoren), zweifelhaften Forderungen (Dubiosen) und uneinbringlichen Forderungen (Verlusten).*

- *Zweifelhafte Forderungen müssen von den einwandfreien Forderungen getrennt werden; deshalb werden sie auf das Konto 2470 ZWFO umgebucht. (2470 ZWFO an 2400 FO)*

- *Wird eine Forderung/Zweifelhafte Forderung <u>während des laufenden Jahres</u> uneinbringlich, wird sie* ***direkt*** *abgeschrieben. Die Umsatzsteuer muss dabei berichtigt werden (Sollseite).*

  Buchung: 6950 ABFO an 2400 FO/2470 ZWFO
  4800 UST

- *Ist eine Forderung/Zweifelhafte Forderung <u>während des laufenden Jahres</u> nur teilweise verloren, muss der Nettoausfall berechnet und abgeschrieben werden:*

FO/ZWFO	→ *2400 FO/2470 ZWFO (H)*
- Zahlungseingang	→ *z. B. 2800 BK (S)*
Bruttoausfall	
- USt (aus Bruttoausfall)	→ *4800 UST (S)*
Nettoausfall (Verlust)	→ *6950 ABFO (S)*

- *Wird eine bereits abgeschriebene Forderung wider Erwarten doch noch bezahlt, bucht man:*

  2800 BK an 5495 EFO
  4800 UST

- *Bewertung der* ***zweifelhaften Forderungen*** *<u>am Jahresende</u>* ***(Einzelbewertung)****:*

  Am Jahresende werden die zweifelhaften Forderungen einzeln bewertet, d. h. ihr Nettoausfall wird geschätzt und ***indirekt*** *abgeschrieben. Die Umsatzsteuer darf noch nicht berichtigt werden, weil die tatsächliche Höhe des Verlustes noch nicht bekannt ist. Umsatzsteuerberichtigung erfolgt also erst bei Zahlung. Die Buchung erfolgt summarisch, d. h. die* ***Summe*** *der geschätzten Nettoausfälle wird wie folgt gebucht:*

  6950 ABFO an 3670 EWB

  Am Ende des darauf folgenden Jahres werden die zweifelhaften Forderungen wieder bewertet, die geschätzten Nettoausfälle addiert und mit den wertberichtigten Nettoausfällen des Vorjahres (im Konto 3670 EWB) verglichen. Ist der Bestand im Konto 3670 EWB größer als erforderlich, wird eine Herabsetzung gebucht (3670 EWB an 5450 EAWB), ist der Bestand kleiner als erforderlich, wird eine Erhöhung gebucht (6950 ABFO an 3670 EWB).

- *Bewertung der* ***Forderungen*** *<u>am Jahresende</u>* ***(Pauschalbewertung)****:*

  Pauschal dürfen bis zu 5% (realistisch bis ***<u>max.</u>*** *2%) der Nettoforderungen (Nettobetrag aus dem Konto 2400 FO) abgeschrieben werden. (Allgemeines Ausfallrisiko →* ***indirekte*** *Abschreibung).*

Schema: *Bruttoforderungen*
- USt

Nettoforderungen
davon x% PWB ➔ *(6950 ABFO an 3680 PWB)*

Umsatzsteuer <u>nicht</u> berichtigen (Schätzung).

Am Ende des Folgejahres vergleicht man die bereits vorhandene PWB mit der neu zu bildenden PWB. Je nach Höhe des Forderungsbestandes wird der Bestand auf dem Konto 3680 PWB aufgefüllt (6950 ABFO an 3680 PWB) oder herabgesetzt (3680 PWB an 5450 EAWB).

➲ *Am Jahresende:*	*ZWFO*	➔ *Indirekte Abschr.*	➔ *Einzelbewertung*
	FO	➔ *Indirekte Abschr.*	➔ *Pauschalbewertung*

Aufgaben

12.1 Kunde A stellt seine Zahlungen ein; unsere Forderung beträgt einschließlich 19% USt 11.900,00 EUR.

12.2 Eine Forderung über 4.284,00 EUR wird überraschend uneinbringlich. Sie ist direkt abzuschreiben.

12.3 Nach Abschluss des Insolvenzverfahrens gehen für eine zweifelhafte Forderung über 11.305,00 EUR noch 5.087,25 EUR auf unserem Postbankkonto ein. Der Rest ist endgültig verloren.

12.4 Erhöhung der Pauschalwertberichtigung um 5.200,00 EUR.

12.5 Die Pauschalwertberichtigung ist um 3.100,00 EUR herabzusetzen.

12.6 Auf unsere einwandfreien Forderungen in Höhe von 95.200,00 EUR ist eine PWB von 3,5% zu bilden. Vorhandene PWB 1.600,00 EUR.

12.7 Eine Kundenforderung über 1.887,34 EUR ist überraschend uneinbringlich geworden.

12.8 Für eine zweifelhafte Forderung in Höhe von 3.570,00 EUR gehen nun auf das Postbankkonto 2.499,00 EUR ein. Der Rest ist verloren.

12.9 Es ist eine Pauschalwertberichtigung zu bilden (4%). Die einwandfreien Forderungen am Jahresende betragen 273.700,00 EUR. Vorhandene PWB 10.000,00 EUR.

12.10 Über den Forderungsbestand von 5.355,00 EUR ist eine pauschale Wertberichtigung von 4,5% zu bilden.

12.11 Eine zweifelhafte Forderung über 2.380,00 EUR wird wider Erwarten per Bankscheck voll beglichen.

12.12 Auf eine bisher sichere Forderung in Höhe von 3.213,00 EUR gehen 1.124,55 EUR auf dem Postbankkonto ein. Der Rest ist verloren.

12.13 Zum Jahresende beträgt der Saldo auf dem Konto 2400 FO 42.245,00 EUR. Es besteht noch eine Pauschalwertberichtigung von 2.000,00 EUR. Diese ist auf 5% des Forderungsbestandes neu festzusetzen.

12.14 Für eine vollständig abgeschriebene Forderung gehen wider Erwarten 1.035,30 EUR auf unserem Bankkonto ein.

12.15 Die nachstehenden Konten weisen am 31.12. folgende Eintragungen auf:

S — 3670 EWB — H

S		H	
		8000)	900,00

S — 2400 FO — H

S		H	
8000)	147.560,00	2800)	22.491,00
5000/4800)	67.830,00	2470)	9.639,00
		2470)	2.380,00

S — 2470 ZWFO — H

S		H	
2400)	9.639,00		
2400)	2.380,00		

S — 3680 PWB — H

S		H	
		8000)	8.200,00

a) Bilden Sie die vorbereitenden Abschlussbuchungen zum 31.12. Wir rechnen bei den zweifelhaften Forderungen mit einem Ausfall von je 70%. Die bestehende Pauschalwertberichtigung von 8.200,00 EUR soll auf 4% der Forderungen neu festgesetzt werden.

b) Bilden Sie die Abschlussbuchungen für die Konten 2470 ZWFO und 3670 EWB.

12.16 Zum 31.12. bewerten wir unsere Zweifelhaften Forderungen wie folgt:

	ZWFO (brutto) (EUR)	ZWFO (netto) (EUR)	Geschätzter Ausfall (%)	Geschätzter Ausfall (EUR)
A	11.662,00	9.800,00	50	4.900,00
B	12.614,00	10.600,00	60	6.360,00
C	2.380,00	2.000,00	60	1.200,00

a) Welche Buchung würden Sie vornehmen, wenn noch keine Wertberichtigung besteht?

b) Welche Buchung würden Sie vornehmen, wenn auf dem Konto 3670 EWB noch ein Bestand von 14.600,00 EUR aus dem Vorjahr steht?

c) Welche Buchung würden Sie bei einer bestehenden Wertberichtigung von 12.460,00 EUR vornehmen?

12.17 Über das Vermögen eines Kunden, an den wir eine Forderung in Höhe von 7.140,00 EUR haben, ist das Insolvenzverfahren eröffnet worden.

12.18 Das Insolvenzverfahren über das Vermögen eines Kunden wird mangels Masse eingestellt. Die zweifelhafte Forderung an ihn beträgt 6.307,00 EUR.

12.19 Kunde Säumer schuldet uns 5.236,00 EUR.

a) Am 05.03. erfahren wir, dass der Kunde Insolvenzantrag gestellt hat. Bilden Sie den Buchungssatz.

b) Nach Abschluss des Insolvenzverfahrens am 27.09. des gleichen Jahres überweist der Kunde 2.094,40 EUR.
- Bilden Sie den Buchungssatz für die Bankgutschrift.
- Berechnen Sie die tatsächliche Insolvenzquote.

12.20 Wir haben noch eine zweifelhafte Forderung in Höhe von 23.562,00 EUR an unseren Kunden Schmitt. Nach Abschluss eines Insolvenzverfahrens erhalten wir 30% der Forderung auf unser Bankkonto überwiesen, der Rest ist endgültig verloren.

12.21 Zum 31.12. bewerten wir unsere Zweifelhaften Forderungen wie folgt:

	ZWFO (brutto) (EUR)	ZWFO (netto) (EUR)	Geschätzter Ausfall (%)	Geschätzter Ausfall (EUR)
A	27.370,00	23.000,00	30	6.900,00
B	8.675,10	7.290,00	60	4.374,00
C	14.863,10	12.490,00	60	7.494,00
D	1.010,31	849,00	80	679,20

Die aus dem Vorjahr vorhandene Einzelwertberichtigung beträgt 16.990,00 EUR. Bilden Sie den Buchungssatz zum 31.12.

12.22 Die bestehende Pauschalwertberichtigung von 4.200,00 EUR ist auf 3% des neuen Bestandes an einwandfreien Forderungen in Höhe von 142.800,00 EUR anzupassen.

12.23 Für eine bereits vollständig abgeschriebene Forderung über 7.140,00 EUR gehen wider Erwarten 1.428,00 EUR (netto 1.200,00 EUR, Umsatzsteueranteil 228,00 EUR) auf dem Bankkonto ein.

12.24 Die Wertberichtigung für die einwandfreien Forderungen ist um 2.300,00 EUR herabzusetzen.

12.25 Der Tageszeitung entnehmen Sie folgende Notiz:

> Amtsgericht Bayreuth
> Insolvenzverfahren 34 J 665/07: Über das Vermögen der Firma Hans Bruckhuber Haushaltswaren, Seilerstr. 5, 94080 Griesental, ist am 9. September 2007, 14:00 Uhr, das Insolvenzverfahren eröffnet worden, da die Firma überschuldet und zahlungsunfähig ist. Die Rechtsanwältin Antonia Meier wurde zur Insolvenzverwalterin ernannt. ...

Die Forderung an die Firma Hans Bruckhuber beträgt 6.545,00 EUR. Welcher Buchungssatz ist aufgrund dieser Notiz zu bilden?

12.26 Die Forderung an die Firma Hans Bruckhuber (vgl. Aufgabe 12.25) wird am 31.12. mit 20 % bewertet. Bei einer weiteren zweifelhaften Forderung an die Firma Robert Kotton in Höhe von 5.355,00 EUR ist mit einem Ausfall von netto 1.350,00 EUR zu rechnen. Aus dem letzten Jahr liegt keine Wertberichtigung vor.

12.27 Bei den einwandfreien Forderungen über 135.660,00 EUR wird erstmals das allgemeine Ausfallrisiko nach Rücksprache mit unserem Steuerberater mit 1% angesetzt.

12.28 Zur Berechnung der Wertberichtigung liegt Ihnen folgendes Rechenblatt zur Tabellenkalkulation vor:

	A	B	C
1	***Wertberichtigung auf einwandfreie Forderungen***		
2			
3	Einwandfreie Forderungen zum 31.12.2010:		273.700,00 €
4			
5	**Berechnung der Wertberichtigung:**		
6	Forderungsbestand brutto	119%	273.700,00 €
7	- Umsatzsteuer	19%	43.700,00 €
8	Forderungstatbestand netto	100%	230.000,00 €
9			
10	Wertberichtigung	1%	2.300,00 €
11	- Bestand aus Vorjahr		3.700,00 €
12	**Herabsetzung**		- 1.400,00 €
13			

a) Wie lautet die Formeldarstellung, die in Zelle A12 **unter Verwendung der „WENN-Funktion“** eingegeben wurde, damit in Zelle A12 der Begriff „Herabsetzung“ bzw. „Erhöhung“ erscheint, je nachdem, ob sich ein positiver oder negativer Wert in Zelle C12 ergibt?

b) Erstellen Sie den Buchungssatz für die Herabsetzung der Wertberichtigung.

13. Periodenrichtige Erfolgsermittlung (Zeitliche Abgrenzung)

Merke

- *Aufwendungen und Erträge müssen **dem** Geschäftsjahr zugeordnet werden, in das sie wirtschaftlich gehören, unabhängig davon, wann die Zahlung erfolgt.*

	Zahlung im neuen Jahr (Nachträgliche Zahlung)		Zahlung im alten Jahr (Vorauszahlung)
	Aufwendungen/Erträge betreffen nur das alte Jahr	Aufwendungen/Erträge betreffen das alte und das neue Jahr	Aufwendungen/Erträge betreffen das alte Jahr und das neue Jahr
Aufwand	... an 4400 VE	... an 4890 SOVE	2900 ARA an ...
Ertrag	2400 FO an ...	2690 SOFO an ...	... an 4900 PRA

- *Bei umsatzsteuerpflichtigen Aufwendungen (Zahlung im neuen Jahr) ist der Umsatzsteueranteil, der auf das alte Jahr entfällt, zu buchen. Es wird davon ausgegangen, dass die Rechnung vorliegt.*
- *Gehören die Beträge für Aufwendungen bzw. Erträge in das alte **und** in das neue Jahr, so muss bei einer **Zahlung im alten Jahr** der Teil des Betrages, der in das neue Jahr gehört, abgegrenzt werden (2900 ARA, 4900 PRA).*
- *Gehören die Beträge für Aufwendungen bzw. Erträge in das alte **und** in das neue Jahr, so muss bei einer **Zahlung im neuen Jahr** dagegen nur der Teil des Betrages abgegrenzt werden, der in das alte Jahr gehört. (2690 SOFO, 4890 SOVE).*
- *Aufwendungen, die **nur das alte Jahr** betreffen, aber erst im neuen Jahr bezahlt werden, sind auf das Konto 4400 VE zu buchen.*
- *Erträge, die **nur das alte Jahr** betreffen, aber erst im neuen Jahr bezahlt werden, sind auf das Konto 2400 FO zu buchen.*

Aufgaben

Für die folgenden Geschäftsfälle sind - wenn nicht anders vermerkt – die Buchungen zum 31.12. vorzunehmen.

13.1 Die Gewerbesteuer für das letzte Quartal in Höhe von insgesamt 2.500,00 EUR ist noch nicht bezahlt. Der Gewerbesteuerbescheid liegt bereits vor.

13.2 Für ein verpachtetes Betriebsgrundstück gingen am 01.11. für ein halbes Jahr im Voraus 4.200,00 EUR netto ein.

13.3 Wir haben die Miete über netto 7.200,00 EUR am 01. Dezember für drei Monate im Voraus per Banküberweisung beglichen.

13.4 Der Handelswarenlieferant hat uns die für Dezember schriftlich zugesagte Umsatzvergütung in Höhe von 200,00 EUR netto noch nicht gutgeschrieben.

13.5 Vom Betriebsstofflieferer wurde der zugesagte Umsatzbonus über brutto 595,00 EUR noch nicht überwiesen. Die schriftliche Mitteilung liegt bereits vor.

13.6 Für die Zeit von November bis einschließlich Januar haben wir am 02.11. die Leasinggebühr für ein Kopiergerät überwiesen. Sie beträgt 1.500,00 EUR netto.

13.7 Die bereits vorliegende Rechnung über eine Kfz-Reparatur, netto 1.500,00 EUR, ist weder gebucht noch bezahlt. Die Zahlung erfolgt erst im neuen Jahr.

13.8 Am 01.10. haben wir für die Kfz-Versicherungen für ein Jahr im Voraus 12.000,00 EUR per Bank überwiesen.

a) Buchung am 01.10. ohne Berücksichtigung der Abgrenzung

b) Abgrenzungsbuchung am 31.12.

13.9 Wir zahlen die Leasinggebühren laut Vertrag am 01.10. für vier Monate im Voraus bar. Nettobetrag 1.720,00 EUR.

a) Buchung am 01.10. ohne Berücksichtigung der Abgrenzung

b) Abgrenzungsbuchung am 31.12.

13.10 Die Garagenmiete in Höhe von 150,00 EUR netto für Januar des nächsten Jahres wurde an uns bereits im Dezember überwiesen.

13.11 Darlehenszinsen in Höhe von 900,00 EUR werden jeweils am 01.03. für ein Jahr nachträglich abgebucht.

13.12 Die Kfz-Steuer in Höhe von 780,00 EUR wurde am 01.08. für ein Jahr im Voraus bezahlt.

13.13 Wir zahlen vereinbarungsgemäß die vierteljährlichen Zinsen in Höhe von 120,00 EUR monatlich für ein Darlehen erst am 01.02. des nächsten Jahres im Nachhinein.

13.14 Für einen am 01.12. neu zugelassenen Firmenwagen wurde die Kfz-Steuer in Höhe von 1.200,00 EUR für ein Jahr im Voraus bezahlt.

13.15 Das Konto "Erträge aus Vermietung und Verpachtung" enthält Mietvorauszahlungen in Höhe von 400,00 EUR netto für den Monat Januar.

13.16 Am 15.11. haben wir die Leasinggebühr von 3.213,00 EUR brutto für die Monate Nov., Dez. und Jan. überwiesen.

13.17 Am 01. August zahlten wir die Kfz-Steuer für einen Lieferwagen in Höhe von 780,00 EUR für ein Jahr im Voraus.

13.18 Am 01.10. haben wir die Versicherungsprämie für das Betriebsgebäude in Höhe von 480,00 EUR für ein Jahr im Voraus überwiesen.

13.19 Für eine Darlehensschuld über 9.000,00 EUR zahlen wir monatlich 60,00 EUR Zinsen im Nachhinein, jeweils vierteljährlich. Nächster Zahlungstermin ist der 31.01. im nächsten Jahr.

13.20 Die Kfz-Steuer in Höhe von 2.400,00 EUR wurde am 1. September für ein Jahr im Voraus vom Bankkonto abgebucht.

13.21 Bilden Sie den Buchungssatz für die Banküberweisung und die Abgrenzungsbuchung aufgrund des folgenden Kontoauszugs.

Kreditbank Würzburg BLZ: 790 600 01 E-Mail: infokredit-wue@t-online.de	Kontonummer 154 331	Auszug/Jahr 68/2011	Blatt-Nr. 1 von 1
Buchungstag Wert Vorgang	**Kontoauszug**		**EUR-Konto**
02.09. 02.09. Kfz-Versicherung WÜ-VS 49 für Sept. 2011 bis Februar 2012			828,00 S
Herrn/Frau/Firma G. Holzmann GmbH Gewerbestraße 2 97074 Würzburg	Alter Kontostand Neuer Kontostand		1.352,31 H 524,31 H
KONTO; KARTEN; KREDITE WIR BERATEN SIE GERN	Letzte Erstellung: 01.09.2011 Erstellungstag: 02.09.2011/8:39		

13.22 Die Leasinggebühren (Computeranlage) für die Monate November bis Januar werden – wie vereinbart – nachträglich am 1. Februar bezahlt. Die Rechnung liegt jedoch bereits vor: 7.854,00 EUR brutto.

a) Buchung am 31.12.

b) Buchung am 1. Februar des nächsten Jahres

13.23 Die Vierteljahreszinsen für Dezember, Januar und Februar für eine Festgeldanlage werden uns von der Bank vereinbarungsgemäß im Nachhinein mit 300,00 EUR gutgeschrieben. Buchung zum 31.12.

13.24 Die Vierteljahreszinsen in Höhe von 600,00 EUR werden uns von der Bank im Nachhinein vereinbarungsgemäß am 31. Januar gutgeschrieben.

a) Buchung am 31.12.
b) Buchung am 31. Januar des nächsten Jahres

13.25 Das Konto 5400 EMP enthält Vorauszahlungen für Januar 2006 mit 1.500,00 EUR. (Buchung am 31.12.2007)

13.26 Das Bankhaus Franken belastet das Bankkonto vereinbarungsgemäß am 1. September 2011 im Nachhinein mit den Zinsen vom 01.09.2010 bis 31.08.2011 in Höhe von 21.500,00 EUR für ein Bankdarlehen. Auf das Jahr 2010 entfallen davon 7.186,30 EUR. Erstellen Sie den Buchungssatz **zum 1. September 2011.**

13.27 Die halbjährliche Zinslastschrift in Höhe von 2.700,00 € für einen kurzfristigen Kredit erfolgt laut Kreditvertrag zum 30.04.20.. im Nachhinein.

13.28 Am 1.12.20.. wurde die Vierteljahresmiete für eine vermietete Lagerhalle in Höhe von 4.641,00 € brutto im Voraus auf unserem Bankkonto gutgeschrieben.

13.29 Die Laesingrate (siehe Beleg der Fa. Albert-Automobil GmbH) für den Firmen-Lkw wurde am 1. Dezember im Voraus überwiesen.

Albert-Automobil GmbH

Albert-Automobil GmbH · Seeweg 29 · 84558 Rottenstein

Firma
Büro-Design Rabe, e.K.
Drosselgasse 2

84558 Rottenstein

Rechnungs-Nr.: L-188 Datum: 01. Dezember 2010
Kunden-Nr.: A 5501
Bitte bei Zahlungen und Schriftverkehr angeben

Leasingrate Dezember - Februar
LKW ROT-S 340

Leasingrate (netto)	2.520,00 EUR
+ Umsatzsteuer (19%)	478,80 EUR
Rechnungsbetrag (brutto)	2.998,80 EUR

Vielen Dank für Ihren Auftrag und gute Fahrt!

Bankverbindung Bayerische Unionsbank Rottenstein (720 200 76) Kto.-Nr.: 3 122 446
Der Rechnungsbetrag ist zur Zahlung ohne Abzug fällig zum 01. Dez. 2010 St.-Nr.: 200/600/44789
Telefon: 0878 3300-11 Fax: 0878 3300-12 internet: www.walterauto.de

13.30 Die Leasinggebühren für das Quartal vom 1. November 2008 bis 31. Januar 2009 mit 3.213,00 EUR brutto werden vereinbarungsgemäß im Nachhinein entrichtet. Die Rechnung liegt vor.

13.31 Vom September 2009 liegt Ihnen folgender Ausdruck zum Online-Banking vor, der die Vorauszahlung für Kfz-Steuer Ihres Unternehmens betrifft:

Genossenschaftsbank Herzogenfeldbruck	
Umsatzdetails für das Konto 81925 Fa. Handy-Zubehör Konrad Maier e. K.	
Buchungstag	01.09.2009
Wertstellung	01.09.2009
Betrag	2.280,00 EUR
Auftraggeber/Begünstigter	Finanzamt München
Kontonummer/Bankleitzahl	47888450/70250150
Buchungstext	Lastschrift
Verwendungszweck	Kfz-Steuer HFB KH 1966 **01.09.2009 – 31.08.2010**

Merke

14. Rückstellungen

- *Rückstellungen werden am Jahresende (31.12.) für Aufwendungen gebildet, die am Abschlusstag nach Höhe und Fälligkeit noch nicht genau feststehen. (Aufwandskonto an 3900 SORST) Nur Nettobeträge!*
- *Wenn der Beleg im neuen Jahr vorliegt, wird die Rückstellung aufgelöst (Konto 3900 SORST, Sollseite).*
- *Umsatzsteuer immer erst bei Vorliegen des Beleges buchen, also dann, wenn die Rückstellung aufgelöst wird.*
- *Vergleichen Sie den tatsächlichen Nettoaufwand mit der bestehenden Rückstellung:*

  War die Rückstellung zu hoch, wird der zuviel zurückgestellte Betrag auf das Konto 5490 PFE gebucht (Habenseite).

  Z. B. 3900 SORST an 5490 PFE
  2600 VORST 4400 VE (2800 BK)

  War die Rückstellung zu niedrig, wird der fehlende Betrag auf das Konto 6990 PFAW gebucht (Sollseite).

  Z. B. 3900 SORST
  6990 PFAW
  2600 VORST an 4400 VE (2800 BK)

  War die Rückstellung genauso groß wie der Aufwand, wird nur die Rückstellung aufgelöst. (3900 SORST an 2800 BK bzw. 3900 SORST
  2600 VORST an 2800 BK)

Aufgaben

14.1 Nenne zwei Merkmale, in denen sich Rückstellungen und sonstige Verbindlichkeiten unterscheiden.

14.2 Die Rechnung für durchgeführte Renovierungsarbeiten am Betriebsgebäude liegt noch nicht vor. Die Kosten werden etwa 15.000,00 EUR betragen.

14.3 Banküberweisung an den Steuerberater in Höhe von 1.190,00 EUR einschließlich USt. Dafür war im Vorjahr eine Rückstellung von 1.200,00 EUR gebildet worden.

14.4 Die Rechnung über die Reparatur am Fahrstuhl liegt noch nicht vor. Der Kostenvoranschlag beträgt netto 1.600,00 EUR.

14.5 Für einen schwebenden Prozess rechnen wir mit Kosten in Höhe von ca. 1.600,00 EUR. (Buchung am 31.12.)

14.6 Es sind 1.800,00 EUR (netto) Steuerberatergebühren für das vergangene Geschäftsjahr nachzuzahlen. Dafür war eine Rückstellung von 1.000,00 EUR gebildet worden. Die Überweisung erfolgt vom Bankkonto.

14.7 Für einen schwebenden Prozess rechnen wir mit Kosten in Höhe von 2.800,00 EUR netto.

14.8 Für einen Prozess war eine Rückstellung in Höhe von 3.000,00 EUR gebildet worden. Das Verfahren ist jetzt abgeschlossen; es entstehen keine Kosten.

14.9 Zum 31. Dezember 2010 war für ein schwebendes Verfahren eine Rückstellung von 2.500,00 EUR gebildet worden. Das Verfahren ist jetzt abgeschlossen, Ihr Unternehmen hat die Kosten zu tragen. Die am 20. Februar 2011 eingehende Rechnung des Rechtsanwaltes in Höhe von 3.300,00 EUR zuzüglich 19% Umsatzsteuer wird noch am selben Tag per Banküberweisung beglichen.

14.10 Eine dringend notwendige Instandsetzung der Fassade am Bürogebäude wurde erst im März 2011 durchgeführt. Nun liegt die Rechnung in Höhe von 19.992,00 EUR brutto vor. Hierfür war **Ende Dezember 2010** aufgrund eines Kostenvoranschlags eine Rückstellung von 15.000,00 EUR gebildet worden.

14.11 Eine unvorhergesehene Reparatur an einem Klebeautomaten konnte im Dezember nicht mehr durchgeführt werden und musste bis Anfang Januar 2010 verschoben werden. Laut Kostenvoranschlag belaufen sich die Reparaturkosten auf voraussichtlich 750,00 € netto. Bilden Sie den Buchungssatz.

14.12 Für einen schwebenden Prozess wurde am 31.12.2011 eine Rückstellung in Höhe von 1.000,00 € gebildet. Der Prozess ist abgeschlossen. Dazu geht am **16.03.2012** die folgende Rechnung ein. Bilden Sie den Buchungssatz als Mitarbeiter des Unternehmens Ernst Hofer Fahrradhelme e. K.

Dr. Justus Wichtig
Rechtsanwalt

RA Dr. Justus Wichtig
Schellingstr. 255
80797 München
Tel.: 089 2170 2659
Fax: 089 2170 2813
E-Mail: Wichtig@justiznet.de
Ust-IDNr. DE00123456789

Dr. Justus Wichtig RA – Schellingstr. 255 – 80797 München

Ernst Hofer Fahrradhelme e. K.
Münchner Str. 8
85716 Schleißheim

Bei Zahlung bitte angeben:
Rechnungsdatum: 16.03.2012
Rechnungsnummer: 27/12
Mandantennummer: 5567

Vergütungsrechnung nach §§ 2, 13, 23 RVG

Für die Tätigkeit als Prozessbevollmächtigter im Rechtsstreit Ernst Hofer Fahrradhelme e. K. gegen Fa. Karl Klagmann GmbH (Gewährleistungsprozess) vor dem Amtsgericht München – 32 O 288/0 – erlaube ich mir zu berechnen:

Gebührensatz	Vorgang	Nr. W/RVG	Gegenstandswert €	Vergütung €
1,3	Vertretung im Prozess	3100	8.456,00	583,70
1,2	Vertretung im Verfahren	3104	8.456,00	583,80
	Pauschale Postgebühren, Telefon			20,00
	Entgelt, USt-pflichtig			**1.142,50**
	USt 19%			**217,08**
	Gesamtbetrag			**1.359,58**

Der Rechnungsbetrag ist am 26.03.2012 zur Zahlung fällig.
Bitte begleichen Sie den Rechnungsbetrag durch Überweisung auf das unten genannte Konto.

Dr. Justus Wichtig
Dr. Justus Wichtig
Rechtsanwalt

Bankverbindung: Allgemeine RA-Bank München BLZ 755 555 66 Konto 345321

Merke

15. Buchungslesen

- *Der angegebene Buchungssatz muss aus Ihrem Buchungstext klar und vollständig ersichtlich sein.*
- *Achten Sie darauf, dass im Text des Geschäftsfalles (Buchungstext) jedes Konto beschrieben wird und alle nötigen Beträge vorkommen.*

Aufgaben

15.1	6030 AWB 2600 VORST	4400 VE	4.000,00 EUR 760,00 EUR	4.760,00 EUR
15.2	5001 EBFE 4800 UST	2400 FO	2.000,00 EUR 380,00 EUR	2.380,00 EUR
15.3	6040 AWVM 2600 VORST	2880 KA	80,00 EUR 15,20 EUR	95,20 EUR
15.4	6950 ABFO 4800 UST	2470 ZWFO	5.000,00 EUR 950,00 EUR	5.950,00 EUR
15.5	6770 RBK	3900 SORST	4.200,00 EUR	4.200,00 EUR
15.6	6520 ABSA	0700 MA	12.000,00 EUR	12.000,00 EUR
15.7	2400 FO	5400 EMP 4800 UST	1.904,00 EUR	1.600,00 EUR 304,00 EUR
15.8	6870 WER 2600 VORST	4400 VE	4.000,00 EUR 760,00 EUR	4.760,00 EUR
15.9	2800 BK	5780 DDE	625,00 EUR	625,00 EUR
15.10	4400 VE	6002 NR 2600 VORST	595,00 EUR	500,00 EUR 95,00 EUR
15.11	2400 FO	5710 ZE	200,00 EUR	200,00 EUR
15.12	5200 BV	2100 UFE	3.000,00 EUR	3.000,00 EUR
15.13	8020 GUV	6080 AWHW	12.500,00 EUR	12.500,00 EUR
15.14	2400 FO	5410 EAAV 4800 UST	3.570,00 EUR	3.000,00 EUR 570,00 EUR
	5410 EAAV 6960 VAVG	0840 FP	3.000,00 EUR 2.000,00 EUR	5.000,00 EUR
15.15	7030 KFZST 3001 P	2800 BK	864,00 EUR 432,00 EUR	1.296,00 EUR

15.16	5000 UEFE	5001 EBFE	20.000,00 EUR	20.000,00 EUR
15.17	4250 LBKV 7510 ZAW	2800 BK	3.000,00 EUR 500,00 EUR	3.500,00 EUR
15.18	5100 UEHW 4800 UST	2400 FO	150,00 EUR 28,50 EUR	178,50 EUR
15.19	2800 BK	5495 EFO 4800 UST	999,60 EUR	840,00 EUR 159,60 EUR
15.20	2800 BK	2700 WP 5784 EWP	3.181,00 EUR	3.039,90 EUR 141,10 EUR
15.21	2880 KA	2800 BK	1.500,00 EUR	1.500,00 EUR
15.22	4400 VE	6020 AWH 2600 VORST	357,00 EUR	300,00 EUR 57,00 EUR
15.23	6140 AFR 2600 VORST	2880 KA	47,00 EUR 8,93 EUR	55,93 EUR
15.24	4830 VFA 4840 VSV	2800 BK	4.415,00 EUR 8.757,40 EUR	13.172,40 EUR

15.25 Bilden Sie die Geschäftsfälle (Text, Beträge) für die Eintragungen im nachstehenden Konto nach laufenden Nummern:

Soll (EUR)	2800 BK		Haben (EUR)
8000)	11.800,00	2) 4200	8.000,00
1) 2880	9.100,00		
3) 2400	6.664,00		

15.26	2400 FO	5410 EAAV 4800 UST	24.395,00 EUR	20.500,00 EUR 3.895,00 EUR
	5410 EAAV	0700 MA 5460 EAVG	20.500,00 EUR	18.000,00 EUR 2.500,00 EUR

Merke

16. Bestandsveränderungen

- *Die Unterschiede zwischen den Anfangsbeständen (AB) und den Schlussbeständen (SB) bei den fertigen und unfertigen Erzeugnissen sowie bei den Handelswaren und Werkstoffen bezeichnet man als Bestandsveränderungen.*

- *Minderbestände (AB > SB) vergrößern den Aufwand und verringern damit den Gewinn.*

- *Bestandserhöhungen (AB < SB) verringern den Aufwand und vergrößern damit den Gewinn.*

HKdE	*HKdE*
+ Bestandsminderung	*- Bestandserhöhung*
HKdU	*HKdU*

- *Die Bestandskonten (2100 UFE, 2200 FE) werden als ruhende Konten geführt, d. h. nur am Anfang (für die Eröffnung) und am Ende eines Jahres (für die Bestandsveränderung und den Schlussbestand) gebraucht.*

- *Vorgehensweise (Beispiel UFE)*

  - Bestandsveränderung ermitteln
  - bei Minderung → 5200 BV an 2100 UFE
  - bei Erhöhung → 2100 UFE an 5200 BV

- *Das Konto 5200 BV wird über das GUV-Konto abgeschlossen.*

- *Auch die Vorratskonten (2000 R, 2010 F, 2020 H, 2030 B, 2280 HW) sind ruhende Konten. Beim Abschluss werden auch hier Bestandsveränderungen ermittelt und dann als zusätzlicher Aufwand oder als Minderung des Aufwands gebucht.*

- *Vorgehensweise (Beispiel R und HW)*

	Buchungen bei Rohstoffen	*Buchungen bei Handelswaren*
Schlussbestand (Abschluss Bestandskonto)	*8010 SBK an 2000 R*	*8010 SBK an 2280 HW*
Bestandsminderung	*6000 AWR an 2000 R*	*6080 AWHW an 2280 HW*
Bestandserhöhung	*2000 R an 6000 AWR*	*2280 HW an 6080 AWHW*
Abschluss (Aufwandskonto)	*8020 GUV an 6000 AWR (Rohstoffverbrauch)*	*8020 GUV an 6080 AWHW (Wareneinsatz)*

Aufgaben

16.1 Folgende Bestände sind gegeben:

Unfertige Erzeugnisse:	Anfangsbestand	15.000,00 EUR
	Endbestand	12.800,00 EUR
Fertige Erzeugnisse:	Anfangsbestand	32.000,00 EUR
	Endbestand	38.400,00 EUR

a) Geben Sie die Buchungssätze für die Endbestände an.

b) Bilden Sie die Buchungssätze für die Bestandsveränderungen.

c) Geben Sie den Abschlussbuchungssatz für das Konto 5200 BV an.

16.2 Bei den Handelswaren liegt am Jahresende eine Bestandserhöhung von 10.000,00 EUR vor. Bilden Sie den Buchungssatz für diese Bestandsveränderung.

16.3 Wie wirkt sich eine Bestandsminderung von 15.000,00 EUR bei den fertigen Erzeugnissen auf den Erfolg eines Unternehmens aus?

16.4 Bei den Hilfsstoffen liegt eine Bestandserhöhung von 1.500,00 EUR vor. Bilden Sie den Buchungssatz für diese Erhöhung.

16.5 Bei den unfertigen Erzeugnissen liegt eine Bestandsminderung von 23.000,00 EUR vor. Bilden Sie den Buchungssatz.

16.6 Das Konto 2001 UFE weist einen Anfangsbestand von 26.550,00 EUR aus. Der Schlussbestand laut Inventur beträgt 21.450,00 EUR.

Merke

17. Der Abschluss der Konten

➲ *Vor dem eigentlichen Abschluss der Konten (Hauptabschluss) müssen die Konten vorbereitet werden (Vorabschluss, vorbereitende Abschlussbuchungen, Umbuchungen).*

➲ *Für den Vorabschluss können je nach Angabe vor allem folgende Buchungen nötig sein:*

- *Abschreibungen auf Sachanlagen*
- *Indirekte Abschreibungen auf Forderungen und zweifelhafte Forderungen*
- *Aktive und passive Rechnungsabgrenzungen*
- *Sonstige Forderungen und sonstige Verbindlichkeiten*
- *Rückstellungen*
- *Umbuchungen der Bezugskosten, der Nachlässe und der Erlösberichtigungen. Unterkonten werden auf ihre jeweiligen Hauptkonten abgeschlossen (z. B. 6000 AWR an 6001 BZKR)*
- *Buchung der Bestandsveränderungen*
- *Umbuchung des Privatkontos 3001 P auf das Konto 3000 EK*
- *Umbuchung der Vorsteuer auf Umsatzsteuer. Das Konto 2600 VORST ist mit dem Konto 4800 UST zu verrechnen, wenn die Umsatzsteuerzahllast zu ermitteln ist. Buchungssatz:*
  4800 UST an 2600 VORST
  (Sonst Abschluss beider Konten auf 8010 SBK)

➲ *Die Konten der Klassen 0, 1, 2, 3 und 4 werden auf das Konto 8010 SBK abgeschlossen.*

➲ *Die Konten der Klassen 5, 6 und 7 werden auf das Konto 8020 GUV abgeschlossen.*

➲ *Das Konto 8020 GUV wird auf das Konto 3000 EK abgeschlossen.*

➲ *Die Differenz aus den Umsatzerlösen (Saldo im Konto 5100 UEHW) und dem Wareneinsatz (Saldo im Konto 6080 AWHW) ist der Warenroherfolg.*

Warenrohgewinn, wenn Umsatzerlöse > Wareneinsatz
Warenrohverlust, wenn Umsatzerlöse < Wareneinsatz

➲ *Der Wareneinsatz kann auch rechnerisch wie folgt ermittelt werden:*
Einkäufe
+ Bezugskosten f. Handelswaren
- Nachlässe f. Handelswaren
- Rücksendungen von Handelswaren
+ Bestandsminderung (- Bestandserhöhung)

Wareneinsatz ➔ 8020 GUV an 6080 AWHW

Aufgaben

17.1

S	6080 AWHW		H
2800)	17.600,00	4400)	6.200,00
4400)	95.200,00		

S	6081 BZKHW		H
2880, 2800)	3.600,00		

S	6082 NHW		H
		4400)	12.500,00

a) Übertragen Sie diese Konten mit den angegebenen Eintragungen auf ein Bearbeitungsblatt. Schließen Sie die Konten unter Angabe des jeweiligen Gegenkontos ab.
Endbestand bei Handelswaren: 14.700,00 EUR
Anfangsbestand bei Handelswaren: 12.900,00 EUR.

b) Ermitteln Sie den Warenroherfolg (Gewinn oder Verlust), wenn das Konto 5100 UEHW einen Saldo von 124.200,00 EUR aufweist.

17.2

S	2000 R		H
8000)	28.000,00		

S	2100 UFE		H
8000)	15.000,00		

S	2200 FE		H
8000)	9.000,00		

S	5200 BV		H

S	6000 AWR		H
2800)	4.800,00	6002)	1.000,00
4400)	5.200,00		

Endbestände:	Rohstoffe	13.000,00 EUR
	Fertige Erzeugnisse	12.000,00 EUR
	Unfertige Erzeugnisse	8.000,00 EUR

Übertragen Sie diese Konten mit den angegebenen Eintragungen auf ein Bearbeitungsblatt. Schließen Sie diese Konten unter Angabe des jeweiligen Gegenkontos ab.

17.3

S	2600 VORST		H
4400)	320,00	4400)	6,40
4400)	1.920,00		

S	4800 UST		H
2400)	24,32	2400)	1.216,00
		2800)	3.200,00

Übertragen Sie diese Konten mit den angegebenen Eintragungen auf ein Bearbeitungsblatt. Schließen Sie diese Konten unter Angabe des jeweiligen Gegenkontos ab. Die Zahllast soll ermittelt und bilanziert werden.

17.4

S	3001 P		H
2800)	2.000,00	0500)	50.000,00
2880)	800,00		
5420, 4800)	116,00		

S	3000 EK		H
		8000)	726.000,00

S	8020 GUV		H
6020-6080)	60.000,00	5000, 5100)	120.000,00
6140-7530)	45.000,00	5200)	2.000,00

Die angegebenen Konten sind vollständig abzuschließen. Geben Sie auf dem Bearbeitungsblatt nur die dazu nötigen Buchungen als Buchungssätze an.

17.5

a) Bilden Sie die Geschäftsfälle (Text, Beträge) für die Eintragungen im Konto 6080 AWHW nach laufenden Nummern:

S	6080 AWHW		H
1) 4400 VE	5.000,00	2) 4400 VE	1.000,00
3) 6081 BZKHW	400,00		

S	2280 HW		H
8000)	30.000,00		

b) Bilden Sie die Vorabschlussbuchungen und die Abschlussbuchungen, wenn der Schlussbestand der Handelswaren 5.800,00 EUR beträgt. Geben Sie außerdem den Wareneinsatz an.

17.6 Das Konto Aufwendungen für Handelswaren eines Industrieunternehmens weist folgende Eintragungen auf:

S	6080 AWHW		H
1) 4400 VE	48.500,00	2) 4400 VE	4.000,00
3) 6081 BZKHW	2.500,00	4) 6082 NHW	8.600,00

a) Welche Geschäftsfälle (Text, Beträge) liegen den Eintragungen Nr. 2 und Nr. 4 zugrunde?

b) Berechnen Sie den Wareneinsatz, wenn bei den Handelswaren eine Bestandsminderung von 56.000,00 EUR vorliegt.

c) Der Warenrohgewinn beträgt 26.432,00 EUR. Ermitteln Sie die Umsatzerlöse der Handelswaren.

17.7 Am Jahresende ergeben sich in folgenden Konten die angegebenen Summen:

Konten	Soll (EUR)	Haben (EUR)
0510 Bebaute Grundstücke	240.000,00	
0530 Betriebs- und Verwaltungsgebäude	465.000,00	
2000 Rohstoffe	170.400,00	
2400 Forderungen a.L.u.L.	57.500,00	
2470 Zweifelhafte Forderungen	8.050,00	
2690 Sonstige Forderungen	14.500,00	
2800/2880 Zahlungsmittel	63.400,00	
3000 Eigenkapital		798.500,00
3001 Privat	42.100,00	
4400 Verbindlichkeiten a.L.u.L.		103.000,00
5000 Umsatzerlöse f. fertige Erzeugnisse		467.300,00
5001 Erlösberichtigungen Fertigerzeugnisse	6.200,00	
5710 Zinserträge		9.400,00

Erstellen Sie unter Berücksichtigung der folgenden Angaben alle notwendigen vorbereitenden Abschlussbuchungen zum 31. Dezember:

a) Lineare Abschreibung auf Betriebsgebäude 3% (Herstellungskosten des Gebäudes 560.000,00 EUR).

b) Nach einer Einzelbewertung der zweifelhaften Forderungen ergibt sich eine indirekt abzuschreibende Summe von 6.080,00 EUR.

c) Abschluss der Unterkonten.

d) Die Bank hat die Zinsen für das letzte Vierteljahr in Höhe von 300,00 EUR noch nicht gutgeschrieben.

e) Die Feuerversicherungsprämie wurde bereits am 01.06. mit 720,00 EUR für ein Jahr im Voraus bezahlt.

f) Die Kosten für eine Maschinenreparatur belaufen sich voraussichtlich auf 4.800,00 EUR (netto).

Merke

18. Abgrenzungsrechnung

➲ *Die Abgrenzungsrechnung ist das Bindeglied zwischen der Geschäftsbuchführung und der Betriebsbuchführung. In der Geschäftsbuchführung stehen alle Aufwendungen und alle Erträge. In der Betriebsbuchführung stehen nur die Kosten (alle Aufwendungen minus neutrale Aufwendungen) und die Leistungen (alle Erträge minus neutrale Erträge).*

➲ *Verzeichnis der neutralen Aufwendungen und Erträge*

neutrale Aufwendungen	*neutrale Erträge*	
6930 VSF	5400 EMP	5710 ZE
6950 ABFO	5410 EAAV	5780 DDE
6960 VAVG	5450 EAWB	5784 EAWP
6990 PFAW	5460 EAVG	
7460 VAWP	5490 PFE	
	5495 EFO	

➲ *Verzeichnis der Kosten und Leistungen*

Kosten			*Leistungen*
5200 BV (Min-	6400 AGASV	6800 BMK	5000 UEFE
derbestand)	6420 BBG	6810 ZFL	5100 UEHW
6000 AWR	6520 ABSA	6820 PUK	5200 BV (Mehr-
6010 AWF	6545 ABSP	6850 REK	bestand)
6020 AWH	6700 AWMP	6870 WER	5430 ASBE
6030 AWB	6710 LS	6900 VBEI	
6040 AWVM	6730 GEB	6920 BWB	
6080 AWHW	6750 KGV	7000 GWST	
6140 AFR	6770 RBK	7020 GRST	
6160 FRI		7030 KFZST	
6200 L		7510 ZAW	
6300 G			

➲ *Kalkulatorische Kosten*

***Kalkulatorische Abschreibungen** werden mit einem anderen Wert als im GUV-Konto in die Kalkulation übernommen (Anderskosten). Beachten Sie die jeweiligen Angaben!*

*Dem **kalkulatorischen Unternehmerlohn** stehen keine Aufwendungen in der Geschäftsbuchführung gegenüber, weshalb sie immer als Zusatzkosten zu betrachten sind. Der kalk. U-Lohn taucht also nur in der Kalkulation auf.*

➲ *Ausgaben sind nicht immer gleich Aufwendungen und Einnahmen sind nicht immer gleich Erträge. Wenn eine Ausgabe eine Aufwendung ist, dann erscheint sie im GUV-Konto bzw. vorher in einem Aufwandskonto. Entsprechendes gilt für die Einnahmen, die Erträge sind.*

- *In der Abgrenzungsrechnung werden folgende Ergebnisse ermittelt:*

  Gesamtergebnis → *Saldo der Erfolgsrechnung (GUV-Konto)*

  Betriebsergebnis → *Saldo der Kosten- und Leistungsrechnung (KL)*

  Neutrales Ergebnis → *Saldo aus neutr. Erträgen und neutr. Aufwendungen (NAWE)*

  Abgrenzungsergebnis → *Neutrales Ergebnis +/- Ergebnis aus den kostenrechnerischen Korrekturen*

- *Die kostenrechnerischen Korrekturen (KKOR) kann man als Gegenüberstellung der bilanzmäßigen Abschreibung einerseits und der Summe aus der kalkulatorischen Abschreibung und dem Unternehmerlohn andererseits sehen.*

- 9100 KKOR	+
bilanzmäßige Abschreibung	kalkulatorische Abschreibung kalkulatorischer Unternehmerlohn

- *Merken Sie sich:*

  Neutrales Ergebnis
  +/- Ergebnis aus KKOR
  ____
  Abgrenzungsergebnis
  + Betriebsergebnis
  ____
  Gesamtergebnis

  Auf Vorzeichen achten !!!

- *Hilfen für die Berechnung von Leistungen und Kosten:*

  Erträge
  - neutrale Erträge
  ____
  Leistungen

  Aufwendungen
  - neutrale Aufwendungen
  + kalkulatorische Abschreibung
  - bilanzmäßige Abschreibung
  + kalkulatorischer Unternehmerlohn
  ____
  Kosten

Aufgaben

18.1 Geben Sie an, ob es sich bei den folgenden Angaben um erfolgsneutrale Ausgaben bzw. Einnahmen, neutrale Aufwendungen bzw. Erträge, Kosten bzw. Leistungen handelt:

a) Arbeitgeberanteil an der Sozialversicherung.
b) Bankeingang für eine bereits vollständig abgeschriebene Forderung.
c) Mehrbestand bei fertigen Erzeugnissen.
d) Barkauf von Rohstoffen.
e) Kauf eines Lastwagens.
f) Verkauf von Aktien unter Buchwert.
g) Barzahlung eines Werbeinserates.

18.2 Betriebsergebnisrechnung:

Erstellen Sie aus dem Konto Gewinn und Verlust und den kalkulatorischen Kosten nur das Konto 9200 Kosten und Leistungen und berechnen Sie

a) das Betriebsergebnis (Gewinn oder Verlust)
b) das Abgrenzungsergebnis.

S	8020 GUV		H
6000-6080)	501.500,00	5000)	800.000,00
6200/6300)	250.000,00	5100)	4.000,00
6520)	30.000,00	5200)	27.000,00
6800)	3.000,00	5710)	2.000,00
6870)	9.000,00		
6960)	5.000,00		
7510)	2.500,00		
3000)	32.000,00		
	833.000,00		833.000,00

Kalk. Kosten:	Abschreibung	32.000,00 EUR
	Unternehmerlohn	45.000,00 EUR

18.3 Aus einer Abgrenzungstabelle liegen folgende Zahlen vor:

Ergebnis der kostenrechnerischen Korrekturen	+ 14.000,00 EUR
Neutrale Erträge	4.000,00 EUR
Kosten	71.000,00 EUR
Leistungen	70.000,00 EUR
Gesamtgewinn	3.000,00 EUR

a) Ermitteln Sie
- das Betriebsergebnis (Gewinn oder Verlust),
- das Abgrenzungsergebnis (+/-),
- das neutrale Ergebnis (Gewinn oder Verlust),
- die Höhe der neutralen Aufwendungen.

b) Welchen Kosten stehen in der Geschäftsbuchführung keine Aufwendungen gegenüber?

c) Nennen Sie je ein Beispiel
- für neutrale Aufwendungen,
- für Anderskosten,
- für Leistungen

18.4 Auszug aus der Summenzeile einer Abgrenzungsrechnung:

8020 GUV		9000 NAWE		9100 KKOR	
Aufwand	Ertrag	Aufwand	Ertrag	-	+
EUR	EUR	EUR	EUR	EUR	EUR
235.700,00	398.600,00	31.700,00	36.400,00	19.100,00	8.400,00

a) Ermitteln Sie das Gesamtergebnis (Gewinn oder Verlust).
b) Wie lautet hierzu der Buchungssatz für den Abschluss des Kontos Gewinn und Verlust?
c) Berechnen Sie
- das Abgrenzungsergebnis (+/-),
- das Betriebsergebnis (Gewinn oder Verlust),
- die Summe der Leistungen.

19. Einzelfertigung

Merke

- *Bei der Einzelfertigung setzen sich die Gesamtkosten aus den **Einzelkosten**, den **Gemeinkosten** und den **Sondereinzelkosten** zusammen.*

- *Einzelkosten sind:*

  Fertigungsmaterial (FM) *und* ***Fertigungslöhne (FL)***

  (= Materialeinzelkosten = Rohstoffverbrauch = Saldo im Konto 6000 AWR)

  (= Fertigungseinzelkosten)

- *Die Gemeinkosten (alle übrigen Kosten) werden mit Hilfe von Verteilungsschlüsseln auf dem Betriebsabrechnungsbogen (BAB) den vier Betriebsbereichen zugeordnet. Als Ergebnisse erhält man die Materialgemeinkosten (MGK), die Fertigungsgemeinkosten (FGK), die Verwaltungsgemeinkosten (VwGK) und die Vertriebsgemeinkosten (VtGK).*

- *Die Gemeinkosten werden mit folgenden Formeln den Einzelkosten zugeordnet:*

$$\text{Materialgemeinkostenzuschlagssatz (MGK(\%))} = \frac{\text{MGK(EUR)} \times 100}{\text{FM}}$$

$$\text{Fertigungsgemeinkostenzuschlagssatz (FGK(\%))} = \frac{\text{FGK(EUR)} \times 100}{\text{FL}}$$

- *Die Verwaltungs- und Vertriebsgemeinkosten beziehen sich **ohne Bestandsveränderungen** auf die **Herstellkosten der Erzeugung (HKdE)**, <u>mit Bestandsveränderungen</u> auf die <u>Herstellkosten des Umsatzes (HKdU)</u>.*

$$\text{VwGK(\%)} = \frac{\text{VwGK(EUR)} \times 100}{\text{HKdE}} \quad \text{oder} \quad \frac{\text{VwGK(EUR)} \times 100}{\text{HKdU}}$$

$$\text{VtGK(\%)} = \frac{\text{VtGK(EUR)} \times 100}{\text{HKdE}} \quad \text{oder} \quad \frac{\text{VtGK(EUR)} \times 100}{\text{HKdU}}$$

- *Die Verwaltungs- und Vertriebsgemeinkosten können zusammengefasst werden, da sie den gleichen Grundwert haben.*

$$\text{Vw/VtGK(\%)} = \frac{\text{Vw/VtGK(EUR)} \times 100}{\text{HKdE}} \quad \text{oder} \quad \frac{\text{Vw/VtGK(EUR)} \times 100}{\text{HKdU}}$$

- *Der **BAB** ist eine Tabelle, auf der alle <u>Gemeinkosten</u> den vier Kostenstellen zugeordnet werden.*

➲ ***Kalkulationsschema:***

Fertigungsmaterial (FM) → *Materialkosten (MK)*
+ Materialgemeinkosten (MGK)
+ Fertigungslöhne (FL) → *+ Fertigungskosten (FK)*
+ Fertigungsgemeinkosten (FGK)
+ Sondereinzelkosten der Fertigung (SEK d. F.)

Herstellkosten der Erzeugung (HKdE)
+ Minderbestand von FE/UFE
- Mehrbestand von FE/UFE

Herstellkosten des Umsatzes (HKdU)
+ Verwaltungsgemeinkosten (VwGK)
+ Vertriebsgemeinkosten (VtGK)

Selbstkosten (SK)
+ Gewinn

Barverkaufspreis (BarVP)
+ Kundenskonto (K-Skonto)

Zielverkaufspreis (ZielVP)
+ Kundenrabatt (K-Rabatt)

Listenverkaufspreis (ListenVP) = NettoVP
+ Umsatzsteuer (USt)

Bruttoverkaufspreis (BruttoVP)

Die Pfeile geben an, worauf sich die einzelnen Posten der Kalkulation beziehen, wenn sie in Prozenten angegeben sind und in EUR ausgerechnet werden müssen.

➲ *Fertigungsmaterial*
+ Materialgemeinkosten

Materialkosten (MK)

Fertigungslöhne
+ Fertigungsgemeinkosten
+ Sondereinzelkosten d. F.

Fertigungskosten (FK)

➲ *Bei den seltenen Sondereinzelkosten kommen nur die Sondereinzelkosten der Fertigung (SEK d. F.) in den Aufgaben zur Anwendung.*

➲ *In der* **Kostenkontrollrechnung** *stellt man die Normalkosten (geplante Kosten in der Vorkalkulation) den Istkosten (tatsächliche Kosten in der Nachkalkulation) gegenüber.*

Istkosten > Normalkosten ➔ *Kostenunterdeckung (-)*
Istkosten < Normalkosten ➔ *Kostenüberdeckung (+)*

➲ *Kostenüberdeckungen erhöhen den Betriebsgewinn, Kostenunterdeckungen vermindern den Betriebsgewinn.*

➲ *Wenn mehr umgesetzt (verkauft) als hergestellt wurde (erkennbar an einer Bestandsminderung) erhöhen sich die Herstellkosten, wenn weniger umgesetzt (verkauft) als hergestellt wurde (erkennbar an einer Bestandserhöhung) vermindern sich die Herstellkosten. (Z. B. HKdE + Bestandsminderung = HKdU)*

Aufgaben

19.1 Bei einer Papierfabrik fielen für die Herstellung einer bestimmten Papiersorte im Monat Januar folgende Kosten an:

Rohstoffe	8.604,00 EUR
Fertigungslöhne	12.680,00 EUR
Fertigungsgemeinkosten	12.070,00 EUR
Verwaltungs- und Vertriebsgemeinkosten	10.446,00 EUR

Aus Abfällen wurden 3.120,00 EUR erlöst.

a) Berechnen Sie die Selbstkosten für 1.000 Blatt, wenn in diesem Monat 13.560.000 Blatt hergestellt wurden.

b) Ermitteln Sie den Gewinn in %, wenn 1.000 Blatt zu einem Barverkaufspreis von 3,65 EUR angeboten wurden. (Auf zwei Dezimalstellen genau rechnen.)

19.2 Ein Industrieunternehmen stellt Mehrzweckleitern aus Aluminium her. Für den vergangenen Abrechnungszeitraum liegen u. a. folgende Angaben vor:

Kostenverteilungsbogen (Auszug)

Gemeinkostenarten	Gesamt (EUR)	Verteilungs- grundlage	Anteil Vertriebsbereich
Stromkosten	3.648,00	17.648 KWh	1.103 KWh
Telefongebühren	5.103,00	Verhältnis 2 : 3 : 7 : 9	9 Teile

Fertigungsmaterial	16.000,00 EUR
Materialgemeinkostenzuschlagsatz	55%
Fertigungskosten	79.640,00 EUR
Herstellkosten des Umsatzes	113.320,00 EUR

a) Ermitteln Sie
- die anteiligen Stromkosten und Telefongebühren des Vertriebsbereichs,
- die gesamten Vertriebsgemeinkosten, wenn bereits 3.251,00 EUR an Gemeinkosten auf den Vertriebsbereich verteilt wurden,
- den Zuschlagssatz für die Vertriebsgemeinkosten.

b) Berechnen Sie Art und Höhe der Bestandsveränderung.

c) Bei den fertigen Erzeugnissen hat sich keine Bestandsveränderung ergeben. Welcher Schlussbestand liegt bei den unfertigen Erzeugnissen vor, wenn ihr Anfangsbestand 14.220,00 EUR betrug?

d) Bilden Sie den Buchungssatz

- für den Rohstoffverbrauch,
- für den Abschluss des Kontos Bestandsveränderungen.

19.3 In einem Industriebetrieb wurden bei der Vorkalkulation eines Produktes Materialkosten in Höhe von 780,00 EUR und Fertigungskosten in Höhe von 1.830,00 EUR angesetzt. Der Normalzuschlagssatz für Verwaltungs- und Vertriebsgemeinkosten betrug zusammen 17%. Die Nachkalkulation ergab, dass der Selbstkostenpreis eingehalten werden konnte, obwohl bei den VwGK/VtGK 18% Istkosten entstanden sind und bei den Materialkosten eine Unterdeckung von 15,00 EUR eingetreten ist. Stellen Sie die Differenz bei den Fertigungskosten fest, und geben Sie an, ob es sich um eine Über- oder Unterdeckung handelt.

19.4 In einem Industrieunternehmen ergab die Vorkalkulation für eine Maschine einen Barverkaufspreis von 2.595,72 EUR. Das Unternehmen gewährt seinen Kunden bei Zahlung innerhalb von 8 Tagen 3% Skonto.

a) Berechnen Sie den Zielverkaufspreis.

b) Buchen Sie den Zielverkauf von 20 Maschinen.

c) Bei der Nachkalkulation wurden Selbstkosten in Höhe von 2.472,50 EUR und eine Gesamtunterdeckung von 309,40 EUR je Maschine ermittelt.

- Ermitteln Sie die Selbstkosten der Vorkalkulation.
- Berechnen Sie den Gewinn der Vorkalkulation in EUR und in Prozenten.
- Wie hoch sind die Materialkosten der Nachkalkulation, wenn die Fertigungskosten 1.700,00 EUR ausmachen und der Zuschlagssatz für die Verwaltungs- und Vertriebsgemeinkosten 15% beträgt?

19.5 Ein Betrieb, der Taschenrechner herstellt, verkaufte am 12.09. an ein Kaufhaus 120 Taschenrechner zum Listenverkaufspreis von 25,50 EUR netto je Stück auf Ziel.

a) Buchen Sie die Ausgangsrechnung vom 12.09.

b) Das Kaufhaus begleicht die Rechnung am 20.09. unter Abzug von 3% Skonto. Buchen Sie die Bankgutschrift.

c) Ermitteln Sie die Selbstkosten eines Taschenrechners, wenn für den gesamten Auftrag 1.200,00 EUR Materialkosten und 800,00 EUR Fertigungskosten anfielen und mit 14% Verwaltungs- und Vertriebskosten kalkuliert wurde.

19.6 Von einer Brauerei sind am Monatsende folgende Zahlen bekannt:

Rohstoffverbrauch	384.000,00 EUR
Fertigungslöhne	96.000,00 EUR
Materialgemeinkosten	96.000,00 EUR
Fertigungsgemeinkosten	276.000,00 EUR
Verwaltungs- und Vertriebsgemeinkosten	184.800,00 EUR
Mehrbestand bei den Erzeugnissen	12.000,00 EUR

a) Berechnen Sie den Zuschlagssatz bei den Verwaltungs-/Vertriebsgemeinkosten.

b) Ermitteln Sie den Gewinn in EUR und Prozent für einen Hektoliter Bier, wenn die Herstellkosten pro Hektoliter 68,00 EUR betragen und der Barverkaufspreis (netto) pro Hektoliter auf 98,00 EUR festgesetzt wird.

c) Bilden Sie die Buchungssätze:
- Zieleinkauf der Rohstoffe 450.000,00 EUR netto abzüglich 15% Rabatt.
- Verkauf von 250 hl Bier zu einem Zielverkaufspreis von netto 100,00 EUR/hl, berechnete Fässer netto 200,00 EUR.
- Gutschriftanzeige an den Kunden für die zurückgesandten Fässer.

19.7 Eine Firma bietet eines ihrer Produkte den Kunden zu einem Nettoverkaufspreis von 4.915,90 EUR an. Dieser Preis ergab sich aus der Vorkalkulation mit einem Zuschlagssatz von 16 2/3% für Materialgemeinkosten, 150% für Fertigungsgemeinkosten, 9% für Verwaltungs-/Vertriebsgemeinkosten sowie 10% für Gewinn. Die Kosten für das Fertigungsmaterial wurden mit 1.800,00 EUR, die Kosten für die Fertigungslöhne mit 800,00 EUR angesetzt. Nach der Ausführung mehrerer Aufträge ergab die Nachkalkulation folgende Ist-Zuschlags-Werte:

Materialgemeinkosten	15%
Fertigungsgemeinkosten	140%
Verwaltungs-/Vertriebsgemeinkosten	14%

Die Einzelkosten blieben gleich.

a) Führen Sie die Vor- und Nachkalkulation durch, und berechnen Sie die Über- oder Unterdeckung bei den Selbstkosten.

b) Wie groß ist der tatsächliche Gewinn in Prozenten?

19.8 Aus der Betriebs- und Geschäftsbuchführung eines Industrieunternehmens liegen u. a. folgende Zahlen vor:

Anfangsbestand bei den Fertigerzeugnissen	109.400,00 EUR
Bestandsminderung bei den UFE	6.800,00 EUR
Bestandsmehrung (gesamt)	5.700,00 EUR
Herstellkosten der Erzeugung	135.700,00 EUR
Verwaltungs-/Vertriebsgemeinkosten	26.000,00 EUR

a) Ermitteln Sie den Endbestand bei den fertigen Erzeugnissen.

b) Bilden Sie die Buchungssätze

- für die Bestandsveränderung bei den unfertigen Erzeugnissen,
- für den Abschluss des Kontos "Bestandsveränderungen".

c) Berechnen Sie

- den Zuschlagssatz für die Verwaltungs-/Vertriebsgemeinkosten,
- die Höhe der Selbstkosten.

19.9 Bei einem Industrieunternehmen enthalten die Konten "Fertige Erzeugnisse" und "Bestandsveränderungen" folgende Eintragungen:

S	2200 FE		H
8000)	167.000,00		

S	5200 BV		H
		2100)	77.000,00

Schlussbestand der fertigen Erzeugnisse: 117.500,00 EUR

Aus der Gesamtkalkulation liegen folgende Angaben vor:

Materialkosten	253.800,00 EUR
Materialgemeinkostenzuschlagssatz	8%
Fertigungslöhne	470.000,00 EUR
Herstellkosten der Erzeugung	1.428.800,00 EUR

a) Bilden Sie alle notwendigen Buchungssätze zum Abschluss der Konten "Fertige Erzeugnisse" und "Bestandsveränderungen".

b) Wie hoch war der Rohstoffverbrauch?

c) Ermitteln Sie den Fertigungsgemeinkostenzuschlagssatz.

d) Berechnen Sie die Herstellkosten des Umsatzes.

19.10 In einem Industriebetrieb ergab die Vorkalkulation für einen Bohrautomaten einen Nettoverkaufspreis von 23.000,00 EUR. Dabei wurden die Materialkosten mit 3.010,00 EUR, die Fertigungskosten mit 15.020,00 EUR, der Gewinn mit 12% und der Kundenskonto mit 2% angesetzt.

a) Ermitteln Sie den Zuschlagssatz für die Verwaltungs-/Vertriebsgemeinkosten.

b) Mit welchem Rohstoffverbrauch wurde kalkuliert, wenn der Zuschlagssatz für die Materialgemeinkosten 7,5% betrug?

c) Wie hoch waren die Fertigungskosten in der Nachkalkulation, wenn eine Überdeckung von 475,00 EUR festgestellt wurde?

d) Am 15.03. wird ein Bohrautomat zu folgenden Bedingungen verkauft: 30 Tage Ziel, bei Zahlung innerhalb von 10 Tagen 2% Skonto. Buchen Sie beim Industriebetrieb

- die Ausgangsrechnung,
- die Zahlung des Kunden, wenn dieser am 03.04. einen Verrechnungsscheck mit 18.000,00 EUR übergibt und den Rest bar begleicht.

19.11 Auf den Konten 2000 R und 2200 FE eines Industrieunternehmens ergeben sich am Jahresende folgende Eintragungen:

S	6000 AWR		H
2880)	60.000,00	6002)	4.000,00

S	2000 R		H
8000)	420.000,00		

Der Schlussbestand beträgt 300.000,00 EUR.

S	2200 FE		H
8000)	28.000,00		

Der Endbestand beträgt 23.000,00 EUR.

a) Bilden Sie die für den Abschluss dieser Konten notwendigen Buchungssätze.

b) Wie hoch waren die Herstellkosten des Umsatzes, wenn die Fertigungslöhne 53.000,00 EUR, die Materialgemeinkosten 8.000,00 EUR betrugen und mit einem Fertigungsgemeinkostenzuschlagssatz von 120% gerechnet wurde?

c) Berechnen Sie die Zuschlagssätze

- für die Materialgemeinkosten
- für die Verwaltungsgemeinkosten, wenn diese 24.448,00 EUR betragen.

19.12 Ein Industrieunternehmen stellt vollautomatische Fräsmaschinen her und bietet eine Maschine zu einem Listenverkaufspreis von 224.000,00 EUR netto an.

a) An Fertigungskosten entstehen 87.500,00 EUR, an Verwaltungs- und Vertriebsgemeinkosten insgesamt 30.000,00 EUR. Das Unternehmen kalkuliert mit 12% Gewinn und 2% Kundenskonto. Berechnen Sie die Materialkosten.

b) Ermitteln Sie die Fertigungslöhne, wenn der Fertigungsgemeinkostenzuschlag 75% beträgt.

c) Am 15.03. wurde eine Maschine zu folgenden Bedingungen verkauft: 30 Tage Ziel, bei Zahlung innerhalb von 10 Tagen 2% Skonto. Bilden Sie die Buchungssätze

- für die Ausgangsrechnung,
- für den Zahlungseingang auf dem Bankkonto am 24.03.

d) Wie hoch waren die Fertigungskosten in der Nachkalkulation, wenn eine Überdeckung von 500,00 EUR festgestellt wurde?

19.13 Aus der Betriebsbuchführung eines Unternehmens wurden folgende Zahlenangaben entnommen:

Kostenarten	Kostenstellen			
	Material (EUR)	Fertigung (EUR)	Verwaltung (EUR)	Vertrieb (EUR)
Gemeinkosten	18.000,00	936.000,00	218.010,00	150.930,00
Einzelkosten	193.500,00	520.000,00		

Bestandsarten	Anfangsbestand	Endbestand
Unfertige Erzeugnisse	26.000,00	30.000,00
Fertige Erzeugnisse	73.500,00	60.000,00

a) Ermitteln Sie die Zuschlagssätze für die Fertigungsgemeinkosten und für die Verwaltungsgemeinkosten.

b) Erstellen Sie die Buchungssätze für die Bestandsveränderungen.

c) Wie lautet der Buchungssatz für den Abschluss des Kontos Bestandsveränderungen?

19.14 Ein Industrieunternehmen kalkuliert bei der Herstellung einer Maschine u. a. mit folgenden Werten:

Fertigungsmaterial	31.000,00 EUR
Fertigungslöhne	34.000,00 EUR
Herstellkosten	119.720,00 EUR
Materialgemeinkostenzuschlag	12%
Vw-/Vt-Gemeinkostenzuschlag	20%

a) Berechnen Sie

- die Materialkosten,
- die Fertigungsgemeinkosten in EUR und in Prozenten,
- die Selbstkosten.

b) Wie hoch waren die tatsächlichen Selbstkosten, wenn sich in der Nachkalkulation eine Überdeckung von 1.664,00 EUR ergab?

c) Berechnen Sie den tatsächlichen Gewinn in EUR und in Prozenten, wenn die Maschine für 153.360,00 EUR netto verkauft wurde.

d) Wie lauten die Buchungssätze

- für den Zielverkauf der Maschine,
- für den Rechnungsausgleich durch Verrechnungsscheck?

19.15 Die Nachkalkulation für eine computergesteuerte Maschine ergab u. a. folgende Werte:

Fertigungsmaterial	112.000,00 EUR
Materialgemeinkosten	4.480,00 EUR
Fertigungsgemeinkostenzuschlag	130%

a) Bilden Sie den Buchungssatz für den Rohstoffeinsatz.

b) Berechnen Sie

- den Zuschlagssatz für die Materialgemeinkosten,
- die Fertigungskosten, wenn die Fertigungsgemeinkosten 221.000,00 EUR betrugen,
- das Fertigungsmaterial in der Vorkalkulation bei einer Kostenüberdeckung von 8.000,00 EUR.

c) Die Selbstkosten in der Nachkalkulation lagen um 20.000,00 EUR über dem Wert der Vorkalkulation.

- Nennen Sie eine mögliche Ursache für diese Erhöhung.
- Welche Auswirkung hat diese Kostenerhöhung auf den Erfolg des Unternehmens?

19.16 Auf dem Betriebsabrechnungsbogen eines Industrieunternehmens sind für den Monat Juni folgende Angaben bekannt:

Kostenart	Summe (EUR)	Material (EUR)	Fertigung (EUR)	Verwaltung/ Vertrieb (EUR)
Gemeinkosten	191.000,00	21.000,00	?	90.000,00

a) Berechnen Sie den Rohstoffverbrauch, wenn der Zuschlagssatz für die Materialgemeinkosten 7% beträgt.

b) Bilden Sie den Buchungssatz für den Rohstoffverbrauch.

c) Ermitteln Sie den Anfangsbestand für die Rohstoffe, wenn im Juni Einkäufe für 317.000,00 EUR netto getätigt wurden und der Schlussbestand 108.000,00 EUR beträgt.

d) Im Juni fielen Fertigungslöhne von 320.000,00 EUR an. Berechnen Sie den Zuschlagssatz für die Fertigungsgemeinkosten.

e) Wie hoch sind die Herstellkosten des Umsatzes, wenn bei den unfertigen Erzeugnissen keine Bestandsveränderung vorliegt, aber bei den Fertigerzeugnissen ein Minderbestand von 1.000,00 EUR?

f) Bilden Sie den Buchungssatz für die Bestandsveränderung.

19.17 Bei der Kalkulation einer Eckbankgruppe der Serie "Hüttenzauber" (Eckbank, Tisch und zwei Stühle) rechnen wir - das Unternehmen "SZ-Möbel" - mit folgenden Werten:

Fertigungskosten	1.400,00 EUR
Herstellkosten	2.300,00 EUR
Selbstkosten	2.500,00 EUR
Materialgemeinkostenzuschlag	12,50%

a) Berechnen Sie den Materialverbrauch je Eckbankgruppe.

b) Mit welchem gemeinsamen Zuschlagssatz rechnen wir bei den Verwaltungs- und Vertriebsgemeinkosten?

c) Wir kalkulieren mit 17% Gewinn und rechnen 2,50 % Skonto ein. Ermitteln Sie den Listenverkaufspreis netto für eine Eckbankgruppe.

d) Wir verkaufen drei Eckbankgruppen an den Möbelmarkt Holzinger. Bilden Sie den Buchungssatz für die Ausgangsrechnung (Rechnungsnummer 240/96) über 10.710,00 EUR.

e) Einige Tage später erhält die Buchhaltung eine Gutschriftanzeige (siehe Beleg). Erstellen Sie hierfür den Buchungssatz.

Gutschrift		
Empfänger Fa. SZ-Möbel		
Konto-Nr. des Empfängers 470 582 040		Bankleitzahl 702 800 00
bei Bankhaus Buchenhain		
		Betrag: EUR, Cent. 10.442,25
Verwendungszweck Für Rechnung Nr. 240/96 abzüglich 2,5% Skonto		
Auftraggeber Möbelmarkt Holzinger		
Konto-Nr. des Auftraggebers 226 44		

19.18 Für die Herstellung von Allessaugern der Serie "Saugfix" sind Ihnen vom Monat Februar unter anderem folgende Werte bekannt:

Materialkosten	324,00 EUR/Stück
Fertigungslöhne	200,00 EUR/Stück
Sondereinzelkosten der Fertigung	10,00 EUR/Stück
Fertigungskosten	420,00 EUR/Stück
Materialgemeinkostenzuschlagssatz	8%

In der Kosten- und Leistungsrechnung sollen Sie folgende Aufgaben lösen:

a) Ermitteln Sie den Rohstoffverbrauch für einen Allessauger.

b) Berechnen Sie die Herstellkosten je Stück.

c) Ermitteln Sie den zugrunde gelegten Zuschlagssatz für die Fertigungsgemeinkosten.

d) Nennen Sie je ein Beispiel für

- Materialgemeinkosten,
- Sondereinzelkosten der Fertigung und
- Verwaltungsgemeinkosten.

e) Die Nachkalkulation im Monat März ergibt Selbstkosten von 800,00 EUR je Stück.

- Ermitteln Sie bei den Selbstkosten Art und Höhe der Abweichung gegenüber der Vorkalkulation, wenn bei den Verwaltungs- und Vertriebsgemeinkosten mit einem gemeinsamen Zuschlagssatz von 5% gerechnet wurde.
- Nennen Sie einen Grund für die Abweichung bei den Selbstkosten.

19.19 Aus der Kosten- und Leistungsrechnung liegt Ihnen der folgende, auszugsweise wiedergegebene Betriebsabrechnungsbogen (BAB) vor, aufbereitet mit Hilfe der Tabellenkalkulation:

	A	B	C	D	E	F	G
1	**Betriebsabrechnungsbogen 01.01.2009 – 31.03.2009**						
2	**Kostenart**	**Summen (EUR)**	**Schlüssel**	**Mat. (EUR)**	**Fert. (EUR)**	**Verw. (EUR)**	**Vertrieb (EUR)**
3	Abschreib.	95.800,00	lt. Anlagekartei	14.200,00	74.300,00	5.300,00	2.000,00
4	Strom	74.500,00	?	12.300,00	48.860,00	2.800,00	10.540,00
5	Kantine	44.600,00	Mitarbeiter	8.860,00	22.430,00	11.100,00	2.210,00
6	Lagermiete	11.900,00	3:5:2:4	2.550,00	4.250,00	1.700,00	3.400,00
⋮	⋮	⋮	⋮	⋮	⋮	⋮	⋮
18	Reinigung	15.900,00	qm	3.630,00	8.350,00	1.640,00	2.280,00
19	**Summen**	**292.726,00**		**58.212,00**	**########**	**31.928,40**	**WERT**
20							
21	Zuschlagsgrundlage in €			88.200,00	98.000,00	WERT	
22	Zuschlagssatz in %			66,00	185,00	7,50	5,00

a) Welche Aufgabe erfüllt ein BAB in einem Fertigungsunternehmen?

b) Welcher Verteilungsschlüssel eignet sich am besten für die Kostenart „Strom"?

c) Welche Art der Einzelkosten wurde in Zelle D21 eingegeben?

d) Bei der Programmierung des Rechenblatts zur Tabellenkalkulation wurden von Ihnen unter anderem Formeln und geeignete Funktionen eingesetzt.

- Wie lautet die Formeldarstellung zur Berechnung des Wertes in Zelle D22?
- Wie lautet die Formeldarstellung, die von Ihnen zur Berechnung der gesamten Materialgemeinkosten in Zelle D19 **unter Verwendung einer geeigneten Funktion** eingegeben wurde?

e) Berechnen Sie die Herstellkosten des Umsatzes und die Vertriebsgemeinkosten in EUR, wenn die Selbstkosten 478.926,00 EUR betragen.

f) Im oben dargestellten BAB sind die Zuschlagssätze für Verwaltung und Vertrieb getrennt ausgewiesen. Begründen Sie, weshalb es möglich wäre, die Zuschlagssätze für Verwaltung und Vertrieb zu einem gemeinsamen Zuschlagssatz zusammenzufassen.

g) In der Nachkalkulation ergab sich bei den Selbstkosten eine Unterdeckung. Nennen Sie einen möglichen Grund für diese Abweichung.

19.20 Für den Monat Juli 2010 wurde aufgrund der Ist-Kosten des Vormonats der Betriebsabrechnungs-bogen (BAB) für das dritte Quartal 2010 neu erstellt.

a) Der Betriebsabrechnungsbogen dient der verursachungsgerechten Verteilung von Kosten auf die Kostenstellen.

- Welche Kostenart wird mithilfe des BAB auf die Kostenstellen verteilt?

- Nennen Sie **zwei konkrete** Beispiele für diese Kostenart.

b) Mithilfe der Daten aus dem BAB und der bekannten Einzelkosten wird die Gesamtkalkulation durchgeführt. Hierfür liegt Ihnen ein Rechenblatt einer Tabellenkalkulation vor, das zur Berechnung der Selbstkosten sowie der Zuschlagssätze verwendet wird:

	A	B	C	D
1	**Gesamtkalkulation 3. Quartal 2010**			
2				**Zuschlagsätze**
3	Fertigungsmaterial	245.000,00 €		
4	+ Materialgemeinkosten	19.600,00 €		
5	Materialkosten	264.600,00 €		
6				
7	Fertigungslöhne	224.000,00 €		
8	+ Fertigungsgemeinkosten	336.000,00 €		150,00 %
9	Fertigungskosten	560.000,00 €		
10				
11	Herstellkosten der Erzeugung	824.600,00 €		
12	+ Minderbestand Fertigerzeugnisse	25.000,00 €		
13	- Mehrbestand Unfertige Erzeugnisse	32.000,00 €		
14	Herstellkosten des Umsatzes	817.600,00 €		
15	+ Verwaltungs-/Vertriebsgemeinkosten	102.200,00 €		12,50 %
16	Selbstkosten	919.800,00 €		

- Wie lautet die Formeldarstellung, die zur Berechnung des gemeinsamen Zuschlagsatzes für die Verwaltungs-/Vertriebsgemeinkosten in Zelle D15 eingegeben wurde?

- In Zelle D4 fehlt der Zuschlagssatz für die Materialgemeinkosten. Berechnen Sie den Zuschlagssatz für die Materialgemeinkosten.

c) Für die Kalkulation eines Fußball-Wettspielballes „WM 2010“ werden die ermittelten Zuschlagssätze verwendet. Berechnen Sie die Selbstkosten für einen Wettspielball, wenn mit folgenden Daten kalkuliert wird:

Materialkosten	Fertigungslöhne	Fertigungslizenz
8,00 €	9,00 €	5,00 €

d) Die Nachkalkulation ergab Selbstkosten in Höhe von 41,00 €.

- Ermitteln Sie Art und Höhe der Kostendeckung bei den Selbstkosten.

- Der Gewinn der Nachkalkulation wurde bereits mit 7,50 € ermittelt. Berechnen Sie den tatsächlichen Gewinn in Prozenten.

19.21 Aus der Kosten- und Leistungsrechnung wurden mithilfe des Betriebsabrechnungsbogens (BAB) folgende Zuschlagsätze berechnet, die als Grundlage für die Kalkulation des Verkaufspreises eines neu ins Programm aufgenommenen MP3-Players dienen:

Materialgemeinkosten-zuschlagsatz	Fertigungsgemeinkosten-zuschlagsatz	Verwaltungs-/Vertriebs-gemeinkostenzuschlagsatz
12,5%	120%	25%

a) Der Selbstkostenpreis eines MP3-Playersliegt bei 47,50 EUR. Berechnen Sie die Herstellkosten für einen MP3-Player.

b) Im Rahmen der Herstellung sind Sondereinzelkosten der Fertigung angefallen.

- Nennen Sie ein Beispiel für Sondereinzelkosten der Fertigung, die für einen MP3-Player anfallen könnten.
- Ermitteln Sie die Sondereinzelkosten der Fertigung, wenn die Fertigungskosten 26,00 EUR je Player betragen und davon 10,00 EUR auf die Fertigungslöhne entfallen.

c) Ein Konkurrent bietet einen vergleichbaren MP3-Player zum Listenverkaufspreis von 59,80 EUR netto an. Berechnen Sie den verbleibenden Gewinn in Euro, wenn Ihr Unternehmen zum gleichen Listenverkaufspreis anbieten möchte und 15% Kundenrabatt einrechnet.

d) Ihr Unternehmen verkauft am 15.05.2010 an den Online-Anbieter „Home.de“ 200 Stück MP3-Player (Rechnung Nr. 27/10). Das Unternehmen gewährt den kalkulierten Rabatt und stellt dem Kunden eine Versandkostenpauschale in Höhe von insgesamt 8,50 EUR netto in Rechnung. Bilden Sie den Buchungssatz.

e) Die Leitung Ihres Unternehmens beabsichtigt, unabhängig von der Bestellmenge, den Kundenrabatt auf 20% zu erhöhen. Nennen Sie einen Grund für diese geplante Maßnahme.

f) Der langjährige Kunde „Home.de“ hat bei der Begleichung der Rechnung Nr. 27/10 entgegen den Zahlungsbedingungen einen Skontoabzug vorgenommen. Geben Sie Ihrer Unternehmensleitung eine Stellungnahme ab, wie Ihrer Meinung nach auf diesen Skontoabzug reagiert werden sollte.

20. Deckungsbeitragsrechnung

Merke

- *Einzelkosten (FM und FL) sind variable Kosten.*
- *Gemeinkosten (FGK, MGK, VwGK und VtGK) sind fixe Kosten.*
- *Selbstkosten = Einzelkosten + Gemeinkosten bzw.*
  Selbstkosten = variable Kosten + fixe Kosten
- *In der Deckungsbeitragsrechnung werden die variablen Kosten den Kostenträgern (Produkten) zugeordnet. Die Fixkosten werden als Block behandelt, dürfen demnach -* wenn mit mindestens zwei Produkten gerechnet wird - ***nicht*** *aufgeteilt werden.*
- *Abrechnungsschema:*

  Nettoverkaufspreis (= Verkaufserlös)
  - variable Kosten
  ____
  Deckungsbeitrag
  - fixe Kosten
  ____
  Betriebsergebnis (Gewinn/Verlust)

- *Ein Zusatzauftrag lohnt sich, wenn dadurch ein zusätzlicher Beitrag zur Deckung der Fixkosten geleistet wird (d. h. wenn NettoVP > variable Kosten).*
- ***Langfristige Preisuntergrenze*** *ist der Preis, bei dem das Betriebsergebnis = 0 (kein Gewinn/Verlust) (alle Kosten sind gedeckt)*
- ***Kurzfristige Preisuntergrenze*** *ist der Preis, bei dem ein Betriebsverlust in Höhe der Fixkosten entsteht. Deckungsbeitrag = 0 (nur variable Kosten sind gedeckt) Also: Kurzfristige Preisuntergrenze/Stück = variable Kosten/Stück*
- *Die* ***Gewinnschwelle*** *(Break-Even-Point) gibt an, ab wie viel Stück bei der Herstellung eines Produktes Gewinn gemacht wird. Der Break-Even-Point ist also der Punkt, wo sich die Erlöskurve mit der Gesamtkostenkurve schneidet. (Gesamtkosten = Erlöse; variable Kosten + Fixkosten = Erlöse)*
- $$\text{Gewinnschwelle} = \frac{\text{Fixkosten}}{\text{Deckungsbeitrag/Stück}}$$
- *Die Gewinnschwelle lässt sich nur für die Herstellung* *<u>eines</u>* *Produktes berechnen.*
- ***Kapazität*** *ist die Anzahl der Erzeugnisse, die hergestellt werden können.*
- ***Auslastung*** *ist die Anzahl der Erzeugnisse, die tatsächlich hergestellt werden. Die Auslastung entspricht dem Absatz/Verkauf.*

Aufgaben

20.1 Ein Zweigbetrieb stellt ausschließlich Autositze her, die zu einem Nettoverkaufspreis von 45,00 EUR pro Stück verkauft werden. Die variablen Stückkosten betragen 27,00 EUR. Es konnten 45.000 Stück produziert und abgesetzt werden, wobei der Betriebsgewinn 300.000,00 EUR betrug.

a) Berechnen Sie die Fixkosten.

b) Berechnen Sie die Gewinnschwelle.

c) Da ein Absatzrückgang befürchtet wird, soll der Preis soweit gesenkt werden, dass ein Betriebsgewinn von 120.000,00 EUR verbleibt. Bestimmen Sie den neuen Nettoverkaufspreis je Stück.

20.2 Ein Industriebetrieb produziert monatlich 7.000 Stück eines Erzeugnisses, das er für 52,00 EUR netto pro Stück verkauft. Die variablen Kosten betragen pro Monat 224.000,00 EUR, die fixen Kosten monatlich 132.000,00 EUR.

a) Berechnen Sie das Betriebsergebnis (Gewinn/Verlust).

b) Zur besseren Auslastung der Kapazität und zur Erhöhung des Gewinnes hat der Unternehmer folgende Möglichkeiten:

- Zusätzlicher Absatz über eine Handelskette, die bei einem Wiederverkäuferrabatt von 25% eine monatliche Abnahme von 4.000 Stück garantiert,
- Aufnahme eines weiteren Erzeugnisses in die Produktion, dessen variable Kosten je Stück 25,00 EUR betragen. Die fixen Kosten würden wegen Umrüstung bisheriger Anlagen und wegen Anschaffung einer zusätzlichen Maschine um 20.000,00 EUR steigen. Marktuntersuchungen haben ergeben, dass von diesem Produkt monatlich 2.500 Stück zum Nettoverkaufspreis von 42,00 EUR je Stück abgesetzt werden könnten.

Vergleichen Sie die beiden Möglichkeiten. Zu welcher Entscheidung raten Sie? Rechnerische Begründung.

20.3 Ein Unternehmen produziert und verkauft von seinen beiden Erzeugnissen A und B je 1.500 Stück. Die variablen Kosten für Erzeugnis A liegen bei 25,00 EUR und für Erzeugnis B bei 27,00 EUR je Stück. Die Fixkosten der Abrechnungsperiode betragen 11.000,00 EUR.

a) Wie hoch ist der Nettoverkaufserlös je Stück für Erzeugnis B, wenn das Betriebsergebnis (Gewinn) 4.000,00 EUR beträgt und Erzeugnis A für 32,00 EUR je Stück verkauft wird?

b) Da sich aufgrund gestiegener Materialkosten die Herstellung von Erzeugnis B nicht mehr lohnt, wird seine Produktion ganz eingestellt. Dies führt zu Gewinneinbußen. Der Unternehmer ist bereit, auf 25% seines bisherigen Gewinns zu verzichten.

- Wie müssten sich bei sonst unveränderten Bedingungen Produktion und Absatz von Erzeugnis A verändern?
- Wie hoch wäre dann der Gewinn in Prozenten?
- Welche langfristige Preisuntergrenze würde sich unter Berücksichtigung der obigen Veränderungen für das Erzeugnis A ergeben?

20.4 Der Zweigbetrieb eines Unternehmens stellt Werkzeugkästen in zwei Ausführungen her. Aus der Kosten- und Leistungsrechnung liegen folgende Angaben vor:

	Nettoverkaufs-erlöse/Stück	Variable Kosten/Stück	Gesamtkapazität
Modell A	160,00 EUR	132,00 EUR	8.000 Stück
Modell B	240,00 EUR	176,00 EUR	9.000 Stück

Fixkosten: 600.000,00 EUR
Die Kapazität von Modell A war nur zu 60% ausgelastet.

a) Zu wie viel Prozent war die Kapazität bei Modell B ausgelastet, wenn sich insgesamt ein Betriebsverlust von 4.800,00 EUR ergab?

b) Das Unternehmen kann einen Zusatzauftrag über 800 Stück des Modells B erhalten, wenn es auf den bisherigen Verkaufspreis einen Sonderrabatt von 20% gewährt. Bei sonst unveränderten Bedingungen wird der Zusatzauftrag angenommen. Berechnen Sie das neue Betriebsergebnis (Gewinn/Verlust).

c) Der Nettoverkaufspreis für das Modell A muss wegen weiterer Absatzschwierigkeiten vorübergehend auf 140,00 EUR je Stück gesenkt werden. Begründen Sie rechnerisch, ob es sinnvoll ist, nun die Produktion von Modell A ganz einzustellen.

20.5 Ein Hersteller von Büromaschinen produziert in einem Zweigwerk zwei Typen von Taschenrechnern. Folgende Zahlen sind bekannt:

	Typ A	Typ B
Nettoverkaufserlöse je Stück	15,30 EUR	12,10 EUR
Variable Kosten je Stück	7,80 EUR	6,20 EUR

Fixkosten 140.650,00 EUR
Produktion/Absatz von Typ B 18.500 Stück

a) Wie hoch müssen Produktion und Absatz von Typ A sein, damit ein Betriebsgewinn von 66.000,00 EUR erzielt werden kann?

b) Wie hoch ist die kurzfristige Preisuntergrenze je Stück für Typ B?

c) Bei Modell A vermindern sich Produktion und Absatz auf 12.500 Stück. Um weitere Absatzeinbußen zu verhindern, soll der Preis von Erzeugnis A so weit gesenkt werden, dass bei der gesamten Produktion noch ein Gewinn von 56.000,00 EUR verbleibt. Berechnen Sie den neuen Nettoverkaufspreis je Stück von Typ A.

20.6 Ein Unternehmen stellt zwei Sorten Weinessig her. Folgende Daten sind bekannt:

	Sorte A	Sorte B
Nettoverkaufserlöse je Flasche		1,20 EUR
Variable Kosten je Flasche	0,95 EUR	0,70 EUR
Produktion/Absatz (Flaschen)	20.000	32.000

Gesamtkapazität 60.000 Flaschen
Fixkosten 21.150,00 EUR

a) Das Unternehmen erzielt einen Gewinn von 4.450,00 EUR.

- Wie viel Prozent beträgt der Gewinnzuschlag?
- Welchen Nettoverkaufserlös je Flasche der Sorte A erzielt der Betrieb?

b) Ein Supermarkt will von Sorte B 5.000 Flaschen bestellen, wenn hierfür 20% Sonderrabatt gewährt werden. Begründen Sie rechnerisch, ob sich die Hereinnahme dieses Zusatzauftrages lohnt, wenn dadurch die Fixkosten um 1.500,00 EUR steigen würden.

c) Die Produktion der Sorte A wird aus Kostengründen eingestellt. Wie viel Flaschen müssten jetzt von Sorte B hergestellt und verkauft werden, um den Betriebsgewinn von 4.450,00 EUR halten zu können? (Der Zusatzauftrag bleibt unberücksichtigt.)

20.7 Ein Industriebetrieb fertigt zwei verschiedene Arten von Rucksäcken:

	A	B
Nettoverkaufserlös/Stück	32,00 EUR	25,00 EUR
Variable Stückkosten	17,00 EUR	11,00 EUR
Produktion/Absatz	25.000 Stück	14.000 Stück

Fixkosten 420.000,00 EUR

a) Berechnen Sie das Betriebsergebnis (Gewinn/Verlust).

b) Wegen Absatzschwierigkeiten bei Erzeugnis A soll dessen Produktion eingeschränkt werden. Bis zu welcher Stückzahl dürfen Fertigung und Absatz von Erzeugnis A zurückgehen, wenn der Betriebsgewinn mindestens 76.000,00 EUR betragen soll?

c) Aus beschäftigungspolitischen Gründen will der Unternehmer die ursprüngliche Produktionsmenge von Erzeugnis A beibehalten und dessen Absatz durch eine Preissenkung sichern. Dabei ist er bereit, auf 64.000,00 EUR des anfänglichen Gewinns zu verzichten.

- Wie hoch wäre nunmehr der Verkaufserlös/Stück von Produkt A?
- Um wie viel Prozent müsste der bisherige Verkaufspreis gesenkt werden?

20.8 Ein Unternehmen stellt zwei Produkte her:

	Produkt A	Produkt B
Nettoverkaufserlös/Stück	780,00 EUR	220,00 EUR
Variable Kosten/Stück	182,00 EUR	83,60 EUR

Fixkosten	400.000,00 EUR	
Kapazität	900 Stück	800 Stück
Produktion (= Absatz)	600 Stück	?

a) Wie viel Stück werden von Produkt B hergestellt und abgesetzt, wenn der Betriebsgewinn 27.000,00 EUR beträgt?

b) Zu wie viel Prozent ist die Kapazität von Produkt B ausgelastet?

c) Berechnen Sie den Gewinn in Prozenten.

d) Die Herstellung von Erzeugnis B wird eingestellt. Wie viel Stück müssten von Produkt A mehr hergestellt und abgesetzt werden, damit der Betriebsgewinn gehalten werden kann?

20.9 Ein Industrieunternehmen stellt zwei Produkte her:

	Produkt A	Produkt B
Nettoverkaufserlös/Stück	75,00 EUR	60,00 EUR
Variable Kosten/Stück	35,00 EUR	48,00 EUR
Kapazität	10.000 Stück	15.000 Stück
Auslastung (= Absatz)	60%	?

Fixkosten 225.000,00 EUR
Betriebsgewinn 150.000,00 EUR

a) Zu wie viel Prozent ist die Kapazität von Produkt B ausgelastet?

b) Produktion und Absatz von Erzeugnis A sollen um ein Drittel gesteigert werden, um die Auslastung zu verbessern. Um wie viel EUR kann der Nettoverkaufspreis je Stück von Produkt A gesenkt werden, wenn Gewinneinbußen vermieden werden sollen?

20.10 Ein Industrieunternehmen stellt zwei verschiedene Arten von Glühbirnen her. Die Gesamtkapazität liegt bei 70.000 Stück. Der Betrieb ist zur Zeit zu 80% ausgelastet, wobei von Produkt A 36.000 Stück hergestellt und abgesetzt werden. Folgende weitere Daten sind bekannt:

	Produkt A	Produkt B
Nettoverkaufserlös/Stück	4,50 EUR	3,80 EUR
Variable Kosten/Stück	2,80 EUR	1,50 EUR

Fixkosten 37.500,00 EUR

a) Wie viel Stück wurden von Produkt B hergestellt und abgesetzt?

b) Berechnen Sie das Betriebsergebnis (Gewinn/Verlust).

c) Ein Lampenstudio würde zusätzlich 5.000 Stück von Produkt B abnehmen, wenn die Glühbirnen mit einer Goldmattierung versehen werden und der Verkaufspreis um 25% gesenkt wird.

- Begründen Sie rechnerisch, dass es sich lohnt, den Zusatzauftrag anzunehmen, obwohl dadurch die variablen Kosten um 0,70 EUR je Stück steigen.
- Um wie viel EUR verändert sich dadurch das Betriebsergebnis?

20.11 In einem Industrieunternehmen werden zwei Erzeugnisse hergestellt:

	Erzeugnis A	Erzeugnis B
Nettoverkaufspreis/Stück	50,00 EUR	75,00 EUR
Variable Kosten/Stück	31,00 EUR	45,00 EUR
Fixkosten	580.000,00 EUR	
Produktion/Absatz	20.000 Stück	15.000 Stück
Kapazitätsauslastung	100%	100%

a) Ermitteln Sie das Betriebsergebnis (Gewinn oder Verlust).

b) Bei Erzeugnis B wird ein Absatzrückgang befürchtet. Der Preis soll deshalb bei gleichbleibender Produktion so weit gesenkt werden, dass noch ein Betriebsgewinn in Höhe von 160.000,00 EUR verbleibt (Produktion und Absatz von Produkt A bleiben unverändert). Berechnen Sie den neuen Verkaufspreis je Stück von Erzeugnis B.

c) Trotz der Preissenkung geht der Absatz von Erzeugnis B um 45% zurück. Ein Kunde wäre bereit, 6.500 Stück des Erzeugnisses B zu einem Nettoverkaufspreis von 46,50 EUR pro Stück abzunehmen.

- Überprüfen Sie, ob die Kapazität zur Ausführung des Zusatzauftrages ausreicht (rechnerische Begründung).
- Wie hoch ist der zusätzliche Gewinn, wenn der Zusatzauftrag ausgeführt wird?

d) Nennen Sie je ein Beispiel für variable Kosten und für fixe Kosten.

20.12 Ein Industrieunternehmen produziert Elektrobausteine in zwei Ausführungen:

	Typ A	Typ B
Nettoverkaufspreis/Stück	250,00 EUR	220,00 EUR
Kapazität	3.000 Stück	4.000 Stück
Produktion/Absatz	2.800 Stück	60%
Variable Kosten/Stück	84,00 EUR	60,00 EUR
Selbstkosten	700.000,00 EUR	

a) Ermitteln Sie die Höhe der Fixkosten.

b) Berechnen Sie das Betriebsergebnis (Gewinn oder Verlust).

c) In einem Zweigwerk wird ein Zusatzbaustein hergestellt. Dabei entstehen fixe Kosten von 150.000,00 EUR und variable Stückkosten von 40,00 EUR.

- Stellen Sie in einem Koordinatensystem den Verlauf der variablen Kosten, der Fixkosten und der Gesamtkosten dar, und benennen Sie die jeweilige Gerade.
- Kennzeichnen Sie die Gesamtkosten für 5.000 Stück mit "GK" auf der y-Achse.
- Geben Sie den Verlauf der Erlöse an, wenn das Unternehmen mit einem Nettoverkaufserlös von 100,00 EUR rechnet.
- Ermitteln Sie rechnerisch die Gewinnschwelle und kennzeichnen Sie graphisch den BEP auf der x-Achse.

Für die Zeichnung: x-Achse (ca.12 cm): 1.000 Stück = 2 cm
y-Achse (ca.10 cm): 100.000,00 EUR = 2 cm

20.13 Unser Unternehmen "SZ-Möbel" stellt in einem Zweigwerk im oberfränkischen Zahnstein Wohnzimmerschränke her. Die Kapazität ist bei einer Fertigung von 200 Stück voll ausgelastet. Für das laufende Quartal liegen folgende Zahlen vor:

Nettoverkaufspreis/Stück	5.000,00 EUR
Variable Kosten/Stück	2.500,00 EUR
Fixkosten	200.000,00 EUR

a) Berechnen Sie die Selbstkosten je Schrank bei voller Kapazitätsauslastung.

b) Ermitteln Sie das Betriebsergebnis (Gewinn oder Verlust), wenn alle produzierten Schränke abgesetzt werden konnten.

c) Zur Veranschaulichung der Kosten-Erlössituation im Zweigwerk legen Sie der Unternehmensleitung eine Grafik vor (siehe unten). Sie zeigt den Verlauf der Kosten und Erlöse in Abhängigkeit der produzierten und abgesetzten Menge.

- Wie lauten die Fachbegriffe der Deckungsbeitragsrechnung für die dargestellten Kurven A und B?
- Geben Sie die Gewinnschwellenmenge (Break-Even-Point) an.
- Erklären Sie den Begriff Gewinnschwellenmenge.

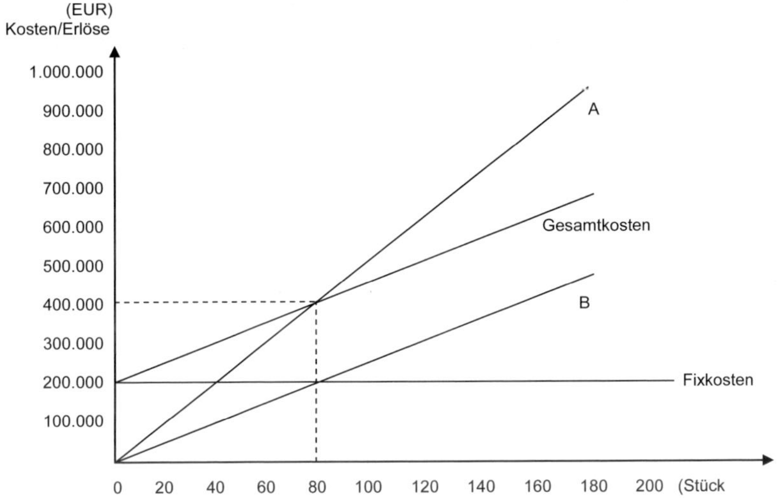

20.14 Das Unternehmen "GMH" produziert in seinem niederbayerischen Zweigwerk in Fichtenau Gartengerätehäuser in zwei Ausführungen. Für das erste Quartal 2007 liegen Ihnen folgende Angaben vor:

	Typ "Standard"	Typ "Exclusiv"
Nettoverkaufspreis/Stück	1.600,00 EUR	?
Variable Kosten/Stück	900,00 EUR	1.000,00 EUR
Kapazität	1.200 Stück	800 Stück
Auslastung (Produktion = Absatz)	600 Stück	500 Stück
Fixkosten	1.065.000,00 EUR	

Aufgrund von Billigimporten befindet sich das Zweigwerk gegenwärtig in einer schwierigen Konkurrenzsituation. Sie werden von der Geschäftsleitung beauftragt, die wirtschaftliche Lage des Zweigwerks zu untersuchen und Vorschläge für eine Umstrukturierung zu unterbreiten.

a) Im ersten Quartal 2007 ergab sich ein Betriebsverlust von 45.000,00 EUR.

- Zu welchem Nettoverkaufspreis wurde ein Gartengerätehaus des Typs "Exclusiv" abgesetzt?
- Berechnen Sie die Auslastung bei Typ "Exclusiv" in Prozenten.

b) Wegen der Konkurrenzsituation wird die Produktion des Typs "Exclusiv" eingestellt. Die Fixkosten sinken dadurch um 365.000,00 EUR.

- Wie viel Stück des Typs "Standard" müssen nun produziert und abgesetzt werden, damit die Gewinnschwelle erreicht wird?
- Ermitteln Sie die Höhe der Nettoverkaufserlöse bei der Gewinnschwelle.

20.15 Ihr Unternehmen hat sich in seinem schwäbischen Zweigwerk in Unterholzingen ausschließlich auf die Produktion der beiden Gartenhaustypen "Baltik" und "Nordic" spezialisiert. Der Zweigbetrieb verfügt über eine eigene Verwaltungs- und Vertriebsabteilung. Für das erste Quartal 2007 liegen folgende Zahlen vor:

	Typ "Baltik"	**Typ "Nordic"**
Nettoverkaufspreis/Stück	8.000,00 EUR	12.000,00 EUR
variable Kosten/Stück	3.500,00 EUR	5.500,00 EUR
Produktion = Absatz	50 Stück	40 Stück

Sie werden von der Geschäftsleitung beauftragt, die wirtschaftliche Lage des Zweigwerks zu untersuchen und Vorschläge für die weitere Entwicklung des Zweigwerks zu unterbreiten.

a) Berechnen Sie die Gesamtkosten, wenn ein Betriebsgewinn von 170.000,00 EUR erwirtschaftet wurde.

b) Aufgrund gestiegener Fertigungslöhne erhöhen sich die variablen Kosten bei beiden Gartenhaustypen um 5%. Bei Typ "Baltik" lässt der Markt derzeit keine Preiserhöhung zu.

- Um wie viel EUR müsste der bisherige Verkaufspreis von Typ "Nordic" erhöht werden, um das Betriebsergebnis halten zu können? (Produktion und Absatz beider Gartenhaustypen sollen unverändert bleiben.)
- Die Produktion von Gartenhaustyp "Baltik" wird eingestellt. Dadurch verringern sich die Fixkosten für den Typ "Nordic" auf 250.000,00 EUR. Ermitteln Sie die Gewinnschwellenmenge für den Typ "Nordic", wenn die Preiserhöhung (vgl. oben) am Markt durchgesetzt werden kann.

20.16 Ihr Unternehmen produziert in seinem Zweigwerk in Marktheidenfeld Trampoline in zwei Ausführungen. Für das dritte Quartal liegt Ihnen ein Auszug aus einem Rechenblatt zur Tabellenkalkulation mit folgenden Angaben vor:

	A	B	C	D
1	**Teilkostenrechnung**	**Typ A**	**Typ B**	
2	Nettoverkaufspreis/Stück	384,00 €	484,00 €	
3	Variable Kosten	216,00 €	352,00 €	
4	Fixkosten			245.000,00 €
5	Produktion/Absatz (Stück)	1000	750	
6				
7		**Typ A**	**Typ B**	**gesamt**
8	Nettoverkaufserlöse	384.000,00 €	363.000,00 €	
9	- variable Kosten	216.000,00 €	264.000,00 €	
10	Deckungsbeitrag	168.000,00 €	99.000,00 €	267.000,00 €
11	- Fixkosten			245.000,00 €
12	Betriebsergebnis (Gewinn)			22.000,00 €

a) Die Kapazität von Typ A liegt bei 1 250 Stück. Berechnen Sie, zu wie viel Prozent die Produktion bei Typ A ausgelastet ist und erklären Sie den Begriff "Kapazität".

b) Berechnen Sie die Höhe der Selbstkosten.

c) Berechnen Sie den Gewinn in Prozenten.

d) Aus Konkurrenzgründen muss der Nettoverkaufspreis für Typ A auf die langfristige Preisuntergrenze herabgesetzt werden. Ermitteln Sie die langfristige Preisuntergrenze für Typ A, wenn Produktion und Absatz von Typ B unverändert bleiben sollen.

e) Trotz Preissenkung ist die Nachfrage nach Typ A eingebrochen; die Unternehmensleitung beschließt daher, die Produktion von Typ A einzustellen. Wie viel Stück müssten nun von Typ B produziert und abgesetzt werden, wenn die Gewinnschwelle erreicht werden soll?

f) Die nachfolgende vereinfachte Darstellung zeigt den Verlauf der Kosten und Erlöse in Abhängigkeit von der produzierten Menge. Wie lauten die Fachbegriffe der Deckungsbeitragsrechnung zu den Kennbuchstaben A, B und C?

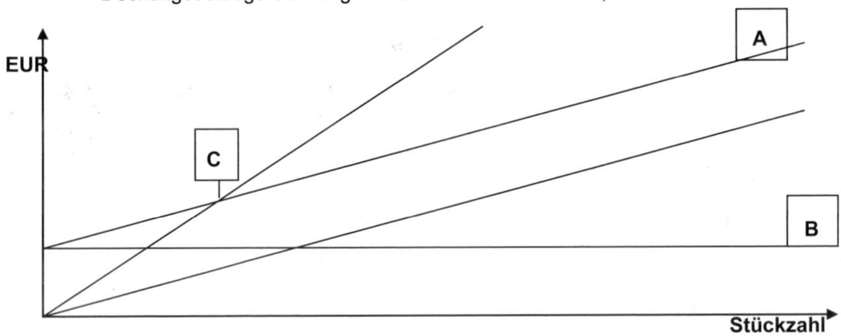

20.17 Ihr Unternehmen produziert in seinem Zweigwerk in Dorfen Handy-Halterungen für Freisprechanlagen in zwei Ausführungen. Im ersten Quartal 2009 liegen Ihnen folgende Zahlen vor:

	Typ A	Typ B
Nettoverkaufspreis/Stück	6,50 EUR	7,50 EUR
Variable Kosten/Stück	3,20 EUR	4,20 EUR
Kapazität	30.000 Stück	20.000 Stück
Produktion (Absatz)	25.000 Stück	18.000 Stück

a) Berechnen Sie die Höhe der Fixkosten, wenn im ersten Quartal 2009 ein Betriebsverlust von 3.100,00 EUR zu verzeichnen war.

b) Wie viel Stück von Typ A müssten bei gleich bleibendem Nettoverkaufspreis mehr produziert und abgesetzt werden, um die Gewinnzone zu erreichen (Produktion und Absatz von Typ B bleiben unverändert)?

c) Durch verstärkte Werbemaßnahmen gelingt es, die Mehrproduktion (siehe b)) abzusetzen. Nennen Sie eine geeignete Werbemaßnahme.

d) Die Werbemaßnahmen führen schließlich zu einer Produktions- und Absatzsteigerung um insgesamt 1.000 Stück. Aufgrund dieser Werbemaßnahmen wurde auch eine Warenhauskette auf die Handy-Halterungen aufmerksam und wäre bereit, einen Auftrag über 3.500 Stück von Typ A zu erteilen, wenn auf den Nettoverkaufspreis 20% Sonderrabatt gegeben werden.

- Begründen Sie rechnerisch, dass noch genügend Kapazitätsspielraum vorhanden ist, um den Zusatzauftrag anzunehmen.
- Berechnen Sie den Zusatzgewinn je Stück bei Annahme des Auftrages.

20.18 Zur Kostenersparnis werden zwei Modelle von Fußball-Trainingsbällen in Pakistan gefertigt. Damit gewährleistet ist, dass diese nicht durch Kinderarbeit gefertigt werden, beteiligt sich Ihr Unternehmen an der Kampagne „fairdealfootballs". Hier werden die Bälle in kleinen Nähzentren ohne Kinderarbeit gefertigt.

	Modell „Junior"	***Modell „Profi"***
Nettoverkaufspreis/Stück	45,00 €	60,00 €
Variable Kosten/Stück	20,00 €	25,00€
Deckungsbeitrag (gesamt)	93.750,00 €	140.000,00 €
Fixkosten	205.855,00 €	
Produktion (Absatz)	3 750 Stück	4 000 Stück
Kapazität	4 500 Stück	5 000 Stück

a) Berechnen Sie die Kapazitätsauslastung von Modell „Junior" in Prozenten.

b) Im nächsten Quartal soll der bisherige Betriebsgewinn im Zweigwerk in Höhe von 27.895,00 € auf 30.000,00 € gesteigert werden.
Wie viel Stück müssten vom Modell „Junior" produziert und abgesetzt werden, um bei unveränderten Nettoverkaufspreisen dieses Ziel zu erreichen? (Produktion und Absatz von Modell „Profi" bleiben unverändert.)

c) Die Realschule in Bischofskirchen möchte für ihre Sportleistungsklassen 200 Trainingsbälle vom Modell „Junior" abnehmen. Aufgrund der knappen schulischen Mittel darf der Nettoverkaufspreis je Trainingsball für diesen Zusatzauftrag bei höchstens 33,75 € liegen.

- Wie viel Prozent Rabatt müsste Ihr Unternehmen der Realschule gewähren, wenn zum geforderten Nettopreis verkauft werden soll?
- Berechnen Sie den gesamten Zusatzgewinn, den Ihr Unternehmen erzielen kann, wenn es den Auftrag der Realschule annimmt.
- Der Zusatzauftrag wird zu den Bedingungen der Realschule ausgeführt. Bilden Sie den Buchungssatz für die Ausgangsrechnung.

21. Unternehmensanalyse

Merke

➲ ***Bilanzaufbereitung (Analysevorbereitung)***

Aktiva — Schlussbilanz — Passiva

Aktiva			Passiva		
I. ANLAGEVERMÖGEN			***I. EIGENKAPITAL***		
0500	*UGR*		*3000*	*EK*	
0510	*BGR*				
0530	*BVG*		***II. WERTBERICHTIGUNGEN *)***		
0700	*MA*	***Sach-***	*3670*	*EWB*	
0840	*FP*	***anlagen***	*3680*	*PWB*	
0860	*BM*				
0870	*BA*		***III. RÜCKSTELLUNGEN***		
0895	*SP*		*3900*	*SORST*	***kurzfristiges Fremdkapital***
II. UMLAUFVERMÖGEN					
2000	*R*		***IV. VERBINDLICHKEITEN***		
2010	*F*		*4250*	*LBKV*	***langfristiges Fremdkapital***
2020	*H*				
2030	*B*	***Vorräte***	*4200*	*KBKV*	
2100	*UFE*		*4400*	*VE*	
2200	*FE*		*4800*	*UST*	***kurzfristiges***
2280	*HW*		*4830*	*VFA*	***Fremdkapital***
			4840	*VSV*	
2400	*FO*		*4890*	*SOVE*	
2470	*ZWFO*				
2600	*VORST*	***Forderungen***			
2690	*SOFO*		***V. RECHNUNGSABGRENZUNGS-POSTEN***		
2700	*WP*		*4900*	*PRA*	***kurzfristiges Fremdkapital***
2800	*BK*	***flüssige Mittel***			
2880	*KA*				
III. RECHNUNGSABGRENZUNGS POSTEN			****) Die Wertberichtigung ist mit den Forderungen aufzurechnen***		
2900	*ARA*	***Forderungen***			

➲ ***Aufbereitete Bilanz***

Aktiva — Schlussbilanz — Passiva

Aktiva		Passiva	
I. ANLAGEVERMÖGEN		***I. EIGENKAPITAL***	*EUR*
Sachanlagen	*EUR*	***II. FREMDKAPITAL***	
II. UMLAUFVERMÖGEN		*Langfristiges FK*	*EUR*
		Kurzfristiges FK	*EUR*
Vorräte	*EUR*		
Forderungen	*EUR*		
Flüssige Mittel	*EUR*		
Gesamtvermögen		*Gesamtkapital*	

- *Zu den Kennzahlen (Kennziffern) der Bilanz zählen u. a. die Finanzierung (Eigenkapitalanteil an der Finanzierung) und die Liquidität (Einzugsliquidität).*

- ***Finanzierung** (Verhältnis von Eigenkapital zum Gesamtkapital)*

$$\text{Finanzierung} = \frac{\text{Eigenkapital} \times 100}{\text{Gesamtkapital}}$$

- ***Liquidität** (Fähigkeit, seinen Zahlungsverpflichtungen termingerecht nachzukommen)*

$$\text{Einzugsliquidität} = \frac{(\text{flüssige Mittel} + \text{Forderungen}) \times 100}{\text{kurzfristiges Fremdkapital}}$$

- *Zu den Kennzahlen der Gewinn- und Verlustrechnung zählen die Eigenkapitalrentabilität und die Umsatzrentabilität (Umsatzrendite).*

- ***Eigenkapitalrentabilität***

$$\text{EK-Rentabilität} = \frac{\text{Gewinn} \times 100}{\text{Eigenkapital (am Jahresanfang)}}$$

Eigenkapital (am Jahresanfang)
- Privatentnahmen (+ Privateinlagen)
+ Gewinn (- Verlust)

Eigenkapital (am Jahresende) ↑

- ***Umsatzrentabilität***

$$\text{U-Rentabilität} = \frac{\text{Gewinn} \times 100}{\text{Umsatzerlöse}}$$

- ***Firmenwert***
  *Der Firmenwert ist der Betrag, den der Käufer bei Übernahme eines Unternehmens **über** dem Wert der Vermögensgegenstände abzüglich der Schulden zu zahlen bereit ist. Er ist somit der immaterielle Wert eines Unternehmens und wird wie folgt berechnet:*

$$\text{Firmenwert} = \text{Kaufpreis} - \underbrace{(\text{Gesamtvermögen} - \text{Fremdkapital})}_{\text{Vermögenswert}}$$

Der Firmenwert (auch Goodwill genannt) repräsentiert den guten „Ruf" bzw. das Image eines Unternehmens. Er ist (z.B.) abhängig von folgenden Faktoren:
Qualität des Managements, Qualifikation der Mitarbeiter, Motivation und Begeisterung der Mitarbeiter, Ökologisches Engagement, Zufriedene und vertrauensvolle (Stamm-)Kunden, Kurs der Aktien, Aktivität in Forschung und Entwicklung, Umsatzwachstum und starke Ertragskraft, Bekanntheitsgrad eines Markennamens

*Der **Firmenwert** und die Faktoren der Unternehmensphilosophie sind Zusatzinformationen, die für die künftige Entwicklung eines Unternehmens von Bedeutung sind.*

21.1 Ermitteln Sie aufgrund der nachfolgenden Angaben die Kennzahl der Finanzierung (EK-Anteil), der Einzugsliquidität und der Eigenkapitalrentabilität.

Aktiva — Schlussbilanz — Passiva

Aktiva		Passiva	
Gebäude	197.000,00 EUR	Eigenkapital	370.000,00 EUR
Maschinen	70.000,00 EUR	Wertberichtigung	1.765,00 EUR
Büromaschinen	36.000,00 EUR	Verbindlichkeiten a. LL.	128.015,00 EUR
Rohstoffe	30.000,00 EUR		
Hilfsstoffe	7.000,00 EUR		
Betriebsstoffe	3.000,00 EUR		
Unfertige Erzeugnisse	2.000,00 EUR		
Fertigerzeugnisse	42.000,00 EUR		
Handelswaren	2.000,00 EUR		
Forderungen a. LL	35.300,00 EUR		
Bank	70.480,00 EUR		
Kasse	5.000,00 EUR		
	499.780,00 EUR		499.780,00 EUR

Eigenkapital (Anfangsbestand) 337.148,00 EUR,
Gewinn 32.852,00 EUR.

21.2 Eine Maschinenfabrik erstellt zum 31.12. folgenden Abschluss:

Aktiva — Schlussbilanz — Passiva

Aktiva		Passiva	
Betriebsgebäude	550.000,00 EUR	Eigenkapital	900.000,00 EUR
Maschinen	380.000,00 EUR	Langfr. Bankverb.	450.000,00 EUR
Büromaschinen	170.000,00 EUR	Verbindlichkeiten a. LL.	250.000,00 EUR
Stoffe	240.000,00 EUR		
Forderungen a. LL	160.000,00 EUR		
Bank	90.000,00 EUR		
Kasse	10.000,00 EUR		
	1.600.000,00 EUR		1.600.000,00 EUR

a) Ermitteln Sie die Kennzahl der Finanzierung.

b) Ermitteln Sie die Kennziffer der Einzugsliquidität.

c) Ermitteln Sie die Kennziffer der Eigenkapitalrentabilität, wenn der Gewinn 150.000,00 EUR beträgt.

21.3 Die vereinfachte Schlussbilanz eines Unternehmens hat folgendes Aussehen:

Aktiva — Schlussbilanz — Passiva

Aktiva		Passiva	
Geschäftsausstattg.	400.000,00 EUR	Eigenkapital	479.000,00 EUR
Vorräte	164.000,00 EUR	Langfr. Bankverb.	130.000,00 EUR
Forderungen a. LL	80.000,00 EUR	Verbindlichkeiten a. LL.	65.000,00 EUR
Bank	40.000,00 EUR	Umsatzsteuer	20.000,00 EUR
Kasse	10.000,00 EUR		
	694.000,00 EUR		694.000,00 EUR

a) Ermitteln Sie die Kennzahl der Finanzierung.

b) Wie groß ist die Eigenkapitalrentabilität, wenn das Anfangskapital 460.000,00 EUR betrug und Privatentnahmen in Höhe von 28.000,00 EUR vorgenommen worden sind?

c) Berechnen Sie die Kennzahl der Einzugsliquidität.

d) Was ist einem Unternehmer mit dieser Einzugsliquiditätskennzahl zu raten?

21.4 In einer Maschinenfabrik ergeben sich nach dem Jahresabschluss u. a. folgende Zahlen:

Erträge	2.800.000,00 EUR
Aufwendungen	2.600.000,00 EUR
Eigenkapital	8.000.000,00 EUR

Die Privatentnahmen haben im abgelaufenen Jahr 100.000,00 EUR betragen. Wie hat sich das eingesetzte Eigenkapital verzinst?

21.5 Die vereinfachte Schlussbilanz eines Unternehmens hat folgendes Aussehen:

Aktiva	Schlussbilanz		Passiva
Grundstücke	300.000,00 EUR	Eigenkapital	1.367.000,00 EUR
Gebäude	220.000,00 EUR	Langfr. Bankverb.	250.000,00 EUR
Maschinen	186.000,00 EUR	Verbindlichkeiten a. LL.	180.000,00 EUR
Geschäftsausstattung	150.000,00 EUR	Umsatzsteuer	35.000,00 EUR
Vorräte	550.000,00 EUR	Verbindl. g. Finanzamt	10.000,00 EUR
Forderungen a. LL	210.000,00 EUR	Verbindl. g. Sozialvers.	11.000,00 EUR
Bank	202.000,00 EUR		
Kasse	35.000,00 EUR		
	1.853.000,00 EUR		1.853.000,00 EUR

Aus der Gewinn- und Verlustrechnung liegen folgende Zahlen vor:

Gesamtaufwendungen	1.125.000,00 EUR
Gesamterträge (davon 1.200.000,00 EUR Umsatzerlöse)	1.250.000,00 EUR

a) Berechnen Sie die Kennzahl der Einzugsliquidität.

b) Ermitteln Sie die Eigenkapitalrentabilität.

c) Berechnen Sie die Kennzahl der Umsatzrentabilität.

21.6 In einem Industrieunternehmen ergaben sich zum 31. Dezember folgende Werte:

Gesamtaufwendungen	437.040,00 EUR
Gesamterträge	672.120,00 EUR
davon Umsatzerlöse	600.000,00 EUR
Gesamtkapital	3.500.000,00 EUR
Fremdkapital	1.600.000,00 EUR
davon langfristig	850.000,00 EUR
Umlaufvermögen	1.100.000,00 EUR
davon flüssige Mittel und Forderungen	320.000,00 EUR

a) Berechnen Sie die Kennzahl

- der Finanzierung,
- der Einzugsliquidität,
- der Eigenkapitalrentabilität,
- der Umsatzrentabilität.

b) Warum sollte die Eigenkapitalrentabilität höher liegen als der Zinssatz am Kapitalmarkt? Nennen Sie einen Grund.

21.7 In einem Unternehmen ergaben sich zum Jahresabschluss u. a. folgende Werte:

Konto Privat:	Soll	128.200,00 EUR
	Haben	90.000,00 EUR
Konto GUV:	Aufwendungen	1.716.800,00 EUR
	Erträge	1.865.000,00 EUR
	(davon Umsatzerlöse)	1.780.000,00 EUR
Konto Eigenkapital: Schlussbestand		870.000,00 EUR
Bilanzsumme zum 31.12.:		3.080.000,00 EUR

a) Wie hoch ist die Rentabilität des Eigenkapitals?

b) Ermitteln Sie die Kennzahl der Finanzierung.

c) Berechnen Sie die Höhe des Fremdkapitals.

d) Berechnen Sie die Kennzahl der Umsatzrentabilität.

e) Nennen Sie zwei Gründe für die Ermittlung von Kennzahlen aus der Bilanz bzw. aus der Gewinn- und Verlustrechnung.

21.8 Die aufbereitete Bilanz eines Industrieunternehmens enthält zum 31.12. folgende Angaben:

Aktiva — Bilanz zum 31.12. — Passiva

Aktiva		Passiva	
Anlagevermögen	625.000,00 EUR	Eigenkapital	607.500,00 EUR
Umlaufvermögen		Fremdkapital	
Vorräte	198.500,00 EUR	langfristig	280.000,00 EUR
Forderungen a. LL	124.000,00 EUR	kurzfristig	148.500,00 EUR
Flüssige Mittel	88.500,00 EUR		
	1.036.000,00 EUR		1.036.000,00 EUR

Das Unternehmen erzielte einen Jahresüberschuss von 90.000,00 EUR.

a) Ermitteln Sie die Eigenkapitalrentabilität.

b) Beurteilen Sie die Eigenkapitalrentabilität.

c) Ermitteln Sie die Einzugsliquidität.

21.9 Die Unternehmensleitung möchte sich ein genaues Bild von der Entwicklung des Unternehmens im Zeitraum von 2004 bis 2007 machen. Sie erhielten deshalb den Auftrag, für die nächste Abteilungsleitersitzung das Zahlenmaterial grafisch aufzubereiten. Sie legen nun die zwei folgenden Grafiken vor.

a) Beschreiben Sie die Entwicklung der Kosten und des Umsatzes.

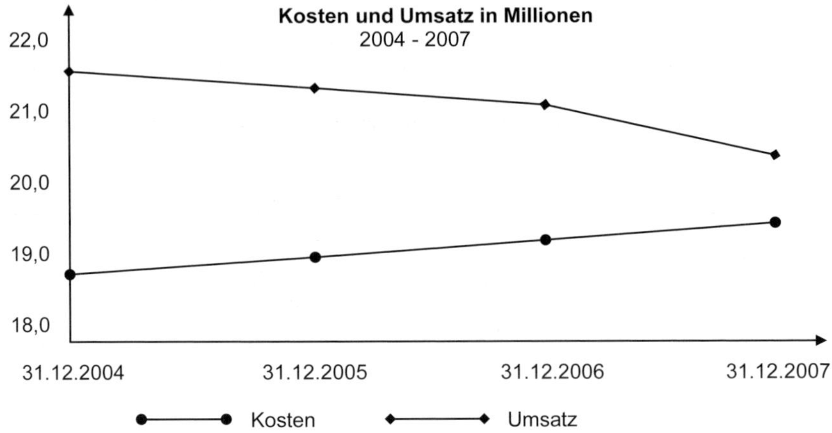

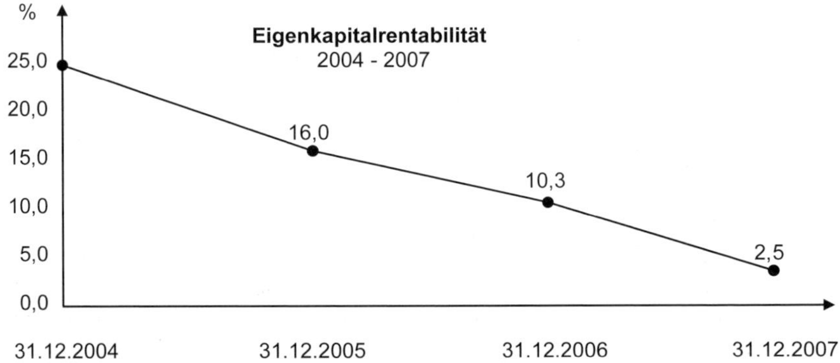

b) Neben der Entwicklung der Kosten und des Umsatzes spielt bei der Beurteilung eines Unternehmens auch die Eigenkapitalrentabilität eine Rolle. Beurteilen Sie die Eigenkapitalrentabilität zum Ende des Jahres 2007.

c) Als weitere Informationsquelle zur Beurteilung des Unternehmens ziehen Sie die nachfolgende aufbereitete Bilanz des Geschäftsjahres 2007 heran:

- Berechnen Sie die Kennzahl der Einzugsliquidität.
- Beurteilen Sie die Einzugsliquidität.
- Ermitteln Sie die Kennzahl der Finanzierung (Eigenkapitalanteil).
- Nennen Sie zwei Gründe, warum der Eigenkapitalanteil eines Unternehmens möglichst hoch sein sollte.

Aktiva (EUR) aufbereitete Bilanz Passiva (EUR)

Anlagevermögen	29.860.000,00	**Eigenkapital**	10.400.000,00

Umlaufvermögen		**Fremdkapital**	
Vorräte	2.500.000,00	Langfr. Fremdkapital	20.000.000,00
Forderungen	920.000,00	Kurzfr. Fremdkapital	3.200.000,00
Flüssige Mittel	320.000,00		
Gesamtvermögen	33.600.000,00	**Gesamtkapital**	33.600.000,00

21.10 Die vereinfachte Bilanz eines Industrieunternehmens weist zum 31.12. folgende Werte aus:

Aktiva	Bilanz zum 31.12.		Passiva
Anlagevermögen	620.000,00 EUR	Eigenkapital	510.000,00 EUR
Umlaufvermögen		Fremdkapital	
Vorräte	120.000,00 EUR	Langfr. Bankverbindl.	235.000,00 EUR
Forderungen a. LL	80.000,00 EUR	Verbindlichk. a. LL	175.000,00 EUR
Bankguthaben	110.000,00 EUR	Umsatzsteuer	30.000,00 EUR
Kassenbestand	12.000,00 EUR	Sonst. Verbindl.	10.000,00 EUR
	960.000,00 EUR		960.000,00 EUR

a) Berechnen Sie die Kennzahl der Einzugsliquidität.
b) Beurteilen Sie die Einzugsliquidität.
c) Berechnen Sie die Finanzierung.
d) Nennen Sie zwei Vorteile eines hohen Eigenkapitalanteils.

21.11 Sie haben für das Unternehmen "FSH" folgende aufbereitete Bilanz erstellt:

Aktiva (EUR)	Bilanz zum 31.12.2007		Passiva (EUR)
Anlagevermögen	850.000,00 EUR	Eigenkapital	820.000,00 EUR
Umlaufvermögen		Fremdkapital	
Vorräte	48.500,00 EUR	langfristig	285.400,00 EUR
Forderungen a. LL	184.000,00 EUR	kurzfristig	74.800,00 EUR
Flüssige Mittel	97.700,00 EUR		
Gesamtvermögen	1.180.200,00 EUR	Gesamtkapital	1.180.200,00 EUR

Außerdem sind folgende Werte bekannt:

Jahresüberschuss	158.000,00 EUR		
Privatentnahmen	97.315,00 EUR	Privateinlagen	1.315,00 EUR

a) Berechnen Sie die Kennzahl der Einzugsliquidität.

b) Beurteilen Sie die Kennzahl der Einzugsliquidität.

c) Ermitteln Sie die Kennzahl der Eigenkapitalrentabilität.

d) Beurteilen Sie die Kennzahl der Eigenkapitalrentabilität.

21.12 Ihnen liegt die aufbereitete Bilanz des Unternehmens zum 31. Dezember 2010 vor:

Aktiva	Bilanz zum 31.12.2010 (in €)		Passiva
Anlagevermögen	3.700.000,00	**Eigenkapital**	1.385.000,00
Umlaufvermögen		**Fremdkapital**	
Vorräte	2.800.000,00	langfristig	4.700.000,00

Forderungen	530.000,00	kurzfristig	1.300.000,00
flüssige Mittel	355.000,00		
Gesamtvermögen	7.385.000,00	Gesamtkapital	7.385.000,00

Außerdem sind folgende Werte bekannt:

Jahresüberschuss	190.000,00€
Privatentnahmen	140.000,00€
Privateinlagen	97.500,00€
Umsatzerlöse	610.000,00€

a) Eine Unternehmensanalyse wird unter anderem durchgeführt, um die ermittelten Kennzahlen innerhalb eines Betriebes mit denen aus vergangenen Jahren zu vergleichen.
Welchen Vergleich ermöglichen diese Kennzahlen noch?

b) Wie sind Einzel- und Pauschalwertberichtigung bei der Aufbereitung der Bilanz zu behandeln?

c) Berechnen Sie die Kennzahl der Einzugsliquidität.

d) Beurteilen Sie die berechnete Kennzahl der Einzugsliquidität des Unternehmens (mit Begründung).

e) Ihr Unternehmen beabsichtigt, einen neuen Lkw zu leasen. Hierbei fallen die Banklastschrift für die Sonderzahlung in Höhe von 10.000,00 € netto und für die monatliche Leasingrate mit einem Betrag von 2.000,00 € netto an.
Erklären Sie (ohne Berechnung), wie sich das Leasing auf die Einzugsliquidität des Unternehmens auswirkt.

f) Nennen Sie eine mögliche Maßnahme, wie das Unternehmen die Einzugsliquidität verbessern könnte.

g) Sie möchten wissen, wie sich das im Unternehmen angelegte Eigenkapital verzinst hat.

- Berechnen Sie die dafür **geeignete** Kennzahl.
- Beurteilen Sie die ermittelte Kennzahl (mit Begründung).

21.13 Der Inhaber eines Industrieunternehmens trägt sich mit dem Gedanken, sein Unternehmen zu verkaufen. Nach langer Suche findet er einen Investor, der bereit wäre, für das Unternehmen 2,5 Millionen Euro zu zahlen. Berechnen Sie mit Hilfe der unten stehenden Bilanz den Firmenwert des Unternehmens!

Aktiva	Bilanz zum 31.12.2010 (in €)		Passiva
Anlagevermögen	2.761.000,00	**Eigenkapital**	1.795.000,00
Umlaufvermögen		**Fremdkapital**	
Vorräte	810.000,00	langfristig	1.153.000,00
Forderungen	169.000,00	kurzfristig	817.000,00
flüssige Mittel	25.000,00		
Gesamtvermögen	3.765.000,00	Gesamtkapital	3.765.000,00

21.14 Zur Auswertung des Jahresabschlusses liegt Ihnen ein Rechenblatt zur Tabellenkalkulation vor:

	A	B	C	D
1	**Aktiva**	**aufbereitete Bilanz zum 31.12.2012**		**Passiva**
2	**Anlagevermögen**	750.000,00 €	**Eigenkapital**	226.380,00 €
3	**Umlaufvermögen**		**Fremdkapital**	
4	Vorräte	135.000,00 €	langfristig	482.620,00 €
5	Forderungen	120.000,00 €	kurzfristig	320.000,00 €
6	Flüssige Mittel	24.000,00 €		
7	**Gesamtvermögen**	1.029.000,00 €	**Gesamtkapital**	1.029.000,00 €
8				
9	**Sonstige Ausgaben**			
10	Jahresüberschuss	56.370,00 €		
11	Privatentnahmen	60.000,00 €		
12	Umsatzerlöse	375.800,00 €		
13				
14	**Bilanzkennzahlen**			
15	Finanzierung (EK-Anteil)	22%		
16	Umsatzrentabilität	15%		
17	Einzugsliquidität	45%		
18	Eigenkapitalrentabilität	24,51%		
19				

a) In welchem Posten der aufbereiteten Bilanz werden Rückstellungen erfasst?

b) Wie lautet die Formeldarstellung, die – **unter Verwendung einer geeigneten Funktion** – zur Berechnung des Gesamtvermögens in Zelle B7 eingegeben wurde?

c) Wie lautet die Formeldarstellung, die in Zelle B17 zur Berechnung der Kennzahl der Einzugsliquidität eingegeben wurde?

d) Die Einzugsliquidität des Unternehmens liegt weit unter dem Idealwert. Nennen Sie **zwei** mögliche Maßnahmen zur Verbesserung der Einzugsliquidität.

e) Beurteilen Sie die Kennziffer der Finanzierung (mit Begründung).

f) Wie lautet der Buchungssatz für den Abschluss des Kontos 8020 GUV?

Merke

22. Infografiken

- Infografiken (auch Zahlenbilder genannt) sollen einen Sachverhalt auch bildlich darstellen und somit Informationen leichter aufnehmen lassen.
- Zu einer Infografik gehört oft ein Text. Aufgrund dieses Textes kann man Fragen beantworten und Schlüsse ziehen.
- Aus den enthaltenen Zahlen lassen sich weitere Werte berechnen.

Aufgaben

22.1 Die 27 Staaten der EU haben zusammen 499,8 Mio. Einwohner. Berechnen Sie den Prozentsatz der Bevölkerung Deutschlands zur Bevölkerung der EU und im Vergleich dazu den Prozentsatz des kleinsten EU-Landes (Malta) zur EU.

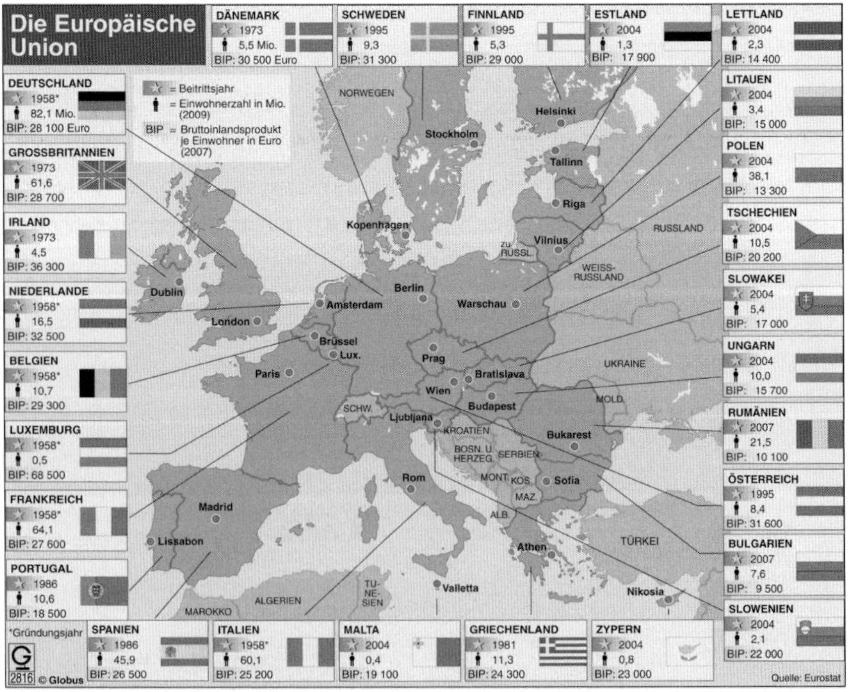

22.2 a) Nennen Sie drei Beispiele für Lohnnebenkosten.

b) Um Wie viel Prozent übersteigen die Arbeitskosten in Deutschland die Arbeitskosten des Durchschnitts der EU?

c) Wie hoch waren die Arbeitskosten pro Stunde in Deutschland im Jahr 2007?

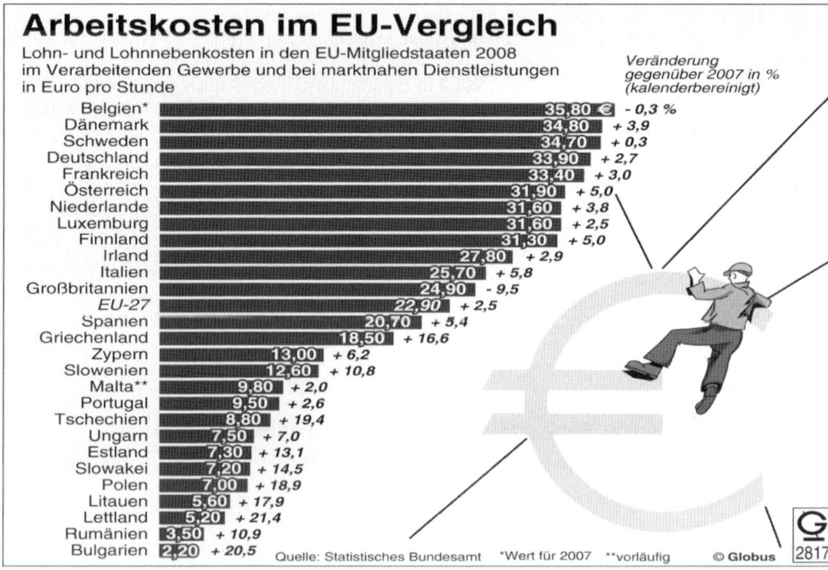

22.3 a) Die Infografik "Dreierlei Lohn" weist unter anderem den durchschnittlichen Brutto- und Nettoverdienst je Arbeitnehmer in Euro im Jahre 2002 aus. Wie hoch war der durchschnittliche monatliche Bruttoverdienst eines Arbeitnehmers im Jahre 2002?

b) Vom Bruttoverdienst wurden gemäß der Infografik durchschnittlich 770,00 EUR für Sozialbeiträge und Lohnsteuer des Arbeitnehmers einbehalten. In der Regel werden neben der Lohnsteuer noch zwei weitere Steuern in Abzug gebracht. Nennen Sie diese beiden weiteren Steuerabzüge.

c) Berechnen Sie, wie viel Prozent des Bruttoverdienstes ein Arbeitnehmer 2002 im Durchschnitt laut Infografik auf sein Konto überwiesen erhält.

d) Die in der Infografik ausgewiesenen Sozialbeiträge zählen zu den Personalzusatzkosten. Nennen Sie zwei weitere Personalzusatzkosten.

22.4 a) Erklären Sie, was man unter dem Begriff **Insolvenz** versteht.
b) Berechnen Sie den prozentualen Anstieg der Unternehmensinsolvenzen von **2001 auf 2002**.
c) Wie viele Insolvenzen wurden **2002** in Deutschland insgesamt verzeichnet?
d) Geben Sie an, ob die Aussagen A bis D zur oben dargestellten Infografik und dem Text jeweils **richtig** oder **falsch** sind.

	Aussagen:
A	Für **2003** wird die Zahl der Unternehmensinsolvenzen auf ca. 38 000 geschätzt.
B	**2002** betrugen die offenen Forderungen der Unternehmensgläubiger 51,8 Mrd. Euro.
C	Durch Insolvenzverfahren waren im Jahr **2002** in Unternehmen rund 274 000 Arbeitsplätze gefährdet.
D	Die offenen Forderungen haben sich **2002 gegenüber 2001** um ca. 50% erhöht.

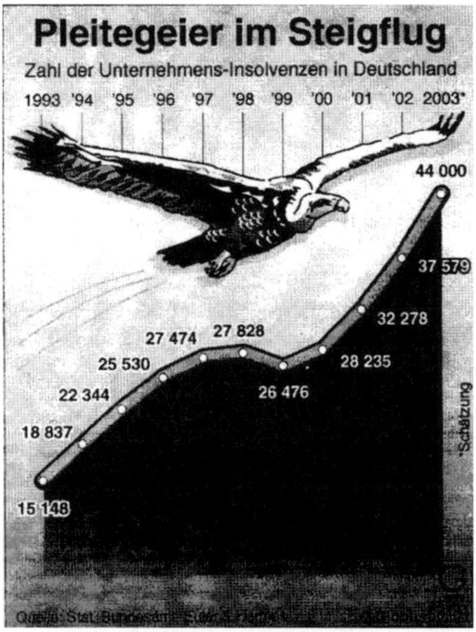

Statistisches Bundesamt
Pressemitteilung vom 21. März 2003

Rund 37 600 Unternehmensinsolvenzen im Jahr 2002

Wiesbaden – 2002 wurden in Deutschland 84 428 Insolvenzen verzeichnet. Nach Mitteilung des Statistischen Bundesamtes entfielen davon 37 579 auf Unternehmen und 46 849 auf andere Schuldner. Zu letzteren zählen vor allem die Verbraucher. Die Gerichte bezifferten die offenen Forderungen aller Insolvenzgläubiger im Jahr 2002 auf 61,5 Mrd. Euro, darunter 51,8 Mrd. Euro gegen Unternehmen. Damit haben sich die offenen Forderungen gegenüber 2001 in etwa verdoppelt. Bei den insolventen Unternehmen waren zum Zeitpunkt der Entscheidung über die Insolvenzanträge ca. 274 000 Arbeitnehmer beschäftigt.

22.5 Zum Zeitungstext sind folgende Arbeitsaufträge zu bearbeiten:

a) Geben Sie an, ob die Aussagen 1 bis 4 zum Text, zur Infografik und zur Tabelle jeweils **richtig** oder **falsch** sind.

	Aussagen:
1	Die Adidas-Aktie gehört zum Deutschen Aktienindex (DAX).
2	Im Jahr 2004 betrug der Umsatz von Adidas-Salomon 6.270 Millionen Euro.
3	Die Übernahme von Reebok bedeutet nach Analystenmeinung für Adidas zwar mehr Quantität, aber nicht unbedingt mehr Qualität.
4	Die Dividende von Adidas-Salomon im Jahr 2004 ist im Vergleich zum Vorjahr um 3% gestiegen.

b) Berechnen Sie

- den Anstieg des Gewinns von Adidas-Salomon **im Jahr 2004** gegenüber dem Jahr 2003 in Prozenten,
- den Aktienkurs der Adidas-Salomon-Aktie vom Dienstag, 24.05.2005 in Euro,
- den Personalaufwand **je Mitarbeiter** bei Adidas-Salomon in Euro **im Jahr 2004** und
- die Kennzahl der Finanzierung (Eigenkapitalanteil) für das **Jahr 2004**.

c) Im Jahr 2005 schüttet Adidas-Salomon dieselbe Stückdividende wie im Vorjahr aus. Bilden Sie den Buchungssatz für die Gutschrift der Dividendenzahlung von Adidas-Salomon auf dem Geschäftskonto Ihres Unternehmens, wenn sich in unserem Bankdepot 500 Stück Adidas-Salomon-Aktien befinden.

Adidas Schachzug:
Angebot für Reebok schlägt an der Börse ein

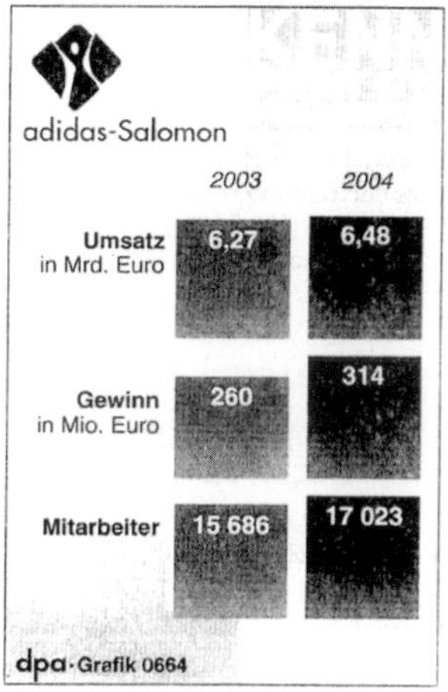

Die angekündigte Übernahme des US-Sportartikelherstellers Reebok durch Adidas für gut drei Milliarden Euro ist an der Börse gut angekommen.
Die Adidas-Aktie war am Mittwoch, 25.05.2005 der Spitzenreiter im Leitindex DAX. Der Aktienkurs stieg gegenüber dem Kurs des Vortages um 7% auf 158,36 €:
Beide Unternehmen passen nach Expertenmeinung hervorragend zusammen: Reebok hat eine herausragende Position in den Bereichen Lifestyle sowie als Ausrüster für amerikanische Sportarten wie Hockey und Basketball, Adidas ist in den Bereichen wie Fußball, Laufen und Golf etabliert.
Den zusammengerechneten Umsatz der neuen Adidas-Gruppe bezifferte Adidas-Vorstand Robin Stalker für 2004 auf 8,9 Milliarden Euro. Zum Vergleich: Adidas setzte 2004 rund 6,5 Milliarden Euro um, Reebok 3,8 Milliarden Eur

Von einer Nachrichtenagentur befragte Analysten äußerten sich teilweise kritisch zur Übernahme. Dadurch werde Adidas zwar größer, aber nicht unbedingt besser, sagte der Analyst einer großen deutschen Bank. Adidas laufe außerdem Gefahr, sich durch den Zusammenschluss mit Reebok in den USA selbst Marktanteile wegzunehmen.

Quelle: sueddeutsche.de/AP (bearbeitet)

Adidas-Salomon Finanz-Daten:		
	2004	**2003**
Bilanzdaten in Mio. €		
Bilanzsumme	4.427	4.188
Eigenkapital	1.628	1.356
Informationen zur Aktie in €		
Dividende je Aktie	1,30	1,00
Mitarbeiter		
Personalaufwand (in Mio. €)	782	709

Quelle: www.adidas-salomon.de

22.6 Sie lesen folgenden Artikel mit Infografik im Wirtschaftsteil einer Tageszeitung:

Schwung im Geschäft mit MP3-Spielern

Die Zahl der verkauften MP3-Spieler stieg in Deutschland im Jahr 2005 auf 5,9 Millionen Stück. Das berichtet der Bundesverband Informationswirtschaft, Telekommunikation und neue Medien (BITKOM). „Der MP3-Spieler ist die ideale Schnittstelle zwischen der digitalen Welt des Computers und der Unterhaltungselektronik", sagt BITKOM-Hauptgeschäftsführer Bernhard Rohleder. „Die Geräte werden unter anderem preiswerter. Das gibt dem Markt einen kräftigen Schub." Der Umsatz mit MP3-Spielern legte 2005 um 51 Prozent auf 494 Millionen Euro zu. Im Vorjahr verkauften die Hersteller in Deutschland rund 3,2 Millionen Geräte.
Die im Handel verfügbaren MP3-Player reichen von kleinen, portablen USB-Sticks bis zu Festplatten-Geräten, die Tausende Songs speichern können. Die MP3-Spieler eignen sich für den mobilen Einsatz", sagt Rohleder.
Ein weiter wichtiger Grund für das kräftige Absatzplus bei MP3-Spielern sei die steigende Beliebtheit legaler Download-Dienste für Musik im Internet. Die aus dem Internet geladenen Songs können die Anwender auf die MP3-Player überspielen. Nach Einschätzung des BITKOM wird sich der Umsatz mit dem Herunterladen von Liedern aus dem Internet im laufenden Jahr in Deutschland auf 31 Millionen Euro erhöhen und damit fast verfünffachen.
In den kommenden drei Jahren wächst der Markt für Musik-Downloads auf ein Volumen von mehr als 420 Millionen Euro. Das entspricht rund einem Fünftel des gesamten deutschen Musikmarktes im Jahr 2008.

Quelle: BITKOM (bearbeitet), Bundesverband Informationswirtschaft, Telekommunikation und neue Medien e. V.

Bearbeiten Sie zu diesem Zeitungsartikel und zu dieser Infografik folgende Aufgaben:

a) Im Text werden verschiedene Gründe für den Boom beim Geschäft mit MP3-Playern genannt. Nennen Sie zwei im Text aufgeführte Gründe für diese Entwicklung.

b) Berechnen Sie
- den prozentualen Zuwachs der verkauften MP3-Player im Jahr 2005 gegenüber dem Vorjahr und
- den Umsatz mit MP3-Playern im Jahr 2004 in Millionen Euro.

c) Geben Sie auf Ihrem Lösungsblatt an, ob die Aussagen A bis D zum Text und zur Infografik jeweils richtig oder falsch sind:

A	Der Umsatz mit dem Herunterladen von Liedern aus dem Internet wird sich im laufenden Jahr in Deutschland fast verfünffachen.
B	Das Volumen des gesamten deutschen Musikmarktes wird im Jahr 2008 voraussichtlich rund 2.100 Millionen Euro betragen.
C	Der Umsatz mit MP3-Playern stieg im Jahr 2004 um 411 Prozent.
D	Der Verkauf von MP3-Playern lag im Jahr 2003 in Deutschland bei 900 000 Stück.

22.7 Zur Infografik „Dreimal Lohn“ liegt Ihnen nachfolgender Lückentext vor. Geben Sie die **zutreffenden Begriffe bzw. Werte** für die Textlücken **(A)** bis **(D)** an.

(Infografik bearbeitet)

Im Jahr 2006 betrug der monatliche Nettolohn je Arbeitnehmer im Durchschnitt ....(A)....... €. Die Differenz zwischen dem gesamten Personalaufwand des Arbeitgebers und dem Bruttolohn bezeichnet man als ....(B)....... . Der Überweisungsbetrag an den Arbeitnehmer ergibt sich nach Abzug von Lohn- und Kirchensteuer, ...(C)....... sowie des Arbeitnehmeranteils zur Sozialversicherung vom Bruttolohn. Diese Abzüge machten zusammen 2006 im Durchschnitt ....(D)....... € monatlich aus.

Abschlussprüfung 2009

TEIL A — Pflichtaufgaben

Christiane Seeklar ist Inhaberin eines mittelständischen Unternehmens mit dem Firmennamen **„Christiane Seeklar Snowboards e. K.", kurz „CS-Boards".**
Das Unternehmen **„CS-Boards"** hat sich in seinem Stammwerk in Sonthofen auf die Herstellung von Snowboards spezialisiert.
Als Mitarbeiterin bzw. Mitarbeiter im Unternehmen **„CS-Boards"** sind Sie mit verschiedenen Aufgaben des betrieblichen Rechnungswesens betraut. Im Rahmen Ihrer Tätigkeit erhalten Sie eine Reihe von Aufgaben zur Bearbeitung.
Bitte beachten Sie folgende Vorgaben:

- Bei Buchungssätzen sind stets Kontennummern, Kontennamen (abgekürzt möglich) und Beträge anzuge-ben.
- Bei Berechnungen sind jeweils alle notwendigen Lösungsschritte und Nebenrechnungen darzustellen.
- Alle Ergebnisse sind in der Regel auf zwei Nachkomma-stellen gerundet anzugeben.
- Soweit nicht anders vermerkt, gilt ein Umsatzsteuersatz von **19%**.

CS-Boards

Sport & Spaß für alle

Informationen zum Unternehmen **„CS-Boards"**:

Inhaberin	Christiane Seeklar e. K.
Rechtsform	Einzelunternehmen
Anschrift (Firmensitz)	Fellhornstr. 6, 87527 Sonthofen
Zweck des Unternehmens	Hauptwerk in Sonthofen: Fertigung von Snowboards Zweigwerk in Neubiberg: Fertigung von Rennrodeln
Geschäftsjahr	1. Januar bis 31. Dezember 2008
Werkstoffe Rohstoffe Fremdbauteile Hilfsstoffe Betriebsstoffe	 Spezialhölzer, Kunststoffgranulat Stahlkanten Kunststoffkleber, Lacke, ... Strom, Gas, Öl, ...
Handelswaren	Snowboard-Bindungen, Snowboard-Rucksäcke

Aufgabe 1

Das Unternehmen **„EHOFA“** führt zur Ergänzung des Sortiments Sportbrillen in verschiedenen Ausführungen. Dazu liegt Ihnen folgender Beleg vor:

E. Müller

Erich Müller GmbH
Umformtechnik
Registergericht Nürnberg HRB 140982
Geschäftsführer: Erich Müller
Steuernummer: 232/031/87210
USt-IdNr. DE 348593244
Tel.: 0911 4323-0
Fax: 0911 432370

Erich Müller GmbH Umformtechnik • Kiefernweg 12 • 90350 Nürnberg

Christiane Seeklar Snowboards e.K.
Fellhornstr. 6
87527 Sonthofen

Rechnung

Datum: 11.03.2008
Rechnungsnummer 653/08
(bei Zahlung bitte angeben)

Ihr Auftrag vom 03.03.2008 Auftrags-Nr.: 655/3 Kunden-Nr.: 8950

Wir lieferten Ihnen am 10.03.2008 frei Haus:

Pos.	Menge m	Art.-Nr.	Artikel	Einzelpreis(€)	Gesamtpreis(€)
1	1000	54678	Stahlkanten, rostfrei, gehärtet und fertig geschliffen	7,50	7.500,00
			abzüglich Kundenrabatt 10%		750,00
			zuzüglich Leihverpackung		50,00

Nettowert	**USt 7%**	**USt 19%**	**Rechnungsbetrag**
6.800,00 €	**--------**	**1292,00 €**	**8.092,00 €**

Zahlungsbedingungen:
Die Rechnung ist fällig am 10.04.2008.
Bei Zahlung bis zum 21.03.2008 gewähren wir 2% Skonto.
Die Ware bleibt bis zur vollständigen Bezahlung unser Eigentum.
Bankverbindung: Sparbank Nürnberg – Konto 32032 – BLZ 760 481 01

1.1 Bilden Sie den Buchungssatz für die nebenstehende Rechnung Nr. 653/08.

1.2 Christiane Seeklar führt ihr Unternehmen **„CS-Boards“** in der Rechtsform der Einzelunternehmung, während sich das Unternehmen Erich Müller GmbH für die Rechtsform einer GmbH entschieden hat. Dazu sind im Folgenden vier Aussagen mit den Kennbuchstaben **A bis D** aufgeführt.

Geben Sie auf Ihrem Lösungsblatt die Kennbuchstaben der **zwei zutreffenden Aussagen** an.

A	Die Abkürzung „GmbH“ steht für „Genossenschaft mit beschränkter Haftung“.
B	Die GmbH zählt zu den Kapitalgesellschaften.
C	Der Einzelunternehmer haftet ausschließlich mit dem Geschäftsvermögen.
D	Die GmbH muss im Handelsregister eingetragen sein.

1.3 Am 18.03.2008 erhält das Unternehmen **„CS-Boards“** ein Schreiben der Erich Müller GmbH.
Bilden Sie den Buchungssatz zu folgendem Beleg:

Nürnberg, den 17.03.2008

Gutschriftenanzeige für Rücksendung von Leihverpackung

Sehr geehrte Frau Seeklar,

für die zurückgesendete Leihverpackung (Rechnung Nr. 653/08) schreiben wir Ihnen 59,50 € brutto gut.

Mit freundlichen Grüßen

Erich Müller

Erich Müller
Geschäftsführer
Erich Müller GmbH

1.4 Die Rechnung Nr. 653/08 wird am **19.03.2008** per Banküberweisung beglichen.
Bilden Sie den Buchungssatz für den Ausgleich des noch offenen Rechnungsbetrags.

1.5 Belege bilden die Grundlage der Buchführung. Einer der *Grundsätze ordnungsmäßiger Buchführung* (GoB) lautet daher: „Keine Buchung ohne Beleg“.

1.5.1 Wie viele Jahre müssen Rechnungen laut HGB aufbewahrt werden?

1.5.2 Welche Bedeutung haben Belege im Falle eines Rechtsstreits (z.B. Streit zweier Geschäftspartner vor Gericht)?

Aufgabe 2

Das Unternehmen **„CS-Boards"** kaufte am 24.01.2008 zur Anlage freier Mittel 35 Aktien der ViDi AG zum Kurs von 537,00 € je Stück.

2.1 Die Banklastschrift betrug 18.982,95 € (Spesen 1% vom Kurswert).
Bilden Sie den Buchungssatz für den Kauf der Aktien.

2.2 Die Aktien wurden über die Hausbank des Unternehmens **„CS-Boards"** an der umsatzstärksten deutschen Börse in Frankfurt gekauft.
In welcher Stadt hat die **bayerische** Effektenbörse ihren Sitz?

2.3 Am 2. Juli 2008 erfolgt die Bankgutschrift von 1,80 € Dividende pro Aktie.
Erstellen Sie den Buchungssatz.

2.4 Das Unternehmen **„CS-Boards"** verfolgt wegen der Finanzkrise besorgt die Kursentwicklung der ViDi-Aktien (siehe Grafik).
Berechnen Sie den Rückgang des Kurses der ViDi-Aktien in Prozenten vom Tag des Kaufs bis zum 1. August 2008.

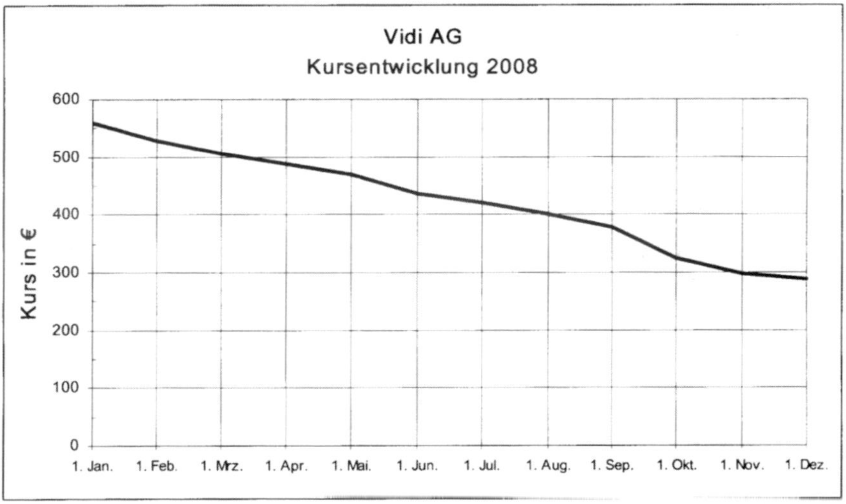

2.5 Im Dezember 2008 entschließt sich das Unternehmen **„CS-Boards"** alle ViDi-Aktien wieder zu verkaufen. Die Bankgutschrift dafür beträgt 9.702,00 € (Spesen 1% vom Kurswert).
Bilden Sie den Buchungssatz.

2.6 Berechnen Sie die effektive Verzinsung dieser Aktienanlage bei einer Besitzdauer von 315 Tagen.

Aufgabe 3

Das Unternehmen **„CS-Boards"** produziert zwei Modelle von Rennrodeln, die überwiegend über Sportfachgeschäfte vertrieben werden. Zur Berechnung des Betriebsergebnisses liegt Ihnen nachstehendes Rechenblatt vor:

	A	B	C	D
1		**Modell „Speedy"**	**Modell "Funny"**	
2	Nettoverkaufspreis	359,00 €	299,00€	
3	variable Kosten	176,00 €	173,00 €	
4	Fixkosten			270.000,00 €
5	Produktion = Absatz (Stück)	1200	850	
6	Kapazität (Stück)	1600	1000	
7	Auslastung	75,00%	85,00%	
8				
9	Nettoverkaufserlöse	430.800,00 €	254.150,00 €	
10	- variable Kosten	211.200,00 €	147.050,00 €	
11	Deckungsbeitrag	219.600,00 €	107.100,00 €	326.700,00 €
12	- Fixkosten			270.000,00 €
13	**Betriebsgewinn**			**56.700,00 €**

3.1 Wie lautet die Formeldarstellung zur Berechnung

3.1.1 der Kapazitätsauslastung des Modells "Speedy" in Zelle B7,

3.1.2 der variablen Kosten in Zelle C10?

3.2 Die Kalkulation ergab für Modell „Funny" einen Nettoverkaufspreis von 300,70 €. Nennen Sie einen Grund, der für eine Festsetzung des Nettoverkaufspreises auf 299,00 € spricht.

3.3 Bei Modell „Speedy" erfolgt ein enormer Absatzeinbruch.

3.3.1 Ermitteln Sie die langfristige Preisuntergrenze für das Modell „Speedy" (Produktion und Absatz von Modell „Funny" bleiben unverändert).

3.3.2 Erklären E; WAS MAN UNTER Fixkosten versteht.

3.4 Eine Warenhauskette würde zusätzlich 300 Stück des Modells „Speedy" abnehmen, allerdings nur zum Preis von 165,00 € netto. Begründen Sie, warum der Zusatzauftrag vom Unternehmen **„CS-Boards" nicht** angenommen wird (ohne Berechnung).

3.5 Anstelle des Zusatzauftrages führt das Unternehmen **„CS-Boards"** als absatzfördernde Werbemaßnahme eine Autogrammstunde mit dem Rennrodelweltmeister durch. Hierzu geht eine Rechnung der Werbeagentur ein. Der Rechnungsbetrag beläuft sich auf 1.428,00 €. Bilden Sie den Buchungssatz.

Aufgabe 4

Die gestiegenen Energiepreise sind auch für das Unternehmen **„CS-Boards“** ein Problem. Dazu liegen Ihnen folgende Materialien vor:

Rohstoff- und Energiekosten belasten Mittelstand

Stuttgart (dpa) - Die hohen Rohstoff- und Energiekosten sowie die Auswirkungen der Finanzkrise machen den deutschen Mittelständlern zunehmend zu schaffen.

Dies zeige sich bereits bei der Personalpolitik. Die Zahl der Mittelständler, die Jobs streichen wollen, ist seit Jahresbeginn von 15 auf 20 Prozent gestiegen. Auch die Investitionsbereitschaft der Unternehmen geht den Angaben zufolge zurück.
44 Prozent der Mittelständler beklagten die hohen Rohstoff- und Energiepreise, 29 Prozent sehen diese sogar als erhebliches Risiko. Zudem sieht sich jeder dritte Mittelständler von der Finanzkrise betroffen. 32 Prozent sagen, es sei in den vergangenen Monaten schwieriger geworden, einen Kredit bei einer Bank zu bekommen. Viele Firmen finanzieren sich deshalb der Studie zufolge stärker über eine Erhöhung des Eigenkapitals in Form von Privateinlagen oder durch die Aufnahme eines stillen Gesellschafters.

Quelle www.augsburger-allgemeine.de vom 10.08.2008 (bearbeitet)

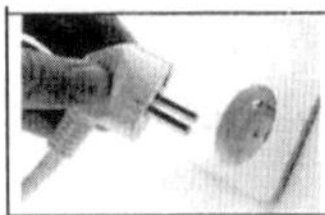

Angebot Stromversorger FLEXASTROM

Grundgebühr je Monat (netto)	6,50 €
Verbrauchspreis je kWh (netto)	12,5 Cent
Nachlass auf den Gesamtpreis bei jährlicher Vorauszahlung	1%

So viel Stromkosten können Unternehmen sparen

Sparpotenziale von energieeffizienten IT-Geräten gegenüber ineffizienten

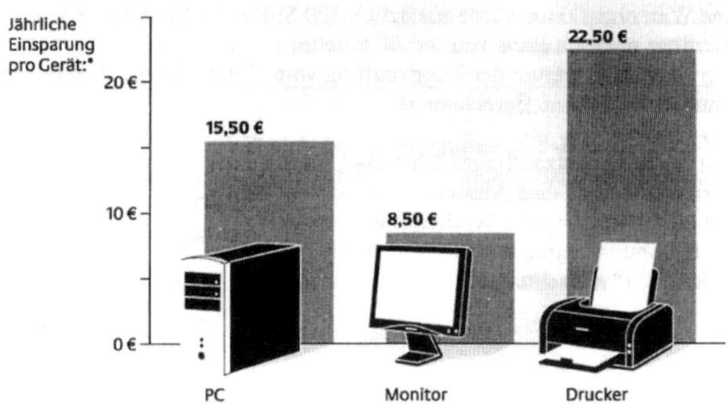

* angenommener Strompreis 13 Cent/kWh

Quelle: *Initiative EnergieEffizienz*, dena

4.1 Christiane Seeklar liest mit Interesse einen Zeitungsartikel (siehe oben). Bearbeiten Sie zu **diesem Zeitungstext** folgende Aufgaben:

4.1.1 Welche **zwei** negativen Auswirkungen haben die hohen Rohstoff- und Energiekosten für mittelständische Unternehmen?

4.1.2 Aufgrund der Finanzkrise ist es für viele mittelständische Unternehmen schwieriger geworden, einen Kredit bei einer Bank zu bekommen.
Nennen Sie **eine** Möglichkeit, wie ein Einzelunternehmen eine neue Investition mittels **Eigen**finanzierung tätigen kann.

4.2 Das Unternehmen **„CS-Boards“** möchte die hohen Stromkosten reduzieren. Deshalb soll der Stromanbieter gewechselt werden. Hierzu haben Sie zwei günstige Anbieter im Internet recherchiert: das Angebot des Energieversorgers „Stromflott“ mit jährlichen Kosten in Höhe von 5.757,50 € und das Angebot des Versorgers „Flexastrom“ (siehe Tabelle oben).

4.2.1 Berechnen Sie die jährlichen Stromkosten bei einem angenommenen Jahresverbrauch von 45 000 kWh beim Anbieter „Flexastrom“, wenn das Unternehmen **„CS-Boards“** den Nachlass in Anspruch nehmen will.

4.2.2 Das Unternehmen **„CS-Boards“** schließt den Stromvertrag mit dem Versorger „Flexastrom“ über den Bezug von 45 000 kWh ab.
Bilden Sie den Buchungssatz für den Eingang des Jahresstromrechnung.

4.3 Neben dem Wechsel des Stromanbieters möchte das Unternehmen **„CS-Boards“** durch Investitionen in energieeffiziente (energiesparende) Geräte in Zukunft weitere Kosten einsparen. Dazu sollen als Ersatz für Altgeräte zunächst 30 neue energieeffiziente PCs und 30 Monitore angeschafft werden.

4.3.1 Berechnen Sie das mögliche jährliche Sparpotenzial bei dieser Investition in Euro auf der Grundlage der oben angeführten Infografik.

4.3.2 Bilden Sie den Buchungssatz für den Einkauf der PCs und der Monitore gegen Rechnung, wenn der Listenpreis insgesamt 36.000,00 € beträgt und zudem Installationskosten von insgesamt 1.990,00 € netto anfallen.

Aufgabe 5

Zum **31.12.2008** sind beim Unternehmen **„CS-Boards“** unter anderem folgende Abschlussarbeiten durchzuführen:

5.1 Der neue Lieferwagen wird mit 2.000,00 € linear abgeschrieben.
Bilden Sie den Buchungssatz.

5.2 Ihnen liegt der Kontoauszug vom 2. Oktober 2008 vor.
Bilden Sie den vorbereitenden Abschlussbuchungssatz zum **31.12.2008**.

Genossenschaftsbank Oberallgäu Sonthofen				**76240040**
Kontoauszug 02. Oktober 2008/14:30 Uhr	Nummer 165	Konto 67 123 Christiane Seeklar e. K.		Seite 1/1
Bu.-Tag / Wert / Bu.-Nr.	Vorgang		Betrag (€) Belastung	Gutschrift
01.10. / 01.10. / 366	Finanzamt Kempten Lastschrift KfZ-Steuer OA – CS 255 01.10.2008 – 30.09.2009 Rechnung Nr. 29/07		660,00	
Kontokorrentkredit	€ 20.000,00	alter Kontostand		8.455,80
verfügbar	€ 27.795,80	neuer Kontostand		7.795,80

5.3 Bei den zweifelhaften Forderungen wurde die Summe der geschätzten Ausfälle mit 2.400,00 € ermittelt; aus dem Vorjahr besteht eine Wertberichtigung in Höhe von 2.650,00 €.
Bilden Sie den Buchungssatz für die Anpassung der Wertberichtigung.

5.4 Das Konto 6011 BZKF weist einen Saldo von 612,50 € aus.
Bilden Sie den Buchungssatz.

5.5 Zum Jahresabschluss liegt Ihnen das nachstehende, noch nicht vollständig abgeschlossene Konto vor:

Soll (€)	3000 EK		Haben (€)
3001 P	81.600,00	8000 EBK	3.450.000,00
		8020 GUV	460.000,00
	3.910.000,00		3.910.000,00

5.5.1 Bilden Sie den Buchungssatz für den Abschluss des Kontos 3001 P.

5.5.2 Berechnen Sie die Kennzahl der Eigenkapitalrentabilität.

5.5.3 Beurteilen Sie die Kennziffer der Eigenkapitalrentabilität (mit Begründung).

5.5.4 Berechnen Sie die Höhe des Eigenkapitals zum 31.12.2008.

TEIL B Auswahlaufgaben

Aufgabe 6

Das Unternehmen **„CS-Boards"** führt als Ergänzung des Sortiments Snowboardrucksäcke in verschiedenen Ausführungen. Dazu liegt Ihnen folgendes Rechenblatt vor:

1	A	B	C	D
2	**Kalkulation für Snowboardrucksäcke *„HubiPack"* rot**			
3	**Eingabebereich:**	Stückzahl		
4	Bestellmenge	50		
5	Einstandspreis je Stück			50,00 €
6	Gemeinkosten für Handelswaren		10,00%	
7	Gewinn		12,00%	
8	Kundenrabatt		7,50%	
9	Kundenskonto		2,50%	
10	Versandkostenpauschale je Stück			3,10 €
11	Versandkostenpauschale ab Bestellmenge	30		40,00 €
12				
13	**Ausgabebereich:**			
14	Einstandspreis			2.500,00 €
15	+ Gemeinkosten für Handelswaren			250,00 €
16	Selbstkostenpreis			2.750,00 €
17	+ Gewinn			330,00 €
18	Barverkaufspreis			3.080,00 €
19	+ Kundenskonto			78,97 €
20	Zieleinkaufspreis			3.158,97 €
21	+ Kundenrabatt			256,13 €
22	Listenverkaufspreis			3.415,10 €
23				
24	Kalkulationsaufschlagsatz		36,60%	

6.1 Zu diesem Rechenblatt liegen Ihnen drei Aussagen vor. Geben Sie auf Ihrem Lösungsblatt an, ob die **Aussagen A, B und C richtig oder falsch** sind:

A	In den Gemeinkosten für Handelswaren werden die Prozentsätze von Gewinn, Kundenskonto, Kundenrabatt zu einem gemeinsamen Zuschlagssatz zusammengefasst.
B	Kundenrabatt wird nur ab einer Bestellmenge von 30 Stück gewährt.
C	Der Kalkulationsaufschlagsatz in Zelle C4 entspricht einem Kalkulationsfaktor von 1,3660.

6.2 Wie lautet die Formeldarstellung zur Berechnung des Kundenrabatts in Zelle D21?

6.3 Bilden Sie den Buchungssatz für die Ausgangsrechnung von 50 Snowboardrucksäcken zu den im Rechenblatt dargestellten Bedingungen.

6.4 Aufgrund einer Mängelrüge wegen geringfügiger Farbabweichung bei einigen Rucksäcken erhält der Kunde eine Gutschrift über 142,80 € brutto (USt-Anteil 22,80 €).
Bilden Sie den Buchungssatz.

Aufgabe 7

Das Unternehmen **„CS-Boards“** beabsichtigt, im Januar 2008 für eine defekte, noch nicht vollständig abgeschriebene Bandschleifmaschine eine neue mit gleicher Leistung zu beschaffen. Für die bisherige Bandschleifmaschine liegt folgende Anlagekarte vor:

<table>
<tr><td colspan="3">Bezeichnung: Bandschleifmaschine</td><td colspan="2">Abschreibungssatz: 6 ⅔%</td></tr>
<tr><td colspan="3">Konto: 0700 MA
Inventarnummer: 0722</td><td colspan="2">Abschreibungsverfahren: linear</td></tr>
<tr><th>Datum</th><th>Anschaffungs-kosten (€)</th><th>AfA-Satz (%)</th><th>AfA-Betrag (€)</th><th>Restbuchwert (€)</th></tr>
<tr><td>20. Jan. 2005</td><td>37.500,00</td><td></td><td></td><td></td></tr>
<tr><td>31. Dez. 2005</td><td></td><td>6 ⅔</td><td>2.500,00</td><td>35.000,00</td></tr>
<tr><td>31. Dez. 2006</td><td></td><td>6 ⅔</td><td>2.500,00</td><td>32.500,00</td></tr>
<tr><td>31. Dez. 2007</td><td></td><td>6 ⅔</td><td>2.500,00</td><td>30.000,00</td></tr>
<tr><td></td><td></td><td></td><td></td><td></td></tr>
</table>

7.1 Berechnen Sie, von welcher Nutzungsdauer bei der Maschine ausgegangen wurde.

7.2 Wofür steht die Abkürzung „AfA“?

7.3 Mit welchem Fachbegriff wird die vorgesehene Investition bezeichnet?

7.4 Am 8. Januar wird die Bandschleifmaschine für 3.000,00 € netto an einen Schrotthändler gegen Quittung verkauft.
Bilden Sie die Buchungssätze.

7.5 Wegen eines kurzfristigen Liquiditätsengpasses muss das Unternehmen **„CS-Boards“** für diese Investition einen Kredit über 250 Tage aufnehmen.
Bilden Sie den Buchungssatz für die Gutschrift des Kredits auf dem Geschäftsbankkonto von **„CS-Boards“**, wenn die Anschaffungskosten für die neue Bandschleifmaschine 83.790,00 € betragen und bei der Kreditaufnahme eine Bearbeitungsgebühr von 2% zu berücksichtigen ist.

Aufgabe 8

Zum Ende des dritten Quartals 2008 liegen Ihnen folgende Daten aus dem Betriebsabrechnungsbogen (BAB) des Unternehmens **„CS-Boards"** vor:

	Materialbereich	**Fertigungs-bereich**	**Verwaltungs-bereich**	**Vertriebsbereich**
Einzelkosten		200.000,00 €		
Zuschlags-sätze	15%		7,5%	8,5%

Weitere Angaben:

Fertigungskosten	450.000,00 €
Herstellkosten der Erzeugung	657.000,00 €
Fertige Erzeugnisse (FE) Schlussbestand	20.000,00 €
Unfertige Erzeugnisse (UFE) Mehrbestand	42.000,00 €
Bestandsmehrung an UFE und FE insgesamt	15.000,00 €

8.1 Erläutern Sie, wozu ein Betriebsabrechnungsbogen in einem Fertigungsunternehmen dient.

8.2 Berechnen Sie den Rohstoffverbrauch.

8.3 Ermitteln Sie den Zuschlagsatz für die Fertigungsgemeinkosten.

8.4 Im Zusammenhang mit den Bestandsveränderungen an UFE und FE sind noch folgende Aufgaben durchzuführen:

8.4.1 Bilden Sie den Buchungssatz für die Erfassung der Bestandsveränderung bei den Unfertigen Erzeugnissen.

8.4.2 Ermitteln Sie den Anfangsbestand bei den Fertigerzeugnissen.

8.5 Wie hoch ist der gemeinsame Zuschlagsatz für die Verwaltungs- und Vertriebsgemeinkosten?

8.6 Der Betriebsabrechnungsbogen des folgenden vierten Quartals weist Fertigungsgemeinkosten von 258.000,00 € aus. Die Fertigungslöhne bleiben gegenüber dem vergangenen Quartal unverändert.

8.6.1 Berechnen Sie im Rahmen der Nachkalkulation die Fertigungskosten für das vierte Quartal und geben Sie an, ob es sich dabei um eine Über- oder Unterdeckung handelt.

8.6.2 Nennen Sie einen konkreten Grund, der zu dieser Kostenabweichung geführt haben könnte.

Abschlussprüfung 2010

TEIL A — Pflichtaufgaben

CFS

Sportbekleidung nach Maß

Christine Fesch ist Inhaberin eines mittelständischen Unternehmens mit dem Firmennamen **„Christine Fesch Sportbekleidung e. K."**, kurz **„CFS"**.
Das Unternehmen „CFS" hat sich in seinem Stammwerk in Ebenberg auf die Herstellung von Sportbekleidung spezialisiert.

Als Mitarbeiterin bzw. Mitarbeiter im Unternehmen „CFS" sind Sie mit verschiedenen Aufgaben des betrieblichen Rechnungswesens betraut. Im Rahmen Ihrer Tätigkeit erhalten Sie eine Reihe von Aufgaben zur Bearbeitung.
Bitte beachten Sie folgende Vorgaben:

- Bei Buchungssätzen sind stets Kontennummern, Kontennamen (abgekürzt möglich) und Beträge anzugeben.
- Bei Berechnungen sind jeweils alle notwendigen Lösungsschritte und Nebenrechnungen darzustellen.
- Alle Ergebnisse sind in der Regel auf zwei Nachkommastellen gerundet anzugeben.
- Soweit nicht anders vermerkt, gilt ein Umsatzsteuersatz von 19%.

Informationen zum Unternehmen „CFS":

Inhaberin	Christine Fesch e. K.
Rechtsform	Einzelunternehmen
Anschrift (Firmensitz)	Sommerstraße 64, 85560 Ebenberg
Zweck des Unternehmens	Hauptwerk in Ebenberg: Fertigung von Sportbekleidung Zweigwerk in Starnberg: Fertigung von Golfschlägern
Unternehmensphilosophie	Der Schwerpunkt der Unternehmensphilosophie im Unternehmen „CFS" liegt auf der Kundenorientierung
Geschäftsjahr	1. Januar bis 31. Dezember 2009
Werkstoffe Rohstoffe Fremdbauteile Hilfsstoffe Betriebsstoffe	 Natur- und Kunstfaserstoffe Reißverschlüsse, Aufnäher (Applikationen) Knöpfe, Nähgarn, Verschlüsse, ... Strom, Gas, Öl, ...
Handelswaren	Sporttaschen

Aufgabe 1

Das Unternehmen „CFS“ führt zur Ergänzung seines Sortiments Sporttaschen in verschiedenen Ausführungen. Dazu liegt Ihnen folgender Beleg vor:

Sport Taschen Maier e. K.

Sporttaschen-Maier e. K. · Neue Straße 44. · 58256 Ennepetal

Christine Fesch Sportbekleidung e. K.
Sommerstraße 64
85560 Ebenberg

www.sporttaschen-maier.de
Amtsgericht Hagen HRA 578
Geschäftsführung: Anne Maier
USt-IdNr. DE 765879076
Tel.: 02333 9885-0
Fax 02333 71639
Fax: 0911 432370

Rechnung
Rechnungsnummer: 0012355
Kundennummer: 0078665

Ennepetal, 16. Januar 2009

Wir lieferten Ihnen am 14. Januar 2009:

Pos.	Stück	Einzelpreis €	Gegenstand	Gesamtpreis €
1	50	19,00	Sporttasche Modell „Sportass“	950,00
			Rabatt 5%	47,50
			Warenwert	902,50
			Frachtkosten	17,50
				920,00
			Umsatzsteuer 19%	174,80
			Rechnungsbetrag	**1.094,80**

Betrag fällig am 15. Februar 2009 rein netto.
Bei Bezahlung bis zum 24. Januar 2009 gewähren wir 3% Skonto vom Rechnungsbetrag.
Die gelieferte Ware bleibt bis zur vollständigen Bezahlung unser Eigentum.
Bankverbindung: Ökobank (BLZ 450 560 50) · Konto 000 235 864

1.1 Bilden Sie den Buchungssatz für obenstehenden Beleg.

1.2 Welche Lieferbedingung (Fachbegriff) wurde mit dem Unternehmen „Sporttaschen-Maier“ vereinbart?

1.3 Im vorliegenden Beleg ist bei Zahlung bis 24. Januar 2009 Skontoabzug möglich. Nennen Sie einen betriebswirtschaftlichen Grund, warum das Unternehmen „CFS“ Skonto gewährt.

1.4 Die Rechnung Nr. 00112355 wird am 23. Januar 2009 beglichen. Bilden Sie den Buchungssatz für die Banküberweisung.

1.5 Der Einstandspreis für eine Sporttasche Modell „Sportass“ beträgt 18,40 €. Berechnen Sie den Listenverkaufspreis, wenn das Unternehmen „CFS“ mit folgenden Werten kalkuliert:
- Gewinn 30%
- Gemeinkosten für Handelswaren 50%
- Kundenrabatt 20%

1.6 Im Rahmen unseres Werksverkaufs im Outlet-Shop „Fesch Samma“ liegt Ihnen folgender Beleg vor. Bilden Sie den Buchungssatz.

	€		Cent
Netto €	*35*	Cent	*88*
+ 19% USt	*6*	Cent	*82*
Gesamt €	*42*	Cent	*70*

Quittung

Gesamtbetrag € in Worten
Zweiundvierzig-- Cent wie oben

(im Gesamtbetrag sind *19%* Mehrwertsteuer enthalten)

von *Werner Klub*

für *Sporttasche Modell „Sportass“*
richtig erhalten zu haben, bestätigt

Ort *Ebenberg* Datum *20. Februar 2009*

Buchungsvermerke

Unterschrift des Empfängers
Astrid Fesch

Aufgabe 2

Obwohl das Unternehmen „CFS“ bislang von Absatzeinbrüchen verschont blieb, verfolgt Christine Fesch die Entwicklung der aktuellen Arbeitsmarktdaten. In diesem Zusammenhang stößt sie im Wirtschaftsteil der Tageszeitung auf nachfolgende Infografik mit Text:

> Die Finanzkrise hinterlässt auch in der deutschen Wirtschaft ihre Spuren. Umsatzeinbrüche und sinkende Kapazitätsauslastung treiben die Zahl der Kurzarbeiter auf Rekordwerte. Kurzarbeit bedeutet: der Beschäftigte arbeitet weniger, beispielsweise nur drei Tage in der Woche, dafür bezahlt ihm die Firma weniger Geld. Einen Teil des weggefallenen Lohns übernimmt die Bundesagentur für Arbeit. Aber auch Unternehmen, die zum Beispiel Kurzarbeit wegen Auftragsmangels anmelden, profitieren auf diese Weise, da sie in einer wirtschaftlich schlechten Lage Personalabbau und damit den Verlust qualifizierter und eingearbeiteter Mitarbeiter vermeiden können. (Quelle: Globus-Infografik 2632, bearbeitet)

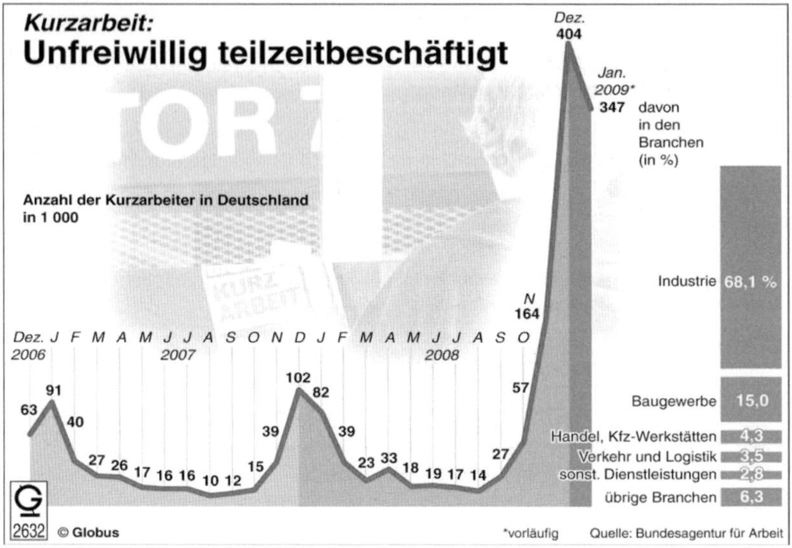

2.1 Bearbeiten Sie auf der Grundlage der Infografik **und** des Textes folgende Aufgaben:

2.1.1 Erklären Sie den Begriff **Kapazität**.

2.1.2 Berechnen Sie den prozentualen Anstieg der Zahl der Kurzarbeiter von Dezember **2007** auf Dezember **2008**.

2.1.3 Berechnen Sie, wie viele Arbeitnehmer im **Januar 2009** in Industrieunternehmen von Kurzarbeit betroffen waren.

2.1.4 Nennen Sie einen Vorteil, den Kurzarbeit für ein **Unternehmen** hat.

2.2 Für den Monat Februar 2009 liegt Ihnen folgender Auszug der Gehaltsliste des Unternehmens „CFS" vor:

Name	Brutto-gehalt (€)	Steuer-merkmale	Steuern (€)	Soz.Vers. Arb.N. (€)	Soz.Vers. Arb.G. (€)	Netto-gehalt (€)
Martin Herzog	2.500,00	III/0	134,27	519,38	496,88	1.846,35
Jakob Neuberg	2.500,00	III/2	124,33	513,13	490,63	1.862,54
...						
...						
Summe	10.800,00		1.305,00	2.227,00	2.129,00	7.268,00

2.2.1 Trotz gleicher Steuerklasse und gleichen Bruttogehalts sind laut obiger Gehaltsliste bei den Angestellten Herzog und Neuberg unterschiedliche Steuerbeträge ausgewiesen. Erklären Sie diesen Unterschied.

2.2.2 Bilden Sie die Buchungssätze für die Erfassung des Personalaufwands laut vorliegender Summenzeile, wenn die Auszahlung per Banküberweisung erfolgt.

2.2.3 Erstellen Sie den Buchungssatz für folgenden Beleg:

Sparkasse Ebenberger Land				**703 450 40**
Kontoauszug 28. Februar 2009/14:30 Uhr	Nummer 28	Konto 55 800 Christine Fesch Sportbekleidung e. K.		Seite 1/1

Bu.-Tag	Wert	Bu.-Nr.	Vorgang	Betrag (€) Belastung	Betrag (€) Gutschrift
24.02.	24.02.	111	Lastschrift Betriebliche Unfallversicherung Beitrag 2009	980,00	

Kontokorrentkredit	€ 20.000,00	Alter Kontostand	11.244,20 +
verfügbar	€ 30.264,20	Neuer Kontostand	10.264,20 +

Aufgabe 3

Das Unternehmen „CFS" plant, eine neue Zuschneidemaschine für Stoffe anzuschaffen.

3.1 Für diese Anschaffung haben Sie im Auftrag der Unternehmensleitung zwei Angebote (siehe unten) für qualitativ gleichwertige Maschineneingeholt. Entscheiden Sie sich für ein Angebot und nennen Sie **zwei** Gründe, warum die neue Maschine bei diesem Anbieter gekauft werden sollte.

Angebot A **Maschinenbau-AG Hannover**	**Angebot B** **Maschinenfabrik Augsburg GmbH**
Listenpreis 125.000,00 € netto	Listenpreis 128.000,00 € netto
Lieferzeit: 4 Monate	Lieferzeit: 12 Wochen
Garantie 60 Monate	Garantie 36 Monate
Kundendienst: Stammwerk in 30159 Hannover	Kundendienst: Werksvertretung in 85560 Ebenberg

3.2 Die Unternehmensleitung nimmt **Ihren Vorschlag** (siehe Nr. 3.1). bei welchem Anbieter die neue Maschine gekauft werden soll, an. Bilden Sie den Buchungssatz für den Kauf der Maschine gegen Rechnung.

3.3 Im Zusammenhang mit dem Kauf der neuen Zuschneidemaschine fallen weitere Kosten an. Hierzu sind im Folgenden vier Beispiele mit den Kennbuchstaben **A bis D** aufgeführt. Geben Sie auf Ihrem Lösungsblatt die **zwei** Kennbuchstaben für **aktivierungspflichtige Nebenkosten** an.

A	Montage	**C**	Nachfüllung von Hydrauliköl
B	Malerarbeiten in der Produktionshalle	**D**	Transportversicherung

3.4 Die Anschaffung der neuen Maschine soll zum Teil durch die Aufnahme eines Kredits in Höhe von 75.000,00 € finanziert werden. Hierfür wurde mit der Bank ein Zinssatz von 6% p.a. und eine Bearbeitungsgebühr von 1,5% vereinbart. Zu diesem Kredit liegt Ihnen folgender Tilgungsplan vor:

Jahr	Zinsen (€)	Tilgung (€)	Darlehensrate (€)	Restschuld (€)
2009	4.500,00	13.304,73	17.804,73	61.695,27
2010	3.701,72	14.103.01	17.804,73	47.592,26
2011	2.855,54	14.949,19	17.804,73	32.643,07
2012	1.958,58	15.846,15	17.804,73	16.796,92
2013	1.007,81	16.796,92	17.804,73	0,00
gesamt	**14.023,65**	**75.000,00**	**89.023,65**	

3.4.1 Bilden Sie den Buchungssatz für die Gutschrift des Kredits auf dem Bankkonto.

3.4.2 Geben Sie anhand des vorliegenden Tilgungsplans auf Ihrem **Lösungsblatt** die **zutreffenden Begriffe** für die Textlücken (A), (B) und (C) an:

Aus dem Tilgungsplan ist ersichtlich, dass die anfallende ... (A) .... Jährlich gleich hoch bleibt. Der jährliche Zinsanteil wird von der .... (B) .... Berechnet. Dadurch nimmt der Zinsanteil ab und der Tilgungsanteil zu. Somit handelt es sich hier um ein.... (C) .... -darlehen.

3.4.3 Bilden Sie den Buchungssatz für die Belastung des Bankkontos mit der ersten Darlehensrate.

Aufgabe 4

Für das Multifunktions-Shirt „Flocke" aus der Produktion des Unternehmens „CFS" wird ein hoher Anteil hochwertiger Schafwolle verarbeitet. Zum Auftrag des Kunden „Megasport" liegt Ihnen folgendes Rechenblatt zur **Stückkalkulation** (Vor-/Nachkalkulation) vor:

	A	B	C	D	E	F
1	**Multifunktions-Shirt „Flocke"**			**Auftrag „Megasport" – Mai 2009**		
2	**Vorkalkulation**			**Nachkalkulation**		
3	Fertigungsmaterial		21,40 €	Fertigungsmaterial		22,60 €
4	Material-GK	8,00%	1,71 €	Material-GK	7,50%	1,70 €
5	Fertigungslöhne		18,20 €	Fertigungslöhne		19,10 €
6	Fertigungs-GK	98,10%	17,85 €	Fertigungs-GK	101,00%	19,29 €
7	Sondereinzelkosten		0,78 €	Sondereinzelkosten		0,78 €
8	Herstellkosten		59,94 €	Herstellkosten		63,47 €
9	Verw.-/Vtr.-GK	11,70%	7,01 €	Verw.-/Vtr.-GK	10,80%	6,85 €
10	Selbstkosten		66,95 €	Selbstkosten		70,32 €
11	Gewinn	15,00%	10,04 €	Gewinn		6,67 €
12	Listenverkaufspreis		76,99 €	Listenverkaufspreis		76,99 €

4.1 Wie lautet die Formeldarstellung zur Berechnung

4.1.1 der Materialgemeinkosten in Zelle C4 und

4.1.2 der Herstellkosten in Zelle C8 unter Verwendung einer **geeigneten Funktion**?

4.2 Berechnen Sie den tatsächlichen Gewinn in Prozenten.

4.3 Nennen Sie

4.3.1 eine **konkrete** Ursache für die Erhöhung der Kosten beim Fertigungsmaterial,

4.3.2 ein Beispiel für Sondereinzelkosten der Fertigung.

4.4 Das Unternehmen „CFS“ verkauft 500 Stück des Multifunktions-Shirt „Flocke“ zum kalkulierten Listenverkaufspreis und stellt dem Kunden eine Versandkostenpauschale in Höhe von insgesamt 40,00 € netto in Rechnung. Bilden Sie den Buchungssatz.

Aufgabe 5

Ihnen liegt die aufbereitete Bilanz des Unternehmens „CFS“ zum 31.12.2009 vor:

Aktiva	Bilanz zum 31.12.2009 (in €)		Passiva
Anlagevermögen		**Eigenkapital**	912.000,00
Sachanlagen	1.600.000,00	**Fremdkapital**	
Umlaufvermögen		langfristig	2.300.000,00
Vorräte	672.000,00	kurzfristig	688.000,00
Forderungen	1.388.000,00		
flüssige Mittel	240.000,00		
Gesamtvermögen	3.900.000,00	Gesamtkapital	3.900.000,00

Außerdem sind folgende Werte bekannt:

Jahresüberschuss	173.500,00 €
Umsatzerlöse	3.026.900,00 €

5.1 Die Finanzierung (Eigenkapitalanteil) ist eine wichtige Unternehmenskennziffer.

5.1.1 Nennen Sie einen Grund, warum die Kennzahl der Finanzierung für ein Kreditinstitut zur Bewertung eines Unternehmens von Interesse ist.

5.1.2 Berechnen Sie diese Kennzahl beim Unternehmen „CFS“.

5.1.3 Nennen Sie eine Möglichkeit, die Kennzahl der Finanzierung zu verbessern.

5.2 Für Unternehmer wie Kapitalanleger ist unter anderem die Eigenkapitalrentabilität von besonderer Bedeutung.

5.2.1 Berechnen Sie die Eigenkapitalrentabilität beim Unternehmen „CFS“.

5.2.2 Nennen Sie zwei Gründe, warum die Eigenkapitalrentabilität deutlich über dem durchschnittlichen Marktzins liegen sollte.

5.3 Eine weitere Kennzahl ist die Einzugsliquidität. Worüber gibt sie Auskunft?

5.4 Vereinfacht ausgedrückt ergibt sich der Firmenwert, wenn ein Käufer für ein Unternehmen mehr zu zahlen bereit ist als das in der Bilanz ausgewiesene Eigenkapital.

5.4.1 Geben Sie auf Ihrem Lösungsblatt an, ob die folgenden Aussagen A, B und C zur Unternehmensphilosophie bzw. zum Firmenwert jeweils richtig oder falsch sind:

A	Der Firmenwert des Unternehmens „CFS“ beträgt 912.000,00 €
B	Die ausgeprägte „Kundenorientierung“ des Unternehmens „CFS“ ist als Marketingmaßnahme Bestandteil der Unternehmensphilosophie.
C	Das Unternehmen „CFS“ möchte sich mit seiner Unternehmensphilosophie aus der Masse der Konkurrenten abheben, damit die Kunden überzeugt sind, weiterhin gerne bei „CFS“ einzukaufen.

5.4.2 Der Firmenwert wird von verschiedenen Faktoren, wie z. B. von der Qualität des Managements, beeinflusst. Nennen Sie zwei weitere Faktoren, die sich positiv auf den Firmenwert auswirken.

TEIL B — Auswahlaufgaben

Aufgabe 6

In der Abteilung Rechnungswesen des Unternehmens „CFS“ haben Sie unter anderem für die folgenden vier Belege die Buchungssätze zu bilden:

Beleg Nr. 1

Postagentur
85560 Ebenberg
84011345 15.02.09

QUITTUNG

Über den Bezug von

Postwertzeichen

Im Gesamtbetrag von

120,00 €*

*Der Bezug von Postwertzeichen ist umsatzsteuerbefreit.

Vielen Dank für Ihren Besuch.
Ihre Postagentur

Beleg Nr. 2

Sparkasse Ebenberger Land					**703 518 06**
Kontoauszug		Nummer 120	Konto 55 800 Christine Fesch Sportbekleidung e. K.		Seite 1/1
05. April 2009/14.30 Uhr					
Bu.-Tag	Wert	Bu.-Nr.	Vorgang	Betrag (€) Belastung	Gutschrift
01.04.	01.04.	234	Lastschrift Gemeinde Ebenberg Grundsteuer 2.Quartal 2009	175,00	
03.04.	03.04.	999	Gutschrift Geier Waltraud Garagenmiete einschließlich Umsatzsteuer		59,50
Kontokorrentkredit	€ 20.000,00		Alter Kontostand	4.588,80 +	
verfügbar	€ 24.473,30		Neuer Kontostand	4.473,30 +	

Beleg Nr. 3

Bürowelt-Böhme GmbH *Eggenfeldstr. 43 • 94424 Bernsdorf*

Tel.08723 9781 – Fax 08723 9780 – E-Mail: bürowelt@boehme.de

Bürowelt Böhme GmbH · Eggenfeldstr. 43 · 94424 Bernsdorf

Christine Fesch Sportbekleidung
Sommerstr. 64
85560 Ebenberg

Bürowelt Böhme GmbH
Geschäftsführer: Hans-Jürgen Böhme
Registergericht Landshut HRB 254776
Steuernummer 9235/144/546778
Bankverbindung: Bankhaus Bernsdorf
Konto 87654 BLZ 955 400 10

Rechnung Nr. 112/09 Bernsdorf, den 25 Juni 2009

Bestellung: 18.06.2009 Lieferung: 25.06.2009 frei Haus

Art.-Nr.	Anzahl	Artikel/Leistung	Einzelpreis (€)	Gesamtpreis (€)
0112	1	Schreibtisch „Superchief“ Lärchenholz massiv	980,00	980,00
0240	1	Aktenregal „Raumwunder“	120,00	120,00
1212	1	Bürostahlschrank „Eiserner Gustav“	1.490,00	1.490,00
			Warenwert	2.590,00
			Umsatzsteuer 19%	492,10
			Rechnungsbetrag	**3.082,10**

Die Rechnung ist fällig am 25. Juli 2009.
Die gelieferte Ware bleibt bis zur vollständigen Bezahlung unser Eigentum.

Beleg Nr. 4

Sparkasse Ebenberger Land **Wertpapierrechnung**

Kauf von Wertpapieren 12. August 2009

ST 300 Textil-AG-Aktien ISIN DE 0005667508

Kommissionsgeschäft in München			Betrag (€)
Kurs	24,50 €	Kurswert	7.350,00
Verwahrung	Girosammeldepot	Spesen	73,50
Beleg-Nr.	2356		
Schlusstag 10.08.2009	Wert 12.08.2009	Lastschrift	7.423,50

Christine Fesch Sportbekleidung e. K.
Sommerstr. 64
85560 Ebenberg

Depot 573566 Konto 55800

Aufgabe 7

7.1 Das Unternehmen „CFS“ versendet am 24. Juli 2009 ein Schreiben an den Sportfachhändler „Fit“. Dazu liegt Ihnen folgender Auszug vor:

Datum: 24.07.2009

Rechnung Nr. 3524/2009, fällig am 12.05.2009

Mahnung

Sehr geehrte Damen und Herren,

zu unserem Bedauern mussten wir feststellen, dass trotz unserer Zahlungserinnerung vom 01.07.2009 die Rechnung Nr. 3524/2009 immer noch nicht beglichen ist.

Daher belasten wir Sie mit Verzugszinsen in Höhe von 9% p.a. für 73 Tage. Wir bitten Sie den ausstehenden Gesamtbetrag in Höhe von 1.527,00 € umgehend unter Angabe der Rechnungsnummer zu begleichen, da wir uns sonst gezwungen sehen, gerichtlich gegen Sie vorzugehen.

Sollten Sie den angemahnten Betrag zwischenzeitlich überwiesen haben, so betrachten Sie das Schreiben bitte als gegenstandslos.

Mit freundlichen Grüßen

Christine Fesch

7.1.1 Berechnen Sie die Höhe der ursprünglichen Forderung und der Verzugszinsen.

7.1.2 Bilden Sie den Buchungssatz für die Belastung des Kunden „Fit“ mit den Verzugszinsen.

7.2 Aus der Zeitung erfährt „CFS“, dass ein weiterer Kunde, das „Sporthaus Bayern“, ein Insolvenzverfahren beantragt hat. Gegenüber diesem Kunden hat „CFS“ eine Forderung in Höhe von 2.915,50 €.

7.2.1 Bilden Sie hierzu den Buchungssatz.

7.2.2 Das Unternehmen „CFS“ erhält nach Abschluss des Verfahrens noch 892,50 € per Banküberweisung. Der Rest ist verloren. Erstellen Sie den Buchungssatz.

7.3 Um das Ausfallrisiko bei Forderungen zukünftig zu vermeiden, plant „CFS“ sich durch die Inanspruchnahme einer besonderen Dienstleistung, des so genannten „Factoring“, abzusichern.

7.3.1 Erklären Sie, was man unter „Factoring“ versteht.

7.3.2 Nennen Sie einen Nachteil des „Factoring“.

Aufgabe 8

In der Abteilung Rechnungswesen des Unternehmens „CFS“ sind zum **31.12.2009** unter anderem die Buchungssätze für folgende **vorbereitende Abschlussbuchungen** durchzuführen:

8.1 Das Konto 0895 SP weist zum 31.12. Anschaffungen aus dem laufenden Jahr in Höhe von 2.125,50 € aus. Die Wertminderung von 20% ist zu erfassen.

8.2 Zum 1. Dezember 2009 wurde der Halbjahresbeitrag für die Industrie- und Handelskammer in Höhe von 660,00 € im Voraus per Banklastschrift eingezogen.

8.3 Die vierteljährliche Zinsgutschrift in Höhe von 187,50 € für eine Festgeldanlage erfolgt erst zum 31.01.2010.

8.4 Das Konto 5101 EBHW weist einen Saldo in Höhe von 250,00 € aus.

8.5 Bei den unfertigen Erzeugnissen liegt ein Minderbestand in Höhe von 4.500,00 € vor.

8.6 Die Reparatur des Firmentransporters konnte im Dezember nicht mehr durchgeführt werden. Hierzu liegt Ihnen folgender Beleg vor:

Autohaus Paul Blechhauser e. K.

Autobedarf ● Autoreparatur ● Inspektion ● TÜV ● ASU

Haberfeldweg 17 – 85570 Stadtschwaben Telefon: 08092 335378 Telefax: 08092 335370

Autohaus Blechhauser Haberfeldweg 17 85570 Stadtschwaben

Christine Fesch Sportbekleidung
Sommerstr. 64
85560 Ebenberg

KUNDEN-NR: 356

Kostenvoranschlag **Stadtschwaben, den 21.12.2009**

Für die Reparatur des unfallgeschädigten Transporters EBE-CF 48 haben wir den nachfolgenden Kostenvoranschlag erstellt. Eine Reparatur ist wegen Betriebsurlaubs erst in der ersten Januarwoche 2010 möglich.

Teile-/Arbeits-Nr.	**Bezeichnung/Leistung**	**Anzahl**	**Einzelpreis €**	**Gesamtpreis €**
Kotflügel	Erneuern	15,00 AW	11,80	177,00
Kotflügel	Lackieren	3,00 AW	11,80	35,40
XX-02-350A	Kotflügel	1,00 ST	650,00	650,00
				862,40

Amtsgericht München HRA 3454, USt-Id.-Nr. DE 233554764, Steuer-Nr. 9235/805/13835
Bankverbindung: Sparkasse Ebenberger Land (BLZ 700 518 06) Konto-Nr. 780 400 801

Abschlussprüfung 2011

TEIL A

Pflichtaufgaben

Maximilian Meister ist Inhaber eines mittelständischen Unternehmens mit dem Firmennamen **„Maximilian Meister Mountainbikes e. K.“**, kurz **„MMM-Bikes“**. Das Unternehmen „MMM-Bikes“ hat sich in seinem Stammwerk in München auf die Herstellung von hochwertigen Fahrrädern spezialisiert.

Als Mitarbeiterin bzw. Mitarbeiter sind Sie mit verschiedenen Aufgaben des betrieblichen Rechnungswesens betraut. Im Rahmen Ihrer Tätigkeit erhalten Sie eine Reihe von Aufgaben zur Bearbeitung. Bitte beachten Sie folgende Vorgaben:

- Bei Buchungssätzen sind stets Kontennummern, Kontennamen (abgekürzt möglich) und Beträge anzugeben.
- Bei Berechnungen sind jeweils alle notwendigen Lösungsschritte und Nebenrechnungen darzustellen.
- Alle Ergebnisse sind in der Regel auf zwei Nachkommastellen gerundet anzugeben.
- Soweit nicht anders vermerkt, gilt ein Umsatzsteuersatz von 19%.

MMM - Bikes
aus Spaß
am Biken

Informationen zum Unternehmen „MMM-Bikes“:

Inhaberin	Maximilian Meister e. K.
Rechtsform	Einzelunternehmen
Anschrift (Firmensitz)	Zechstr. 14, 80637 München
Zweck des Unternehmens	Hauptwerk in München: Fertigung von Mountainbikes Zweigwerk in Eichstätt: Fertigung von Elektrofahrrädern (E–Bikes)
Unternehmensphilosophie	Fahrräder von höchster Qualität für anspruchsvolle Kunden. Der Vertrieb der Markenprodukte erfolgt ausschließlich über den Fahrrad-Fachhandel mit kompetenter Beratung.
Geschäftsjahr	1. Januar bis 31. Dezember 2010
Werkstoffe Rohstoffe Fremdbauteile Hilfsstoffe Betriebsstoffe	 Aluminiumrohre, Kohlefaserbündel Schaltwerk, Bremsen, Lenkervorbau, Tretlager, … Schrauben, Muttern, Gummiteile, Kettenfett, Lacke, Hydrauliköl, … Strom, Gas, Öl, ...
Handelswaren	Fahrradhelme, Fahrradhandschuhe, Fahrradrucksäcke

Aufgabe 1

Ihnen liegt nachfolgender Beleg zur Bearbeitung vor:

„MMM - Bikes"
Maximilian Meister Mountainbikes e. K.

Inhaber : Maximilian Meister
Registergericht München HRA 1961
USt-IdNr. DE 035547664
E-Mail : meister-bikes@muenchennet.de
Internet : www.meister-bikes.de
Tel. : 089 1575750
Fax : 089 15757550

Maximilian Meister Mountainbikes e. K. Zechstr. 14 80637 München

Fahrradmarkt Nabe
Alpenstraße 60
86152 Augsburg

Rechnung

Datum: 09.03.2010
Rechnungsnummer: 58/10
nden-Nummer: 765

Am 09.03.2010 lieferten wir Ihnen unfrei:

Pos.	Menge	Art.-Nr.	Artikel	Einzelpreis(€)	Gesamtpreis(€)
1	15	1510	Mountainbike „Alpin SL" Ausführung A 15	620,00	9.300,00
			Rabatt 10%		930,00
			Warenwert		8.370,00
			Frachtkosten pauschal		130,00
			Umsatzsteuer 19%		1.615,00
			Rechnungsbetrag		**10.115,00**

Die Rechnung ist ohne Abzug fällig am 08.04.2010.
Bankverbindung: Bankhaus München e. G. – Konto 218 625 300 – BLZ 700 695 62

Die Ware bleibt bis zur vollständigen Bezahlung unser Eigentum.
Vielen Dank für Ihren Auftrag.

1.1 Bilden Sie den Buchungssatz für den nebenstehenden Beleg.

1.2 Zum Beleg liegt Ihnen folgender Lückentext vor.
Geben Sie auf Ihrem Lösungsblatt jeweils unter Angabe des Kennbuchstabens die zutreffenden Fachbegriffe bzw. Daten für die Textlücken (A) bis (D) an.

Text:

Das Unternehmen „MMM-Bikes" hat die Rechtsform der Einzelunternehmung gewählt, was durch den Zusatz „e. K." zum Ausdruck kommt. Diese Abkürzung steht für die Bezeichnung **... (A) ...** .
In der Rechnung ist der Hinweis auf den Gerichtssitz in München mit dem Zusatz „HRA 1961" angegeben; die beiden Buchstaben „HR" stehen für den Begriff **.. (B) ..** . Der Vermerk „Die Ware bleibt bis zur vollständigen Bezahlung unser Eigentum" stellt eine Sicherheit für den Lieferer dar und wird als **... (C) ...** bezeichnet.
Die Aufbewahrungsfrist für die nebenstehende Rechnung beträgt gemäß Handelsgesetzbuch **... (D) ...** Jahre.

1.3 Der Fahrradmarkt Nabe erhält vom Unternehmen „MMM-Bikes" per Fax folgendes Schreiben.
Bilden Sie den Buchungssatz.

„MMM - Bikes"
Maximilian Meister Mountainbikes e. K.

An:	Fahrradmarkt Nabe Alpenstr. 60 **86152 Augsburg**	**FAX**	
Fax-Nr.:	0821 992398	Datum:	12.03.2010
Betreff:	**Gutschrift zur Rechnung 58/10**	Seiten:	1

Sehr geehrte Damen und Herren,

Sie haben uns fünf Mountainbikes „Alpin SL" wegen erheblicher Kratzer zurückgesandt. Dafür schreiben wir Ihnen einen Betrag in Höhe von **3.320,10 € brutto** (USt-Anteil 530,10 €) auf Ihrem Kundenkonto gut.

Wir bitten Sie, die Mängel zu entschuldigen und hoffen, Sie auch in Zukunft zu unseren Kunden zählen zu dürfen.

Mit freundlichen Grüßen
Maximilian Meister

1.4 Der noch offene Rechnungsbetrag wird am 06.04.2010 per Online-Banküberweisung beglichen. Erstellen Sie den Buchungssatz.

Aufgabe 2

Das Unternehmen „MMM-Bikes“ hat liquide Mittel in Aktien angelegt und 200 Chemie-Aktien, die derzeit im Dax vertreten sind, erworben.

2.1 Beim Kauf der Chemie-Aktien betrug die Banklastschrift 11.029,20 €. Bilden Sie den Buchungssatz für den Aktienkauf.

2.2 Die Bank schreibt eine Dividende von 0,75 € je Chemie-Aktie gut. Erstellen Sie den Buchungssatz.

2.3 Für die Beurteilung der Geldanlage ziehen Sie den DAX-Chart heran:

DAX-Chart – Darstellungszeitraum: Oktober 2009 bis September 2010

2.3.1 Geben Sie auf Ihrem Lösungsblatt jeweils unter Angabe des Kennbuchstabens an, ob die Aussagen A bis C richtig oder falsch sind.

A	Im DAX sind die 30 umsatzstärksten deutschen Aktienwerte vertreten.
B	Am 23.09.2010 beträgt der Schlussstand des DAX 6.351,00 Euro.
C	Im dargestellten Zeitraum erreichte der DAX seinen Tiefstand im November 2010.

2.3.2 Berechnen Sie, um wie viel Prozent der DAX im dargestellten Zeitraum von seinem Höchststand bis zum Schlussstand am 23.09.2010 gefallen ist.

2.4 Das Unternehmen „MMM-Bikes“ hat sich entschieden, am 23.09.2010 alle Chemie-Aktien (vgl. 2.1) zu verkaufen.

2.4.1 Begründen Sie an Hand eines Arguments, warum sich das Unternehmen „MMM-Bikes“ für den Verkauf der Aktien entschieden hat.

2.4.2 Bilden Sie den Buchungssatz für den Verkauf der Chemie-Aktien, wenn eine Bankgutschrift von 11.830,50 € erzielt wurde.

2.5 Berechnen Sie die effektive Verzinsung für dieses Aktiengeschäft, wenn während der Besitzdauer von 146 Tagen noch 20,00 € Depotgebühren anfielen.

Aufgabe 3

Zur Berechnung des Einstandspreises für Fahrradhelme der Serie „SPEEDY" liegt Ihnen folgendes Rechenblatt vor. Die aktuellen Liefer- und Zahlungsbedingungen können ebenfalls dem Rechenblatt entnommen werden.

	A	B	C	D
1	**Einkaufskalkulation für den Fahrradhelm „SPEEDY"**			
2	**Eingabebereich:**			
3	Bestellmenge in Stück	250		
4	Listenpreis je Stück			42.50 €
5	Bezugskosten pauschal: Stückzahl bis einschließlich	200		80,00 €
6	Stückzahl über	200		0,00 €
7	Rabatt		4,00%	
8	Zahlungsbedingungen: 30 Tage rein netto			
9	Skonto innerhalb 10 Tagen		2,00%	
10	**Ausgabebereich:**			
11	Listeneinkaufspreis			10.625,00 €
12	Lieferrabatt			425,00 €
13	Zieleinkaufspreis			10.200,00 €
14	Liefererskonto			204,00 €
15	Bareinkaufspreis			9.996,00 €
16	Bezugskosten			0,00 €
17	Einstandspreis			9.996,00 €

3.1 Wie lautet die Formeldarstellung zur Ermittlung des Liefererskontos in Zelle D14?

3.2 Auf Grundlage der oben stehenden Kalkulation kauft das Unternehmen „MMM-Bikes" 250 Fahrradhelme der Serie „SPEEDY". Bilden Sie den Buchungssatz für die Eingangsrechnung zum 03.05.2010.

3.3 Bilden Sie den Buchungssatz für die Begleichung der Rechnung am 12.05.2010 per Banküberweisung.

3.4 Auf dem Geschäftsbankkonto des Unternehmens „MMM-Bikes" wurde eine Kreditlinie in Höhe von 16.000,00 € eingeräumt.

3.4.1 Erklären Sie, was man unter einer Kreditlinie versteht.

3.4.2 Bei der Begleichung der Rechnung (siehe 3.3) wies das Geschäftsbankkonto nur ein Guthaben in Höhe von 2.400,24 € aus. Berechnen Sie, in welcher Höhe der Kontokorrentkredit in Anspruch genommen werden musste, damit die Rechnung innerhalb der Kontofrist beglichen werden konnte.

3.4.3 Berechnen Sie die Einsparung (Skontovorteil) in Euro, wenn die Bank für die Inanspruchnahme des Kontokorrentkredits 10,5% p.a. Sollzinsen berechnet.

Aufgabe 4

4.1 Bilden Sie die Buchungssätze zu folgenden Belegen.

4.1.1 Beleg 1:

Autohaus Manfred Pauker GmbH 80342 München

Autohaus Manfred Pauker GmbH ● Bayernstr. 10 ● 80342 München

Maximilian Meister Mountainbikes
Zechstr. 14
80637 München

Autohaus Manfred Pauker GmbH
Geschäftsführer: Manfred Pauker
Registergericht München HRB 23777
Tel.: 089 89326212
Fax: 089 89326230
Bankverbindung: Bayern-Bank
BLZ 700 601 48
Kontonummer 9077655
Steuernummer 9102/223/45632

Rechnung Nr. 318/10

München, den 10. März 2010

Amtl. Kennz.	Typ/Modell	Fahrzeug-Ident.-Nr.	Zulassungstag	Annahmetag	Km-Stand
M-MM 1961	Transporter	WV2zzz70ZHW16578	23.01.2007	03.03.10	41 900

Windschutzscheibe für Firmenlieferwagen M-MM 1961 ersetzt	257,50 €
Pos. 1 Windschutzscheibe	203,00 €
Pos. 2 diverses Material laut beiliegender Liste	44,50 €

Arbeitspreis	Material/Fahrzeug	Umsatzsteuer 19%	**Rechnungsbetrag**
257,50 €	247,50 €	95,95 €	**600,95 €**

Wir danken für Ihren Auftrag. Ist kein Leistungsdatum ausgewiesen, gilt das Rechnungsdatum als Lieferdatum. Die Rechnung ist ohne jeden Abzug sofort fällig.
Unsere allgemeinen Geschäftsbedingungen entnehmen Sie bitt der Rückseite dieser Rechnung.
Wir wünschen Ihnen eine gute Fahrt. Ihr Autohaus Manfred Pauker GmbH.

4.1.2 Beleg 2:

Rosenheim, den 02.06.2010

Gutschriftanzeige für Rücksendung von Leihverpackung

Sehr geehrter Herr Meister,

für die zurückgesandte Leihverpackung (Rechnung Nr. 83/10 für 20 Stück gelieferte Fahrradrucksäcke Modell „Rodrigo") schreiben wir Ihnen 136,85 € brutto (USt-Anteil 21,85 €) gut.

Mit freundlichen Grüßen

Elisabeth Wilde

Elisabeth Wilde
Geschäftsführerin
Wilde-Fahrradrucksäcke GmbH

4.1.3 Beleg 3: Öffentliche Bekanntmachung

> Amtsgericht München
> Insolvenzverfahren 33 S 455/10: Über das Vermögen der Firma „Karl Müller Freizeit- und Diensträder e. K.“, Schulstr. 80, 80634 München, ist am 2. September 2010, 10:00 Uhr, das Insolvenzverfahren eröffnet worden, da die Firma zahlungsunfähig ist. Rechtsanwalt Tobias Schnieder wurde zum Insolvenzverwalter bestellt. ...

Die Forderung gegenüber dem Kunden „Karl Müller Freizeit- und Diensträder e. K.“ beträgt 4.998,00 €

4.2 Bilden Sie die **vorbereitenden Abschlussbuchungssätze** zum 31.12.2010.

4.2.1 Ihnen liegt der Kontoauszug Nr. 66 vor.

Bankhaus München e. G.					**703 695 62**
Kontoauszug 04. August 2010/14:30 Uhr			Nummer 66	Konto 218 625 300 Maximilian Meister Mountainbikes e. K.	Seite 1/1
Bu.-Tag	Wert	Bu.-Nr.	Vorgang	Betrag (€) Belastung	Gutschrift
02.08.	02.08.	110	Lastschrift Feuer-Versicherungs-AG Gebäudebrandversicherung Lagerhalle für den Zeitraum **01.08.2010 – 31.07.2011**	2.400,00	
Kontokorrentkredit	€ 16.000,00		Alter Kontostand	7.230,20 +	
verfügbar	€ 20.830,20		Neuer Kontostand	4.830,20 +	

4.2.2 Nachstehendes Konto weist unter anderem eine am 25.09.2010 getätigte Investition aus:

Soll	0700 MA	Haben
.... 4400 VE	.... 8.400,00 €	

Die Nutzungsdauer der Maschine beträgt laut AfA-Tabelle 8 Jahre.
Bilden Sie den Buchungssatz für die zeitanteilige Abschreibung.

Aufgabe 5

Ihnen liegt zum 31.12.2010 das nicht vollständig dargestellte Konto 301 P sowie die vereinfachte Bilanz des Unternehmens „MMM-Bikes“ vor:

Soll	3001 P		Haben
2800 BK	100.000,00 €	2880 KA	5.000,00 €
		3000 EK	95.000,00 €
	100.000,00 €		100.000,00 €

Zusatzangaben: Umsatzerlöse FE und HW gesamt 2.500.000,00 €
Jahresüberschuss 120.000,00 €

Aktiva	Bilanz zum 31.12.2010 (in €)		Passiva
Anlagevermögen		**Eigenkapital**	635.000,00
Grundstücke	300.000,00	**Fremdkapital**	
Gebäude	180.000,00	Langfristig	220.000,00
Übrige Sachanlagen	270.000,00	kurzfristig	300.000,00
Umlaufvermögen			
Vorräte	120.000,00		
Forderungen	240.000,00		
Flüssige Mittel	45.000,00		
	1.155.000,00		1.155.000,00

5.1 Bilden Sie den Buchungssatz für den Abschluss des Kontos Privat.

5.2 Die Eigenkapitalrentabilität ist unter anderem für Kapitalanleger eine wichtige Kennzahl.

5.2.1 Berechnen Sie die Kennzahl der Eigenkapitalrentabilität.

5.2.2 Beurteilen Sie – mit Begründung – die Kennzahl der Eigenkapitalrentabilität.

5.3 Auch die Umsatzrentabilität ist eine bedeutsame Kennzahl.

5.3.1 Berechnen Sie die Kennzahl der Umsatzrentabilität.

5.3.2 Erklären Sie an Hand des in 5.3.1 berechneten Ergebnisses, worüber diese Kennzahl Auskunft gibt.

5.4 Das Unternehmen „MMM-Bikes“ benötigt für den Kauf eines Betriebsgrundstückes einen Kredit. Nennen Sie eine geeignete Kreditsicherheit, welche die Bank fordern wird.

5.5 Aufgrund einer Marktanalyse plant die Unternehmensleitung von „MMM-Bikes“ eine Reihe von Marketing-Maßnahmen. Geben Sie auf Ihrem Lösungsblatt unter Angabe des Kennbuchstabens A bis D an, welcher Bereich des Marketing-Mix jeweils zutrifft: **Absatzweg**, **Preispolitik** oder **Produktgestaltung**.

A	„MMM-Bikes“ erweitert das Sortiment um das Rennrad „Arber-Marathon“.
B	Die Markteinführung des Rennrades soll durch Rabatte unterstützt werden.
C	Das Rennrad soll, um die herausragende Stellung zu unterstreichen, ausschließlich über den Fahrradfachhandel angeboten werden.
D	Aufgrund der hohen Produktqualität und der derzeitigen Alleinstellung auf dem Markt wählt das Unternehmen „MMM-Bikes“ die Hochpreisstrategie.

TEIL B Auswahlaufgaben

Aufgabe 6

Das Unternehmen „MMM-Bike“ hat sich in seinem Zweigwerk in Eichstätt auf die Produktion von hochwertigen Elektrofahrrädern (E-Bikes) spezialisiert. Gefertigt werden die Modelle „Electra“ und „Easy-Bike“. Für das erste Quartal 2010 liegen Ihnen folgende Zahlen vor:

	„Electra“	„Easy-Bike“
Nettoverkaufspreis/Stück	1.000,00 €	880,00 €
Variable Kosten/Stück	480,00 €	360,00 €
Produktion (= Absatz)	1 400 Stück	1 300 Stück
Kapazitätsauslastung	80%	65%

6.1 Berechnen Sie die Höhe der Fixkosten im ersten Quartal 2010, wenn die Selbstkosten 1.500.000,00 € betragen.

6.2 Durch eine Umstellung im Produktionsverfahren können die Fixkosten auf 320.000,00 € gesenkt werden. Berechnen Sie das Betriebsergebnis, wenn Produktion und Absatz unverändert bleiben.

6.3 Das Unternehmen „MMM-Bikes“ hat sich bisher entsprechend seiner Unternehmensphilosophie ausschließlich auf den Vertrieb über den Fachhandel beschränkt. Jetzt zeigt eine Discounterkette Interesse an Elektrofahrrädern. Diese wäre im Rahmen einer Sonderaktion bereit, einen Auftrag über 500 Stück von Modell „Easy-Bike“ in vereinfachter Ausführung zu erteilen, wenn ein Sonderrabatt von 25% gewährt wird.

6.3.1 Begründen Sie rechnerisch, dass noch genügend Kapazitätsspielraum für die Annahme dieses Auftrags vorhanden ist.

6.3.2 Berechnen Sie die Höhe des Zusatzgewinns bei Annahme des Auftrags.

6.3.3 „MMM-Bikes“ nimmt den Auftrag an. Es wird vereinbart, dass die Discounterkette die Fahrräder nicht unter dem Markennamen des Unternehmens „MMM-Bikes“ anbieten darf. Begründen Sie, warum aus Sicht des Unternehmens „MMM-Bikes“ diese Bedingung vereinbart wird.

6.4 Um Beschädigungen bei der Auslieferung der Elektrofahrräder zu vermeiden, bezieht „MMM-Bikes“ Transportrahmen aus Holz im Gesamtwert von netto 3.200,00 €. Bilden Sie den Buchungssatz für die Eingangsrechnung.

6.5 Immer mehr deutsche Konkurrenzunternehmen verlagern ihre Produktion ins Ausland. Das Unternehmen „MMM-Bikes“ dagegen möchte den Sitz des Zweigwerks auch weiterhin am Standort Deutschland aufrechterhalten. Nennen Sie einen Grund für diese Entscheidung.

Aufgabe 7

Maximilian Meister entnimmt einer Fachzeitschrift folgenden Beitrag:

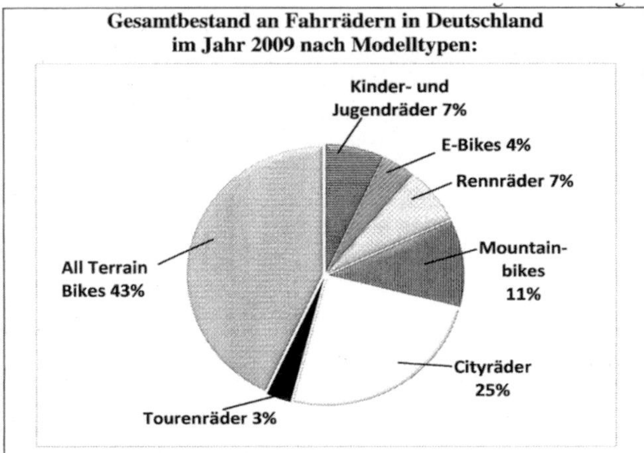

(Quelle: www.ziv-zweirad.de/marktdaten-fahrraeder.html - bearbeitet)

Im Jahr 2009 war in Deutschland ein Bestand von 69 Millionen Fahrrädern vorhanden.

Die verkaufte Stückzahl lag im Jahr 2009 bei 4,05 Millionen Fahrrädern, davon waren 150 000 so genannte E-Bikes.

Der Importanteil aller verkauften Fahrräder lag in Deutschland 2009 bei 59%.

7.1 Bearbeiten Sie mit Hilfe der Geschäftsgrafik und des Textes folgende Aufgaben:

7.1.1 Berechnen Sie den Anteil der Mountainbikes in Millionen Stück am Gesamtbestand an Fahrrädern im Jahr 2009 in Deutschland.

7.1.2 Im Jahr 2006 wurden 40 000 E-Bikes in Deutschland verkauft. Berechnen Sie den prozentualen Anstieg der Verkaufszahlen für E-Bikes von 2006 bis einschließlich 2009.

7.1.3 Geben Sie auf Ihrem Lösungsblatt jeweils unter Angabe des Kennbuchstabens an, ob die Aussagen A bis D **richtig** oder **falsch** sind:

A	Ein Viertel der 69 Millionen Fahrräder in Deutschland entfiel 2009 auf den Typ „Cityräder".
B	4% der 4,05 Millionen verkauften Fahrräder in Deutschland waren E-Bikes.
C	Der Importanteil an Tourenrädern lag im Jahr 2009 bei 3%.
D	59% der 2009 in Deutschland verkauften Fahrräder wurden aus dem Ausland bezogen.

7.2 Wofür eignet sich die Darstellung mittels Kreisdiagramm besonders?

7.3 Für die Fahrt zur Fahrradfachmesse „Eurobike" geht die Rechnung des Reisebüros in Höhe von 273,70 € ein. Erstellen Sie den Buchungssatz.

7.4 Der Mitgliedsbeitrag für den Fahrradverband in Höhe von 280,00 € wird per Dauerauftrag dem Bankkonto belastet.

7.4.1 Bilden Sie den Buchungssatz.

7.4.2 Worin unterscheidet sich eine Zahlung per Lastschrift (Einzugsermächtigung) von einer Zahlung per Dauerauftrag? Nennen Sie ein Kriterium.

Aufgabe 8

Im Unternehmen „MMM-Bikes“ wurde im Rahmen der Gesamtkalkulation folgendes Rechenblatt erstellt:

	A	B	C	D
1	**Gesamtkalkulation 3. Quartal**			
2	**Fertigungsmaterial**		135.000,00 €	
3	Materialgemeinkosten	11,00%	14.850,00 €	
4	Materialkosten			149.850,00 €
5	Fertigungslöhne		234.500,00 €	
6	Fertigungsgemeinkosten	135,00%	316.575,00 €	
7	Fertigungskosten			551.075,00 €
8	Herstellkosten der Erzeugung			700.925,00 €
9	Bestandserhöhungen UFE			45.800,00 €
10	**Bestandsminderungen FE**			32.430,00 €
11	Herstellkosten des Umsatzes			687.555,00 €
12	Verwalt.-/Vertriebsgemeinkosten	22,50%		154.699,88 €
13	Selbstkosten des Umsatzes			842.254,88 €

8.1 Wie lautet die Formeldarstellung zur Berechnung

8.1.1 der Fertigungsgemeinkosten in Zelle C6 und

8.1.2 der Herstellkosten des Umsatzes in Zelle D11?

8.2 Auf der Grundlage obiger Zuschlagsätze wurden für die Herstellung eines Fahrrads vom Typ „Biber-Marathon“ Herstellkosten in Höhe von 1.026,60 € ermittelt. Die Fertigungslöhne betrugen 330,00 €, ferner fielen 18,00 € Sondereinzelkosten der Fertigung an. Berechnen Sie die Materialkosten des Typs „Biber-Marathon“.

8.3 Der Listenverkaufspreis für ein Fahrrad des Typs „Biber-Marathon“ wird auf 1.490,00 € festgesetzt. Wie viel Prozent Kundenrabatt können höchstens gewährt werden, wenn ein Gewinn von 9% erzielt werden soll?

8.4 Im Unternehmen „MMM-Bikes“ wurde eine neue Federgabel für Mountainbikes entwickelt, die patentiert werden soll. Für die rechtliche Beratung geht vom Patentanwalt eine Rechnung in Höhe von 260,00 € netto ein. Bilden Sie den Buchungssatz.

Abschlussprüfung 2012

TEIL A Pflichtaufgaben

Daniela Kernig ist Inhaberin des Unternehmens mit dem Firmennamen **„Danis Dirndl e. K.“**
Das Unternehmen hat sich in seinem Stammwerk in Herrsching am Ammersee auf die Herstellung von Trachtenmode für Damen spezialisiert.

Trachtenmode von Danis Dirndl e. K. Für alle Feste das Beste

Als Mitarbeiterin bzw. Mitarbeiter sind Sie mit verschiedenen Aufgaben des betrieblichen Rechnungswesens betraut. Im Rahmen Ihrer Tätigkeit erhalten Sie eine Reihe von Aufgaben zur Bearbeitung. Bitte beachten Sie folgende Vorgaben:

- Bei Buchungssätzen sind stets Kontennummern, Kontennamen (abgekürzt möglich) und Beträge anzugeben.
- Bei Berechnungen sind jeweils alle notwendigen Lösungsschritte und Nebenrechnungen darzustellen.
- Alle Ergebnisse sind in der Regel auf zwei Nachkommastellen gerundet anzugeben.
- Soweit nicht anders vermerkt, gilt ein Umsatzsteuersatz von 19%.

Informationen zum Unternehmen „Danis Dirndl e. K.“:

Inhaberin	Daniela Kernig e. K.
Rechtsform	Einzelunternehmen
Anschrift (Firmensitz)	Seestraße 3, 82211 Herrsching
Zweck des Unternehmens	Hauptwerk in Herrsching: Fertigung von Trachtenmode für Damen: Dirndlblusen, -kleider, -schürzen Zweigwerk in Straubing: Fertigung von Kinder-Lederhosen
Unternehmensphilosophie	Hochwertige Trachtenmode für modebewusste Kunden in Top-Qualität
Geschäftsjahr	1. Januar bis 31. Dezember 2011
Werkstoffe Rohstoffe Fremdbauteile Hilfsstoffe Betriebsstoffe	 Baumwollstoff, Schurwolle, Leinen, Seide, Leder Reißverschlüsse, ... Messingknöpfe, Druckknöpfe, ... Strom, Gas, Öl, ...
Handelswaren	Trachtenstrümpfe, Trachtenschmuck, Dirndltaschen

Aufgabe 1

Für die aktuelle Frühjahrskollektion ging beim Unternehmen „Danis Dirndl e. K." ein Fax für eine Nachbestellung ein. In diesem Zusammenhang liegt Ihnen folgender Beleg vor:

Danis Dirndl e. K.
Trachtenmode für Damen

82211 Herrsching
Seestraße 3
☎ 08807 4967
08807 4968
Amtsgericht Starnberg HRA 2342
Steuernummer : 270/23446
USt-IdNr. : DE 124566780

Trachtenalm „Hirtamadl" Andrea Merz e. K.
Fuggergasse 12
86150 Augsburg

Rechnung 01/11 vom 5. Januar 2011

Lieferdatum: 4. Januar 2011

Bankverbindung:
Handelsbank Herrsching
Konto 229 114 BLZ 700 920 00

Wir lieferten Ihnen frei Haus:

Pos.	Menge	Art.-Nr.	Artikel	Einzelpreis(€)	Gesamtpreis(€)
1	4	4855	Dirndlkleid "Alpenrose", Größe 38	180,00	720,00
2	4	4857	Dirndlkleid „Enzian", Größe 38	150,00	600,00
3	10	4700	Dirndl-Tasche „Edelweiß"	20,00	200,00
			Warenwert		1.520,00
			Umsatzsteuer 19%		288,80
			Rechnungsbetrag		**1.808,80**

Zahlungsziel 30 Tage rein netto, bei Zahlung innerhalb von 10 Tagen 2% Skonto
Die gelieferte Ware bleibt bis zur vollständigen Bezahlung unser Eigentum

1.1 Bilden Sie den Buchungssatz für den vorliegenden Beleg.

1.2 Erklären Sie, was die Zahlungsbedingung „rein netto" bedeutet.

1.3 Noch vor Ablauf des Zahlungsziels erhält das Unternehmen „Danis Dirndl e. K." die Mitteilung, dass sich unsere Kundin Andrea Merz überraschend ins Ausland abgesetzt hat. Dies hat einen vollständigen Zahlungsausfall zur Folge. Bilden Sie den Buchungssatz.

1.4 Erfreulicherweise hatte das Unternehmen „Danis Dirndl e. K.“ bislang nur wenige Kundeninsolvenzen zu verzeichnen. Einer Fachzeitschrift entnimmt Daniela Kernig zu diesem Thema folgenden Beitrag:

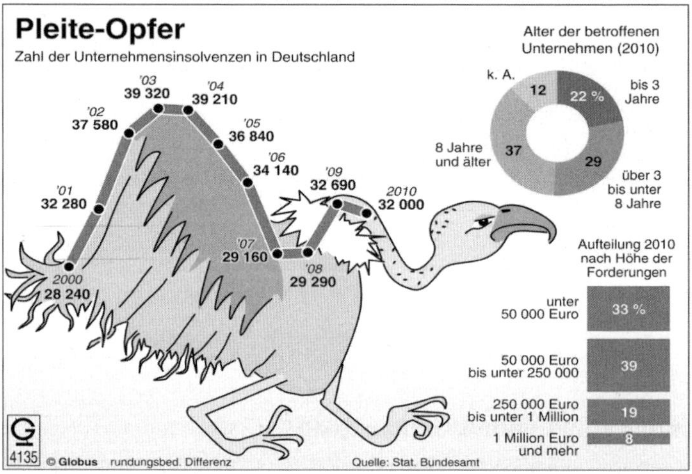

Die Zahl der insolventen Unternehmen ist im Jahr 2010 leicht gesunken. Die Amtsgerichte registrierten 32 000 Fälle und damit rund 700 weniger als im Jahr zuvor. Expertenmeinungen zufolge ist auch für das erste Quartal 2011 von einer Fortsetzung dieser positiven Entwicklung auszugehen.
Die Insolvenzen gefährdeten auch zahlreiche Arbeitsplätze: Bei den im Jahr 2010 zahlungsunfähig gewordenen Unternehmen arbeiteten zum Zeitpunkt der Insolvenz über 131 000 Beschäftigte. Insgesamt summierten sich die Forderungen der Gläubiger auf 26,6 Milliarden Euro. (Quelle: Globus-Infografik, Text bearbeitet)

1.4.1 Berechnen Sie den Rückgang der Zahl der Unternehmensinsolvenzen von 2003 bis 2010 in Prozent.

1.4.2 Geben Sie auf Ihrem Lösungsblatt jeweils unter Angabe des Kennbuchstabens an, ob die Aussagen A bis D zur Infografik und zum Text richtig oder falsch sind:

A	Die Aufteilung der Insolvenzen nach der Höhe der Forderungen wird durch ein Kreisdiagramm dargestellt.
B	Von den im Jahr 2010 von Insolvenzen betroffenen Unternehmen waren 37% acht Jahre und älter.
C	In den ersten drei Monaten des Jahres 2011 ist mit einer Zunahme der Insolvenzen zu rechnen.
D	Die Verbindlichkeiten der insolventen Unternehmen im Jahr 2010 betrugen 26,6 Milliarden €.

Aufgabe 2

Im Unternehmen „Danis Dirndl e. K." sind in der Personalabteilung folgende Aufgaben zu bearbeiten:

2.1 Für den Monat Januar 2011 liegt Ihnen der nachstehende vereinfachte Auszug der Lohnliste vor. Bilden Sie die Buchungssätze für die Erfassung des gesamten Personalaufwands laut Summenzeile, wenn die Auszahlung per Banküberweisung erfolgt.

Mitarbeiterin	Bruttolöhne (€)	Steuern (€)	Soz.Vers. Arb.N. (€)	Soz.Vers. Arb.G. (€)	Nettolöhne (€)
Kaiser Susanne	2.200,00	285,17	455,37	453,75	1.461,08
Herzog Maria	1.800,00	436,40	372,58	371,25	992,35
Meister Sonja	2.000,00	250,44	418,98	417,50	1.332,06
Summe	**6.000,00**	**972,01**	**1.246,93**	**1.242,50**	**3.785,49**

2.2 Bei einem der vier Sozialversicherungsbeiträge, die Arbeitgeber und Arbeitnehmer gemeinsam aufbringen, ist der Arbeitnehmeranteil um 0,9 Prozentpunkte höher als der Arbeitgeberanteil.

2.2.1 Nennen Sie diesen Zweig der Sozialversicherung.

2.2.2 Der Beitragssatz der Arbeitgeber zu dieser Sozialversicherung wurde im Gegensatz zum Beitragssatz der Arbeitnehmer nicht erhöht. Nennen Sie den Grund hierfür.

2.3 Ihnen liegt ein Ausschnitt aus einem Vorkontierungsblatt vor. Formulieren Sie den Geschäftsfall, der dieser Buchung (BNR 212) zugrunde liegt.

BA	Datum	Soll	Haben	BNR	Text	Betrag (€) B/N		UCo
B	24.02.	4840	2800	212			2.489,43	-----

2.4 Die Arbeitskosten für eine weitere Angestellte im Unternehmen „Danis Dirndl e. K." betragen monatlich insgesamt 2.730,00 € und setzen sich aus Bruttogehalt und Personalzusatzkosten zusammen. Berechnen Sie das Bruttogehalt dieser Angestellten in Euro, wenn die Personalzusatzkosten 30% des Bruttogehalts ausmachen.

2.5 Bilden Sie den Buchungssatz für die Belastung des Bankkontos mit dem Beitrag zur gesetzlichen Unfallversicherung in Höhe von 1.950,00 €.

Aufgabe 3

Aus der Kosten- und Leistungsrechnung des Unternehmens „Danis Dirndl e. K.“ liegt Ihnen für das zweite Quartal 2011 der vereinfachte Betriebsabrechnungsbogen vor:

Betriebsabrechnungsbogen (BAB) für die Zeit vom 1. April bis 30. Juni 2011					
	Summen	**Material**	**Fertigung**	**Verwaltung**	**Vertrieb**
	€	**€**	**€**	**€**	**€**
Hilfsstoffe	138.500,00	2.500,00	115.000,00	20.000,00	1.000,00
Betriebsstoffe	91.800,00	3.000,00	73.000,00	7.800,00	8.000,00
Gehälter	87.500,00	25.000,00	31.000,00	19.000,00	12.500,00
Sozialabgaben	25.010,00	7.700,00	8.580,00	7.180,00	1.550,00
Mietaufwendungen	40.000,00	1.500,00	17.000,00	9.000,00	12.500,00
Sonstige Kosten	16.500,00	6.000,00	3.500,00	3.000,00	4.000,00
Gesamt:	**399.310,00**	**45.700,00**	**248.080,00**	**65.980,00**	**39.550,00**
Zuschlagsgrundlage in €		285.625,00	124.040,00	703.445,00	
Zuschlagsatz		16%	200%	15%	

3.1 Der BAB ist ein Hilfsmittel der Kostenstellenrechnung.

3.1.1 Welche Kostenart wird mit Hilfe des BAB auf die Kostenstellen verteilt?
3.1.2 Nennen Sie einen geeigneten Verteilungsschlüssel für Mietaufwendungen.
3.1.3 Geben Sie die Höhe der Herstellkosten des Umsatzes laut BAB an.

3.2 Die Selbstkosten für die Herstellung einer Dirndlbluse der Serie „Almenrausch“ betragen 34,50 €.

3.2.1 Berechnen Sie die Materialkosten für eine Dirndlbluse, wenn die Fertigungslöhne 7,00 € betragen.
3.2.2 Das Unternehmen „Danis Dirndl e. K.“ legt den Listenverkaufspreis einer Dirndlbluse der Serie „Almenrausch“ auf 49,90 € nettofest. Ermitteln Sie den verbleibenden Gewinn für eine Dirndlbluse in Euro und Prozent, wenn mit einem Kundenrabatt von 10% gerechnet wird und kein Skonto gewährt werden soll.

3.3 Die Trachtenmodekette „Geier-Wally“, ein neuer Kunde, kauft 30 Dirndlblusen der Serie „Almenrausch“. Entgegen den Zahlungsbedingungen hat der Kunde bei der Begleichung der Rechnung Nr. 65/2011 dennoch 3% Skonto abgezogen.

3.3.1 Das Unternehmen „Danis dirndl e. K.“ akzeptiert den ungerechtfertigten Skontoabzug. Begründen Sie diese Entscheidung.
3.3.2 Bilden Sie den Buchungssatz für die Begleichung der Rechnung laut folgendem Belegauszug:

	Handelsbank Herrsching					**700 920 00**
	Kontoauszug 5.Mai 2011/15:30 Uhr		Nummer 66	Konto 229 114 Danis Dirndl e. K.		Seite 1/1
	Bu.-Tag	Wert	Bu.Nr.	Vorgang	Betrag (€) Belastung	Gutschrift
	03.05.	04.05.	110	Gutschrift Trachtenmoden „Geier-Wally“ Rechnung Nr. 65/2011 abzüglich 3% Skonto		1.555,19

Aufgabe 4

Das Unternehmen „Danis Dirndl e. K." beabsichtigt, für einen alten, schadhaften Lkw einen neuen, besonders Kraftstoff sparenden Lkw zu beschaffen.

4.1 Der alte Lkw kann genau zum Restbuchwert an einen Schrotthändler verkauft werden. Dazu liegt Ihnen folgender Beleg als Kopie vor. Bilden Sie die Buchungssätze für den Verkauf des Lkws.

Netto	€	*4.000*	Cent	*00*
+ 19% USt	€	*760*	Cent	*00*
Gesamt €	€	*4.760*	Cent	*00*

Quittung
KOPIE

Gesamtbetrag € in Worten
Viertausendsiebenhundertsechzig----------------------------- Cent wie oben

(im Gesamtbetrag sind *19%* Mehrwertsteuer enthalten)

von ***Hans Schrottig, 82362 Weilheim***

für ***Kauf Lastkraftwagen STA DK 167***
richtig erhalten zu haben, bestätigt

Ort ***Weilheim*** Datum ***21. Mai 2011***

Buchungsvermerke

Unterschrift des Empfängers
Daniela Kernig

4.2 Das Unternehmen „Danis Dirndl e. K." hat für die Teilfinanzierung des neuen Lkws verschiedene Kreditangebote eingeholt. Zum Kreditangebot der „Sparbank Ammersee" liegen Ihnen folgende Informationen vor:

Kreditbetrag in €	48.500,00	Laufzeit in Tagen	330
Bearbeitungsgebühr in %	2,00	Zinssatz in % p. a.	4,50
Bearbeitungsgebühr in €	970,00	Zinsen/330 Tage in €	1.973,22
Kreditkosten gesamt in €	2.943,22	Auszahlung in €	47.530,00

4.2.1 Berechnen Sie den effektiven Zinssatz für das Angebot der „Sparbank Ammerse".

4.2.2 Bilden Sie den Buchungssatz für die Gutschrift des Kredits auf dem Geschäftsbankkonto des Unternehmens „Danis Dirndl e. K.".

4.3 Im Unternehmen „Danis Dirndl e. K." geht kurze Zeit später ein Beleg ein. Dieser liegt Ihnen auszugsweise vor (siehe unten). Bilden Sie hierzu den Buchungssatz.

Weilheimer Transportfahrzeuge GmbH – Münchner Str. 6 – 82362 Weilheim

Rechnung

Danis Dirndl e. K.
Seestr. 3
82211 Herrsching

Datum: 28.05.2011
Rechnungsnummer: 35/2011
Kundennummer: 007
Auftragsnummer: 25/2011

Pos.	Menge	Art.-Nr.	Artikelbezeichnung	Einzelpreis (€)	Gesamtpreis (€)
1	1	255	Lkw MB 305	71.150,00	71.150,00
2	1	001	Überführung		850,00
			Gesamtbetrag		72.000,00
			Umsatzsteuer 19%		13.680,00
			Rechnungsbetrag		**85.680,00**

4.4 Bei der Erstellung der Anlagekarte für den neu gekauften Lkw wurde folgender Auszug der AfA-Tabelle des Bundesfinanzministeriums herangezogen:

Fundstelle	Anlagegüter	Bundesministerium der Finanzen
4	**Fahrzeuge**	**Nutzungsdauer in Jahren**
4.1	Schienenfahrzeuge	25
4.2	Straßenfahrzeuge	
4.2.1	Personenkraftwagen und Kombiwagen	6
4.2.2	Motorräder, Motorroller, Fahrräder	7
4.2.3	Lastkraftwagen	9
4.2.4	Omnibusse	9
4.2.5	Feuerwehrfahrzeuge	10
4.2.6	Krankentransportfahrzeuge	6
4.2.7	Wohnmobile, Wohnwagen	8

4.4.1 Wofür steht die Abkürzung „AfA"?

4.4.2 Berechnen Sie den Abschreibungssatz für die Abschreibung des neuen Lkw.

4.5 Für die Betankung des neuen Lkw liegt Ihnen folgender Beleg vor:
Bilden Sie den Buchungssatz

Freie Tankstelle 82362 Weilheim – Münchner Str. 10

Tankstellen-Nr. 0191232122 Tel.: 0881 9254
Beleg-Nr. 5982/004/000003 29.05.2011 – 11:28
StNr. Station: 258 900 22 USt-Ident-Nr. DE 118616888

000003 Diesel 130,00 €

Zp 02 90,34 l 1,439 EUR/l

Gesamtbetrag 130,00 €

Gegeben 130,00 € Barzahlung

Rückgeld 0,00 €

Typ	Netto	USt	Brutto
A: 19,00%	**109,24 €**	**20,76 €**	**130,00 €**

Wir wünschen Ihnen eine gute Fahrt

Aufgabe 5

Das Unternehmen „Danis Dirndl e. K." stellt in seinem Zweigwerk in Straubing zwei verschiedene Modelle von Kinder-Lederhosen her. Für das zweite Quartal 2011 liegen Ihnen folgende Angaben vor:

	Modell „Spatzl"	Modell „Herzerl"
Nettoverkaufspreis/Stück	50,00 €	44,00 €
Variable Kosten/Stück	36,00 €	24,00 €
Kapazitätsauslastung	75%	35%
Produktion (= Absatz)	6 750 Stück	2 100 Stück

5.1 Berechnen Sie die Gesamtkapazität von Modell „Herzrl" in Stück.

5.2 Berechnen Sie die Höhe der Fixkosten, wenn im zweiten Quartal 2011 ein Betriebsverlust von 25.000,00 € zu verzeichnen war.

5.3 In der Fachzeitschrift „Welt der Trachten" konnte Daniela Kernig lesen, dass über 90% der industriellen Einkäufer das Internet für die Suche nach Produkten nutzen. Deshalb will sie künftig die Kinder-Lederhosen in den Online-Shop ihres Unternehmens aufnehmen.

5.3.1 Vom Marketing-Unternehmen „Konsilia Werbung & Consulting GmbH" liegt die Rechnung über 800,00 € netto für die Überarbeitung der Homepage vor. Bilden Sie den Buchungssatz.

5.3.2 Durch den Ausbau des neuen Vertriebswegs im Internet konnten die Fixkosten auf 150.000,00 € gesenkt werden. Außerdem ist der Absatz von Modell „Spatzl" um 250 Stück gestiegen. Ermitteln Sie rechnerisch, wie viel Stück des Modells „Herzerl" produziert und abgesetzt werden müssen, um ein Betriebsergebnis von 0,00 € zu erreichen.

5.4 Geben Sie auf Ihrem Lösungsblatt an, ob die folgenden Aussagen A, B und C zur Deckungsbeitragsrechnung (Teilkostenrechnung) jeweils richtig oder falsch sind:

A	Die Deckungsbeitragsrechnung erfasst alle Kosten und ordnet sie den Kostenträgern zu.
B	Die Einzelkosten der Vollkostenrechnung entsprechen den variablen Kosten der Teilkostenrechnung.
C	Ein Zusatzauftrag erbringt einen zusätzlichen Gewinn, wenn der Deckungsbeitrag positiv ist.

Aufgabe 6

Das Unternehmen „Danis Dirndl e. K." möchte im Rahmen einer Sonderaktion zum Oktoberfest speziell gefertigte Dirndl-Taschen anbieten. Für den Bezug von 600 Stück Dirndl-Taschen liegen Ihnen zwei Angebote vor, die in einem Rechenblatt aufbereitet wurden:

	A		B	C	D
1	**Angebotsvergleich zum Bezug von Dirndl-Taschen**				
2				Taschen4U	Exklusiv-Taschen
3				GmbH	Voglwuid & Co
4	Listeneinkaufspreis/St.			20,40 €	19,90 €
5	Stückzahl		600		
6	Rabatt	bis Stück	500	10,00%	10,00%
7		ab Stück	501	12,50%	10,00%
8	Skonto			2,50%	3,00%
9	Fracht und Verpackung			0,00 €	62,65 €
10					
11	Listeneinkaufspreis			12.240,00 €	11.940,00 €
12	Lieferrabatt			1.530,00 €	1.194,00 €
13	Zieleinkaufspreis			10.710,00 €	10.746,00 €
14	Liefererskonto			267,75 €	322,38 €
15	Bareinkaufspreis			10.442,25 €	10.423,62 €
16	Bezugskosten			0,00 €	62,65 €
17	Einstandspreis			10.442,25 €	10.486,27 €

6.1 Wie lautet die Formeldarstellung zur Berechnung des Wertes in Zelle C14?

6.2 Wie lautet die Lieferbedingung beim Unternehmen „Taschen4U GmbH"?

6.3 Die Unternehmensleitung beauftragt sie, den Einkauf beim preisgünstigeren Anbieter durchzuführen. Bilden Sie den Buchungssatz für die Eingangsrechnung.

6.4 Berechnen Sie den Selbstkostenpreis für eine Dirndl-Tasche, wenn der Einstandspreis mit 17,40 € ermittelt wurde und 16 2/3% Gemeinkosten für Handelswaren einzurechnen sind.

6.5 Unter dem Kalkulationsposten „Gemeinkosten für Handelswaren" werden verschiedene Kosten zusammengefasst. Nennen Sie ein Beispiel für derartige Kosten.

6.6 Zur Oktoberfestzeit wird als Marketingmaßnahme der Kundenrabatt von 5% auf 10% erhöht, ohne den Listenverkaufspreis zu verändern.

6.6.1 Wie wirkt sich diese Maßnahme auf den kalkulierten Gewinn aus (ohne Berechnung)?

6.6.2 Das Trachtengeschäft Sepp Urig KG bestellt 150 Stück der Dirndl-Taschen zum Listenverkaufspreis in Höhe von insgesamt 3.526,50 €. Bilden Sie den Buchungssatz für die Ausgangsrechnung, wenn der erhöhte Kundenrabatt gewährt wird und dem Kunden für die Fracht 16,15 € netto in Rechnung gestellt werden.

Aufgabe 7

Aus den veröffentlichen Bilanzen der Konkurrenz hat Daniela Kernig folgende Kennziffern berechnet und zur Beurteilung der Leistungsfähigkeit des Unternehmens „Danis Dirndl e. K." in einem Rechenblatt dargestellt:

	A	B	C
1		**Finanzierung (Eigenkapitalanteil**	**Umsatzrentabilität**
2			
3	Dirndl König GmbH	24,50%	4,80%
4	Loden Mey AG	35,15%	9,60%
5	Oberland Trachten GmbH	19,30%	7,15%
6	Alpenjodler GmbH	17,50%	3,25%
7	Trachtenherz AG	45,80%	5,50%
8	**Durchschnitt**	28,45%	6,06%
9			
10	Danis Dirndl e. K.	48,80%	5,73%

7.1 Welche Art von Unternehmensvergleich liegt hier vor?

7.2 Daniela Kernig betrachtet die Kennzahl des Eigenkapitalanteils genauer.

7.2.1 Geben Sie die Formeldarstellung – unter Verwendung einer geeigneten Funktion – zur Berechnung des durchschnittlichen Eigenkapitalanteils in Zelle B8 an.

7.2.2 Beurteilen Sie die Kennzahl der Finanzierung im Unternehmen „Danis Dirndl e. K." unabhängig von den Kennziffern der Konkurrenz und begründen Sie dies.

7.2.3 Nennen Sie zwei Vorteile eines hohen Eigenkapitalanteils.

7.3 Das Unternehmen „Danis Dirndl e. K." möchte die Kennzahl der Umsatzrentabilität verbessern.

7.3.1 Deshalb wird zur Absatzsteigerung während der Oktoberfestzeit ein speziell angefertigtes Wiesn-Dirndl besonders günstig angeboten. Welches Instrument des Marketings wird hier eingesetzt?

7.3.2 Nennen Sie eine weitere konkrete Möglichkeit im Unternehmen „Danis Dirndl e. K.", die Umsatzrentabilität zu verbessern.

7.4 Ihnen liegt ein Auszug aus dem Leitbild des Unternehmens „Danis Dirndl e. K." vor:

„ ... Wir haben uns zum Ziel gesetzt, unsere Mitarbeiter zu motivieren, um Höchstleistung zu erbringen. Unsere Kunden entscheiden über den Erfolg unseres Unternehmens. Deshalb steht der Kunde stets im Mittelpunkt. Unsere hochwertigen Produkte, die größtenteils in Deutschland gefertigt werden, haben kurze Transportwege, womit sich auch der Energieaufwand erheblich verringert. Seit 2009 betreiben wir auf unserer Lagerhalle eine Photovoltaik-Anlage und sichern so unsere eigene Stromversorgung ökologisch. ... „

Ein Ziel, das sich aus dem Leitbild ableiten lässt, ist der Umweltschutz. Nennen Sie zwei weitere Ziele aus dem vorliegenden Unternehmensleitbild.

7.5 Anlässlich der Fachtagung „Unternehmens-Strategie" im Tagungshotel „La Villa" geht die Rechnung des Reisebüros über 900,00 € netto ein. Bilden Sie den Buchungssatz.

Aufgabe 8

In der Rechnungswesen-Abteilung des Unternehmens „Danis Dirndl e. K." sind folgende Aufgaben zu bearbeiten:

8.1 Ihnen liegt ein Textauszug aus dem Handelsgesetzbuch vor:

> ***§252 Allgemeine Bewertungsgrundsätze***
> *(1) Bei der Bewertung der im Jahresabschluss ausgewiesenen Vermögensgegenstände und Schulden gilt insbesondere folgendes:*
> *1. ...*
> *2. ...*
> *3. Die Vermögensgegenstände und Schulden sind zum Abschlussstichtag einzeln zu bewerten.*
> *4. Es ist vorsichtig zu bewerten, namentlich sind alle vorhersehbaren Risiken und Verluste, die bis zum Abschlussstichtag entstanden sind, zu berücksichtigen, ...*
> *5. Aufwendungen und Erträge des Geschäftsjahres sind unabhängig von den Zeitpunkten der entsprechenden Zahlungen im Jahresabschluss zu berücksichtigen.*

Geben Sie auf Ihrem Lösungsblatt jeweils unter Angabe des Kennbuchstabens an, ob die Aussagen A bis C aufgrund des obigen Gesetzestextes **richtig** oder **falsch** sind.

A	Einwandfreie Forderungen sind zum Zeitpunkt ihres Entstehens einzeln zu bewerten.
B	In den allgemeinen Bewertungsgrundsätzen kommt das Prinzip der kaufmännischen Vorsicht zum Ausdruck.
C	Aufwendungen des Geschäftsjahres dürfen nur dann im Jahresabschluss berücksichtigt werden, wenn die Zahlung erfolgt ist.

8.2 Zum 31.12.2011 sind folgende vorbereitende Abschlussbuchungssätze zu bilden:

8.2.1 Die Wertberichtigung für zweifelhafte Forderungen ist um 700,00 € herabzusetzen.

8.2.2 Am 1. September 2011 wurde die Gebäude-Brandversicherung für die Lagerhalle in Höhe von 840,00 € für den Zeitraum 01.09.2011 bis 31.08.2012 per Lastschrift eingezogen.

8.2.3 Der Saldo des Kontos 6011 BZKF beträgt 514,00 €

8.3 Die Summe der im Konto 3001 P gebuchten Entnahmen beträgt 118.000,00 €. Als Privateinlage ist ein Betrag von 1.500,00 € ausgewiesen, der auf eine Steuerrückerstattung zurückzuführen ist.

8.3.1 Geben Sie an, um welche Steuer es sich gehandelt haben könnte.

8.3.2 Bilden Sie den Buchungssatz für den Abschluss des Kontos Privat.

8.4 Weshalb ist die periodenrichtige Zuordnung von Aufwendungen wie z. B. der Gebäude-Brandversicherung im Unternehmen notwendig? Nennen Sie einen Grund.

Bewertungsschlüssel: BWR 2010

0	-	9	Fehler	Note 1
9,5	-	18,5	Fehler	Note 2
19	-	32	Fehler	Note 3
32,5	-	46	Fehler	Note 4
46,5	-	59,5	Fehler	Note 5
60	-	110	Fehler	Note 6

Bewertungsschlüssel: BWR 2011

0	-	9	Fehler	Note 1
9,5	-	18,5	Fehler	Note 2
19	-	32	Fehler	Note 3
32,5	-	46	Fehler	Note 4
46,5	-	59,5	Fehler	Note 5
60	-	110	Fehler	Note 6

Bewertungsschlüssel: BWR 2012

0	-	9	Fehler	Note 1
9,5	-	18,5	Fehler	Note 2
19	-	32	Fehler	Note 3
32,5	-	46	Fehler	Note 4
46,5	-	59,5	Fehler	Note 5
60	-	110	Fehler	Note 6

Abkürzungsverzeichnis der Kontennamen

0500	UGR	Unbebaute Grundstücke
0510	BGR	Bebaute Grundstücke
0530	BVG	Betriebs- und Verwaltungsgebäude
0700	MA	Maschinen und Anlagen
0840	FP	Fuhrpark
0860	BM	Büromaschinen
0870	BA	Büromöbel und sonstige Geschäftsausstattung
0895	SP	Sammelposten

2000	R	Rohstoffe (Fertigungsmaterial)
2010	F	Fremdbauteile
2020	H	Hilfsstoffe
2030	B	Betriebsstoffe
2100	UFE	Unfertige Erzeugnisse
2200	FE	Fertige Erzeugnisse
2280	HW	Handelswaren
2400	FO	Forderungen aus Lieferungen und Leistungen
2470	ZWFO	Zweifelhafte Forderungen
2600	VORST	Vorsteuer
2690	SOFO	Übrige sonstige Forderungen
2700	WP	Wertpapiere des Umlaufvermögens
2800	BK	Guthaben bei Kreditinstituten (Bank)
2880	KA	Kasse
2900	ARA	Aktive Rechnungsabgrenzung

3000	EK	Eigenkapital
3001	P	Privatkonto
3670	EWB	Einzelwertberichtigung zu Forderungen
3680	PWB	Pauschalwertberichtigung zu Forderungen
3900	SORST	Sonstige Rückstellungen

4200	KBKV	Kurzfristige Bankverbindlichkeiten (bis zu 1 Jahr)
4250	LBKV	Langfristige Bankverbindlichkeiten
4400	VE	Verbindlichkeiten aus Lieferungen und Leistungen
4800	UST	Umsatzsteuer (Mehrwertsteuer)
4830	VFA	Sonstige Verbindlichkeiten gegenüber dem Finanzamt
4840	VSV	Verbindlichkeiten gegenüber Sozialversicherungsträgern
4890	SOVE	Übrige sonstige Verbindlichkeiten
4900	PRA	Passive Rechnungsabgrenzung

5000	UEFE	Umsatzerlöse für Fertigerzeugnisse
5001	EBFE	Erlösberichtigungen Fertigerzeugnisse
5100	UEHW	Umsatzerlöse für Handelswaren
5101	EBHW	Erlösberichtigungen Handelswaren
5200	BV	Bestandsveränderungen
5400	EMP	Erträge aus Vermietung und Verpachtung
5410	EAAV	Erlöse aus dem Abgang von Gegenständen des Anlagevermögens
5430	ASBE	Andere sonstige betriebliche Erträge

5450	EAWB	Erträge aus der Auflösung oder Herabsetzung von Wertberichtigungen auf Forderungen
5460	EAVG	Erträge aus dem Abgang von Vermögensgegenständen
5490	PFE	Periodenfremde Erträge
5495	EFO	Erträge aus abgeschriebenen Forderungen
5710	ZE	Zinserträge
5780	DDE	Erträge aus Wertpapieren (Dividendenerträge)
5784	EAWP	Erträge aus dem Abgang von Wertpapieren (Kursgewinn)

6000	AWR	Aufwendungen für Rohstoffe (Fertigungsmaterial)
6001	BZKR	Bezugskosten Rohstoffe
6002	NR	Nachlässe Rohstoffe
6010	AWF	Aufwendungen für Fremdbauteile
6011	BZKF	Bezugskosten Fremdbauteile
6012	NF	Nachlässe Fremdbauteile
6020	AWH	Aufwendungen für Hilfsstoffe
6021	BZKH	Bezugskosten Hilfsstoffe
6022	NH	Nachlässe Hilfsstoffe
6030	AWB	Aufwendungen für Betriebsstoffe
6031	BZKB	Bezugskosten Betriebsstoffe
6032	NB	Nachlässe Betriebsstoffe
6040	AWVM	Aufwendungen für Verpackungsmaterial
6080	AWHW	Aufwendungen für Handelswaren
6081	BZKHW	Bezugskosten Handelswaren
6082	NHW	Nachlässe Handelswaren
6140	AFR	Ausgangsfrachten
6160	FRI	Fremdinstandhaltung (Reparaturen)
6200	L	Löhne
6300	G	Gehälter
6400	AGASV	Arbeitgeberanteil zur Sozialversicherung
6420	BBG	Beiträge zur Berufsgenossenschaft
6520	ABSA	Abschreibungen auf Sachanlagen
6545	ABSP	Abschreibung auf geringwertige Wirtschaftsgüter
6700	AWMP	Mieten, Pachten
6710	LS	Leasing
6730	GEB	Gebühren
6750	KGV	Kosten des Geldverkehrs
6770	RBK	Rechts- und Beratungskosten
6800	BMK	Büromaterial und Kleingüter
6810	ZFL	Zeitungen und Fachliteratur
6820	PUK	Post- und Kommunikationsgebühren
6850	REK	Reisekosten
6870	WER	Werbung
6900	VBEI	Versicherungsbeiträge
6920	BWB	Beiträge zu Wirtschaftsverbänden und Berufsvertretungen
6930	VSF	Verluste aus Schadensfällen
6950	ABFO	Abschreibung auf Forderungen
6960	VAVG	Verluste aus dem Abgang von Vermögensgegenständen
6990	PFAW	Periodenfremde Aufwendungen
7000	GWST	Gewerbesteuer
7020	GRST	Grundsteuer
7030	KFZST	Kraftfahrzeugsteuer
7460	VAWP	Verluste aus dem Abgang von Wertpapieren (Kursverluste)
7510	ZAW	Zinsaufwendungen

8000 EBK
Eröffnungsbilanzkonto

8010 SBK
Schlussbilanzkonto

8020 GUV
Gewinn und Verlust-Konto

Verzeichnis der in diesem Heft verwendeten weiteren Abkürzungen

AG-Anteil	=	Arbeitgeberanteil zur Sozialversicherung
AK	=	Anschaffungskosten (Nettobetrag)
AN-Anteil	=	Arbeitnehmeranteil zur Sozialversicherung
AR	=	Ausgangsrechnung
AV	=	Anlagevermögen
BarEP	=	Bareinkaufspreis
BarVP	=	Barverkaufspreis
BEP	=	Break-Even-Point (Gewinnschwelle)
BruttoVP	=	Bruttoverkaufspreis
BW	=	Buchwert
BZK	=	Bezugskosten
EK	=	Eigenkapital
EP	=	Einstandspreis
ER	=	Eingangsrechnung
EUR	=	EURO
FE	=	Fertigerzeugnisse
FGK	=	Fertigungsgemeinkosten
FK	=	Fremdkapital
FL	=	Fertigungslöhne
FM	=	Fertigungsmaterial
GKHW	=	Gemeinkosten für Handelswaren
HK	=	Herstellkosten
HKdE	=	Herstellkosten der Erzeugung
HKdU	=	Herstellkosten des Umsatzes
K	=	Kapital
K-Rabatt	=	Kundenrabatt
K-Skonto	=	Kundenskonto
KA	=	Kalkulationsaufschlag
KF	=	Kalkulationsfaktor
KW	=	Kurswert
L-Rabatt	=	Liefererrabatt
L-Skonto	=	Liefererskonto
ListenEP	=	Listeneinkaufspreis
ListenVP	=	Listenverkaufspreis
MGK	=	Materialgemeinkosten
MWSt	=	Mehrwertsteuer
NettoVP	=	Nettoverkaufspreis
NR	=	Nebenrechnung
NW	=	Nennwert
p	=	Zinssatz
PWB	=	Pauschalwertberichtigung
SEK d. F.	=	Sondereinzelkosten der Fertigung
SK	=	Selbstkosten
SKP	=	Selbstkostenpreis
t	=	Zeit (Zinstage)
UFE	=	Unfertige Erzeugnisse
USt	=	Umsatzsteuer
UV	=	Umlaufvermögen
VP	=	Verkaufspreis
VSt	=	Vorsteuer
VtGK	=	Vertriebsgemeinkosten
VwGK	=	Verwaltungsgemeinkosten
Z	=	Zinsen
ZielEP	=	Zieleinkaufspreis
ZielVP	=	Zielverkaufspreis

Absatz
Menge der in einem bestimmten Zeitraum verkauften Waren

Abschreibung
Anlagegüter verlieren im Laufe der Zeit an Wert. Diese Wertminderung wird buchhalterisch durch die Abschreibung erfasst.

AfA-Tabellen (AfA = Absetzung für Abnutzung)
Die Finanzverwaltung hat amtliche Abschreibungstabellen für die einzelnen Anlagegüter erstellt.

Aktie
Ein Wertpapier, das seinem Inhaber (= Aktionär) einen Anteil am Gesamtvermögen einer Aktiengesellschaft verbrieft.

Angebotskalkulation
Sie dient zur Berechnung des Listenverkaufspreises ausgehend vom Selbstkostenpreis.

Anlagekarte
Sie wird für ein Anlagegut bei der Anschaffung angelegt und enthält wichtige Angaben.

Anschaffungskosten
sind die Aufwendungen, die gemacht werden, um einen Vermögensgegenstand zu erwerben und betriebsbereit zu machen (§ 255 (1) HGB)

Aufwendungen
Geldwert aller Güter und Leistungen, die in einem Unternehmen verbraucht werden

Auf Ziel
Rechnungen, die nicht sofort bezahlt werden, erhalten einen Zahlungstermin (Ziel) als Frist

Ausgangsfracht
Frachtkosten, die beim Verkauf anfallen

Belege
sind Voraussetzungen für eine ordnungsgemäße Buchführung und sind Nachweis für Handelsgeschäfte

Bestandsveränderung
wenn Anfangs- und Schlussbestände bei Stoffen, Fremdbauteilen und Handelswaren voneinander abweichen

Betriebliche Produktionsfaktoren
alles, was ein Unternehmen einsetzen muss, um zu produzieren, z. B. Betriebsmittel, Arbeitskraft

Betriebsstoffe
Werkstoffe, die zur Produktion nötig sind; sie sind nicht Bestandteil des Endprodukts. (Strom, Gas, Wasser, Benzin, Öl, Reinigungsmittel, Schmierstoffe)

Bezugskosten
Kosten, die beim Einkauf von Werkstoffen zusätzlich zum eigentlichen Warenpreis entstehen

Bilanz
Gegenüberstellung des Vermögenswertes (AV und UV) und der Vermögensquellen (EK und FK) in Kontenform

Bonus
Preisnachlass, der einem Kunden nachträglich (meist am Jahresende) z. B. für hohe Umsätze gewährt wird

Börse
v. a. Effekten- oder Wertpapierbörse: ein organisierter Markt, auf dem Wertpapiere gehandelt werden und der Kurs (Preis) festgestellt wird

Bruttolohn/-gehalt
Arbeitsentgelt, von dem noch keine Abzüge (Lohn-, Kirchensteuer, Solidaritätszuschlag und Sozialversicherungsbeiträge) vorgenommen wurden

Dividende
Gewinnanteil bei einer AG, der auf eine Aktie entfällt und ausgeschüttet wird

Eigentumsvorbehalt
Eine verkaufte Ware bleibt solange Eigentum des Verkäufers bis sie bezahlt ist.

Einkaufskalkulation
Berechnung des Einstandspreises, ausgehend vom Listeneinkaufspreis

e. K.
eingetragener Kaufmann

Erfolg
Gegenüberstellung der Aufwendungen und Erträge ergibt den Erfolg eines Unternehmens in einem bestimmten Zeitraum.

Erfolgsermittlung
Berechnung des Gewinns/Verlusts entweder durch Gegenüberstellung von Aufwendungen und Erträgen im GUV-Konto oder durch Vergleich des Eigenkapitals am Anfang und Ende eines Geschäftsjahres.

Erfolgskonten
Alle Aufwands- und Ertragskonten (Kontenklassen 5, 6, 7)

Erträge
sind Wertzuwächse im Unternehmen durch die Herstellung und den Verkauf von Fertigerzeugnissen

Factoring
Der Verkauf von Forderungen an ein Unternehmen um das eigene Ausfallrisiko zu mindern, Schreib- und Kontrollaufgaben zu vermeiden, ...

Firmenwert
Der Firmenwert repräsentiert das „Image“ eines Unternehmens (siehe Merkpunkte zu Kap. 21)

Forderungen aus Lieferungen und Leistungen
Anspruch des Verkäufers gegenüber dem Käufer auf Begleichung der Ausgangsrechnung

Fremdbauteile
sind die Bestandteile eines Fertigerzeugnisses, werden fertig bezogen und in das eigene Produkt eingebaut

Gutschrift
erhält man für Rücksendungen und nachträgliche Preisnachlässe (Mängelrüge, Bonus). Sie vermindert den ursprünglichen Rechnungsbetrag.

Handelswaren
Produkte, die wir einkaufen und unverändert wieder verkaufen.

Hilfsstoffe
Werkstoffe, die als Nebenbestandteil in ein Produkt eingehen (z. B. Leim, Nähgarn)

Industriekontenrahmen
Verzeichnis aller Konten, eingeteilt in zehn Klassen

Insolvenzmasse
Vermögenswerte eines Unternehmens, die beim Insolvenzverfahren an die Gläubiger verteilt werden können.

Inventar
Ausführliches Verzeichnis des Vermögens und der Schulden in Staffelform

Inventur
Erfassung aller Vermögensgegenstände und Schulden durch Zählen, Wiegen, Messen und Bewerten.

Just in time
Die Produktion wird direkt mit den jeweils nötigen Anlieferungen versorgt (Lagerhaltung sehr gering).

Kalkulationshilfe
Kalkulationsaufschlag und –faktor dienen der Verkürzung der Handelswarenkalkulation.

Kredit
ist die entgeltliche Überlassung von Geld durch ein Kreditinstitut oder einen Kreditvermittler

Lieferung „ab Werk"
Der Käufer trägt die Kosten für die Lieferung ab dem Werk (Unternehmen) des Herstellers.

Lieferung „frei Haus"
Der Verkäufer übernimmt die Kosten für die Lieferung bis zum Sitz (Niederlassung) des Käufers.

Liquidation
Auflösung eines Unternehmens nach Ablauf eines Insolvenzverfahrens

Mangels Masse
Die Vermögenswerte eines Unternehmens reichen nicht aus, um die Kosten eines Insolvenzverfahrens decken zu können. Insolvenzantrag wird abgelehnt.

Nettolohn/-gehalt
Arbeitsentgelt nach Abzug der Steuern und Sozialversicherungsbeiträge

Rabatte
Preisnachlässe, die auf den Listenpreis gewährt werden (Mengen-, Treue-, Wiederverkäuferrabatte)

„Rein netto"
Zahlung der Rechnung ohne jeglichen Abzug wie Rabatt oder Skonto

Rendite
ist der „Erfolg" einer Geldanlage. Hierbei wird die tatsächliche (effektive) Verzinsung berechnet; sie ist abhängig von den Erträgen sowie den Kosten.

Rohstoffe
Werkstoffe, die den Hauptbestandteil eines Produktes bilden (z. B. Holz in einer Schreinerei)

Personalzusatzkosten/Lohnnebenkosten
sind gesetzliche oder tarifliche Zusatzleistungen des Arbeitgebers, wie z. B. Urlaubsgeld, Gratifikationen, Mutterschutz, Lohnfortzahlung im Krankheitsfall, 13. Monatsgehalt, AGA zur Sozialversicherung, ...

Privateinlage
Der Unternehmer bringt Privatvermögen in den Betrieb ein; Privateinlagen vermehren das Eigenkapital.

Privatentnahme
Der Unternehmer entnimmt Geld für private Zwecke; Privatentnahmen vermindern das EK.

Reingewinn
Saldo des GUV-Kontos, wenn Erträge > Aufwendungen (Gegenteil = Reinverlust)

Skonto
Preisnachlass aufgrund vorzeitiger Zahlung

Standortfaktoren
Örtliche Gegebenheiten, die für die Niederlassung eines Unternehmens an einem bestimmten Ort sprechen

Umsatzerlöse
Beim Verkauf (Umsatz) von Fertigerzeugnissen erzielt das Unternehmen Einnahmen (Erlöse).

Umsatzsteuer
Umgangssprachlich: Mehrwertsteuer; wird vom Staat auf den Verkauf von Waren und Dienstleistungen erhoben (19 % bzw. 7 %)

Unterkonto
Konto, das auf sein Hauptkonto abgeschlossen wird. Z. B. BZKR, NR, P, ...

Verbindlichkeiten aus Lieferungen und Leistungen
Verpflichtung des Käufers aufgrund einer Warenlieferung, den Preis zu zahlen

Vorabschlussbuchung
Abschlussbuchungen der Unterkonten

Vorkontierung
Erfassung eines Geschäftsfalls auf einem Vorkontierungsblatt oder mit einem Vorkontierungsstempel

Vorsteuer
Der Kaufmann nennt die Umsatzsteuer beim Einkauf Vorsteuer.

Werkstoffe
Neben Arbeitskraft und Betriebsmitteln ein betrieblicher Produktionsfaktor. Sie werden bei der Herstellung verbraucht.

Wertminderung
bei Sachanlagen tritt auf durch technischen Verschleiß, technischen Fortschritt, natürlichen Verschleiß oder außergewöhnliche Umstände

Zahllast
Differenz zwischen Umsatzsteuer und Vorsteuer, die am 10. des Folgemonats an das Finanzamt abgeführt werden muss.